超高齢社会における食料品アクセス問題

―買い物難民,買い物弱者,フードデザート問題の解決に向けて―

薬師寺 哲郎 編著

ハーベスト社

はしがき

　本書は，高齢化の進展と食料品店の減少のなかで高齢者等が食料品の買い物に不便や苦労をする状況を「食料品アクセス問題」とし，その現状を我が国全体の視点，地域住民の視点および市町村行政の視点から明らかにするとともに，我が国全体の視点からはこの問題についての将来を展望するものである。そして，これらの分析で明らかになったことをもとに，問題解決に向けての考え方を導いている。このように本書は問題の現状分析に重点を置いているが，これは効果的な解決方策のためには正しい現状認識が不可欠と考えるからである。

　我が国の65歳以上人口比率が23％となり，超高齢社会となった現在，アクティブシニアができるだけ要介護に陥らないよう健康寿命を延ばすことが重要である。そのためにどのような食生活を送るかが重要となっており，食料品の買い物に関する問題は，国民の食品摂取，栄養摂取ひいては健康に直接関係する問題となりつつある。高齢者の健康維持は，大多数を占めるアクティブシニアによる健全な食マーケットの維持に寄与するであろう。

　食料品アクセス問題は，関心のあるごく一部の関係者だけの努力だけでは解決できない。行政，事業者，NPO，地域住民などの地域の関係者に加え，都道府県レベル，国レベルの関係者全体の協力が不可欠である。一方，この問題には，何らかの一つの決定的な解決方法があるわけではない。地域が変われば買い物をめぐる地理的，経済的，社会的条件が異なり，これに適した対策も異なる。このような地域の実情に応じた対策を考えるためには，関係者間での問題の現状についての共通認識が欠かせない。本書が共通認識を醸成するための一つの枠組みを提供できればと思っている。

　ところで，読者の中には「食料品アクセス問題」という用語に初めて接する方も多いであろう。しかし，多くの方は，「買い物難民」「買い物弱者」あるいは「フードデザート問題」という言葉を聞けば，本書が対象とする

問題の一端に思いを致すことができよう。これらの違いについては本文に譲るが，本書は「食料品アクセス問題」という用語で問題をできるだけ広くとらえようとしている。

　なお，本書の分析対象の中心は食料品である。それは，これが毎日の生活のための基礎的な物資であるからだが，地域での買い物の便利さや苦労度は，食料品もそれ以外の日常生活用品も同様であり，食料品に当てはまることの多くは他の品目にも当てはまるであろう。食料品アクセス問題は，地域における生活全般の利便性向上を目指すなかで解決されることが望ましい。

　本書は，これまでの筆者らのこの問題に関する研究の一つの到達点を示すものとしてまとめた専門書であるが，ここで明らかになった知見が，研究者や専門家だけに共有されるのみならず，問題解決の現場でも活用されることが望まれる。このため，行政の方々を含め，現場で実際に問題解決に取り組もうとしておられる方々にも読んでいただきたいと思っているが，専門書に慣れない方々にはなかなかなじみにくい記述になっているかもしれない。そういう方は，第Ⅰ章から第Ⅵ章に飛んで，より詳しく知りたい部分については必要に応じて後で戻って読むこと，その場合も，各節のまとめの部分から読むことをお勧めする。第Ⅵ章の前半では第Ⅴ章までの分析の要約をできるだけわかりやすくまとめ，後半でそれをもとにこれからの取組に向けての示唆をまとめてある。また，第Ⅱ章から第Ⅴ章までの記述では，特に専門的な内容は「推計方法に関する補論」や註に移し，少しでも読みやすいように配慮した。

　最後に，このような専門書の出版を快く引き受けてくださったハーベスト社の小林達也社長に厚く御礼を申し上げる次第である。

　　　平成27年3月

薬師寺哲郎

超高齢社会における食料品アクセス問題：目次

第Ⅰ章　食料品アクセス問題とは何か……………………………………　1
　1．本書のねらい　……………………………………………………　1
　2．食料品アクセス問題とは何か　…………………………………　2
　　(1)　買い物難民，買い物弱者，フードデザート　………………　2
　　(2)　食料品アクセス問題　……………………………………………　4
　　(3)　商業論からみた食料品アクセス問題　………………………　5
　　(4)　家庭におけるフードセキュリティ（食料安全保障）………　7
　　(5)　イギリスにおけるフードデザート問題の背景とその後　………　8

　3．食料品アクセス問題に関するこれまでの研究　……………………　11
　　(1)　買い物における苦労について　………………………………　11
　　(2)　フードデザート概念の援用　……………………………………　12
　　(3)　GISによる可視化　………………………………………………　12
　　(4)　人間関係に着目した分析　……………………………………　13
　　(5)　政府における調査・研究　………………………………………　13
　　(6)　アンケート調査による実態解明　………………………………　14
　　(7)　取組事例の分析　…………………………………………………　17

　4．本書の接近方法と構成　…………………………………………　20

第Ⅱ章　食料品アクセス問題の現状と将来……………………………　25
　1．超高齢社会における食料消費の展望　………………………………　25
　　(1)　はじめに　…………………………………………………………　25

(2)	展望の基本的考え方 ………………………………………………	27
(3)	いくつかの品目における将来の消費変化とその要因 …………	29
(4)	30分類の将来展望 …………………………………………………	32
	1) 2人以上世帯 (32)	
	2) 単身世帯 (33)	
	3) 全世帯 (2人以上世帯+単身世帯) (34)	
	4) 世帯主年齢階級別, 世帯類型別の将来展望 (36)	
(5)	おわりに …………………………………………………………………	39

推計方法に関する補論 ………………………………………………………… 40

   1) データ (40)

   2) 展望モデル (41)

   3) 将来における世帯員1人当たり実質支出額の推計 (46)

   4) 全体支出額および1人あたり支出額の要因分解の方法 (47)

  付表Ⅱ–1 …………………………………………………………………… 52

2. 食料品店の動向と変動要因 ……………………………………………… 58

 (1) はじめに ………………………………………………………………… 58

 (2) 生鮮食料品販売店舗の動向と先行研究 ……………………………… 58

   1) 生鮮食料品販売店舗数の動向 (58)

   2) 我が国の小売店舗密度に関する論点 (59)

 (3) 分析の方法 ……………………………………………………………… 62

 (4) 定性的分析 ……………………………………………………………… 64

 (5) モデルの推計結果 ……………………………………………………… 67

 (6) おわりに ………………………………………………………………… 70

3. 食料品店への近接性の現状とこれまでの変化 ………………………… 73

 (1) はじめに ………………………………………………………………… 73

 (2) 本節で用いるアクセス条件等の定義 ………………………………… 75

目　次

　　　　1) 買い物で不便や苦労をしていると想定される住民　(75)
　　　　2) 都市と農村の区分　(76)
　　　　3) 対象とする店舗　(76)
　　(3) 店舗までのアクセス条件別人口 ……………………………………… 77
　　(4) 店舗までの距離別人口分布 …………………………………………… 79
　　(5) 店舗までのアクセス条件別平均距離 ………………………………… 82
　　(6) 店舗数変化要因と人口動態要因 ……………………………………… 84
　　(7) 分析結果のまとめと今後の取組みへの含意 ………………………… 87

　推計方法に関する補論 …………………………………………………………… 90
　　　　1) 一定距離以上の人口割合算出　(90)
　　　　2) 推計結果の検証と推計方法の改善　(92)
　　　　3) 店舗までの距離別人口分布の算出　(98)
　　付図Ⅱ-1，Ⅱ-2 ……………………………………………………………… xiii

4. 食料品店への近接性の将来推計 ……………………………………………… 102
　(1) 推計手法 ……………………………………………………………………… 102
　　　　1) 市町村別店舗数趨勢値の想定　(102)
　　　　2) 2分の1地域メッシュ単位の店舗数想定　(103)
　(2) 推計結果 ……………………………………………………………………… 104
　(3) 結果のまとめと今後の取組みへの含意 ………………………………… 110
　付図Ⅱ-3，Ⅱ-4 ……………………………………………………………… 112
　付表Ⅱ-2 ……………………………………………………………………… 114

第Ⅲ章　住民からみた食料品アクセス問題 ……………………………………… 117
　1. 食料品の買い物での不便や苦労の深刻度とその地域性 ………………… 117
　　(1) 手法 ……………………………………………………………………… 117
　　(2) 住民意識調査の実施 …………………………………………………… 119

  (3) 調査結果の概観 ……………………………………………… 120
    1) 回答者の属性等　(120)
    2) 年齢階層，家族類型と買い物での不便や苦労　(120)
    3) 時間，道路距離，交通手段と買い物での不便や苦労　(124)
    4) 高齢者の健康状態と買い物での不便や苦労　(125)

 2．買い物での不便や苦労の要因とその地域性 …………………… 128
  (1) 課題と分析手法 ……………………………………………… 128
  (2) 買い物における不便や苦労の要因分析 …………………… 129
    1) 説明変数の構成　(129)
    2) 全地域データによる結果　(132)
    3) 地域別データによる結果　(134)
  (3) 分析結果のまとめと今後の取組みへの含意 ……………… 137

補論　買い物での不便や苦労がない理由 ………………………………… 141
    1) 回答割合の多い理由　(141)
    2) 年齢階層間，地域間比較　(143)
    3) 近くに商店がない住民の不便や苦労がない理由　(144)
    4) 今後の対策への含意　(148)

 3．買い物での不便や苦労のこれまでの変化 ……………………… 150
  (1) 5年前と比べた不便や苦労の変化 ………………………… 150
  (2) 不便や苦労が多くなった住民の条件 ……………………… 153
  (3) 不便や苦労が多くなった理由 ……………………………… 156
  (4) 住民の状況に応じた不便や苦労が多くなった理由 ……… 159
  (5) 結果のまとめと含意 ………………………………………… 161

目　次

第Ⅳ章　食料品アクセス問題と高齢者の栄養・健康問題 …………… 163
1．高齢者の健康と食品摂取の現状 …………… 163
　⑴　高齢者の健康指標と食品摂取の多様性得点 …………… 163
　⑵　食品摂取の多様性得点の現状 …………… 166
　⑶　食品摂取の多様性得点に影響する要因 …………… 170

2．食品摂取と社会的要因 …………… 173
　⑴　目的 …………… 173
　⑵　潜在変数を含んだパス解析 …………… 174
　⑶　分析結果 …………… 175
　　　1）老研式活動能力指標を従属変数にしたモデル　（175）
　　　2）低栄養リスク得点を従属変数にしたモデル　（178）
　⑷　知見のまとめと考察 …………… 179

3．食品摂取をめぐる諸要因の相互関係 …………… 180
　⑴　食料品アクセス，食の外部化と食品摂取の多様性得点 …… 180
　⑵　食料品アクセス，食の外部化と品目別摂取頻度 …………… 182
　⑶　食料品アクセスと食事の準備 …………… 183
　⑷　高齢者の健康と食品摂取をめぐる諸要素の相互関係 ……… 186
　　　1）分析手法と因果モデル仮説　（186）
　　　2）SEMによる分析結果　（187）

第Ⅴ章　食料品アクセス問題の解決に向けての関係者の意識 ……… 193
1．問題解決に向けての住民意識 …………… 193
　⑴　はじめに …………… 193
　⑵　分析の方法 …………… 194
　⑶　買い物での不便や苦労の内容 …………… 195
　⑷　買い物での不便や苦労の改善策 …………… 198

(5)　不便や苦労の内容と重要と思う改善策の関係 …………… 201
　　　(6)　おわりに ……………………………………………………… 203

補論　食料品の買い物における不便や苦労への対処 ……………… 205
　　　1)　はじめに　(205)
　　　2)　食料品の買い物における不便や苦労への対処　(205)
　　　3)　住民の状況に応じた不便や苦労への対処　(208)
　　　4)　不便や苦労への対処と重要と考える解決策の関係　(210)
　　　5)　まとめと含意　(211)

2．市町村から見た食料品アクセス問題 ………………………………… 213
　　(1)　定量データから接近 ……………………………………………… 213
　　(2)　市町村からみた食料品アクセス問題 ………………………… 215
　　　1)　対策の必要性と実施状況　(216)
　　　2)　問題の発生理由　(218)
　　　3)　現行対策の実施手法・内容　(218)
　　(3)　市町村の特徴と食料品アクセス問題 ………………………… 221
　　(4)　現場から見た解決視点 ………………………………………… 225

3．住民自身による問題解決の事例―NPO法人くらし協同館なかよし― …… 227
　　(1)　「なかよし」設立の経緯と概要 ……………………………… 227
　　(2)　「なかよし」周辺の住民の買い物行動と「なかよし」の利用 … 230
　　(3)　周辺店舗の立地とアクセシビリティ ………………………… 231
　　(4)　「なかよし」利用者の特徴 …………………………………… 234
　　(5)　「なかよし」利用意向の特徴 ………………………………… 236
　　(6)　ボランティア希望者の特徴 …………………………………… 238
　　(7)　まとめと含意 …………………………………………………… 240

目　次

第Ⅵ章　問題解決に向けての視点 …………………………………… 243
1．分析結果の要約 ……………………………………………………… 243
(1) 食料品アクセス問題の現状と将来 ………………………………… 243
1) 食料消費の展望　(244)
2) 食料品店の動向　(244)
3) 食料品店への近接性の現状　(245)
4) 食料品店への近接性の将来　(245)

(2) 住民から見た食料品アクセス問題 ………………………………… 246
1) 買い物での不便や苦労の深刻度とその地域性　(247)
2) 買い物での不便や苦労の要因とその地域性　(247)
3) 買い物で不便や苦労がない理由　(248)
4) 買い物での不便や苦労の過去からの変化　(249)

(3) 食料品アクセス問題と高齢者の栄養・健康問題 ………………… 249
1) 高齢者の健康と食品摂取の現状　(249)
2) 食品摂取をめぐる様々な要因　(250)
3) 食品摂取と高齢者の健康をめぐる諸要因の相互関係　(250)

(4) 解決策に関する関係者の意識 ……………………………………… 251
1) 地域住民の意識　(251)
2) 地方自治体（市町村）の意識　(252)
3) 住民自身による取組事例　(253)

2．問題解決に向けての取組への含意 ………………………………… 254
(1) 地域の条件に応じた対応の必要性 ………………………………… 254
1) 店舗まで500m以上で自動車がない高齢者　(254)
2) 都市部・農村部別の対応方向　(254)
3) 地域コミュニティの活性化と活用　(257)
4) 総合的な生活利便性向上に向けての関係者の協力　(258)

(2) 高齢者の健康と食料品アクセスの相互連関 ……………………… 259

引用・参考文献	263
初出一覧	271
索引	275
著者および執筆分担	278

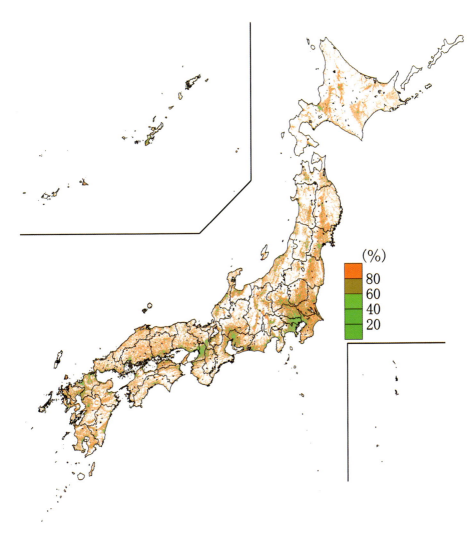

付図Ⅱ－1　生鮮食料品販売店舗まで500m以上の人口割合
註：人口は2010年国勢調査，店舗数は2007年商業統計のそれぞれ2分の1地域メッシュのデータを用いて推計
資料：筆者推計による。

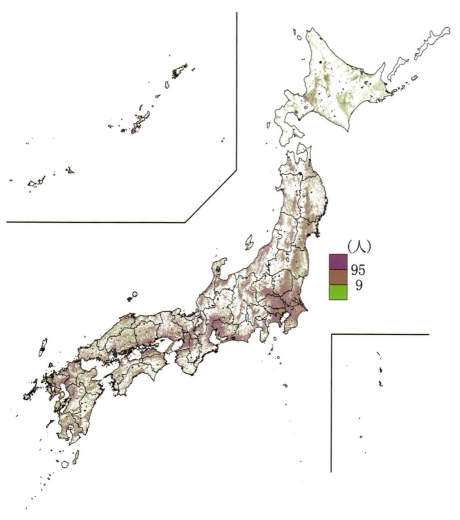

付図Ⅱ-2　生鮮食料品販売店舗まで500m以上の人口

註：1）　人口は2010年国勢調査，店舗数は2007年商業統計のそれぞれ2分の1地域メッシュのデータを用いて推計

　　2）　2分の1地域メッシュ単位の人口である。全メッシュの第1四分位値が9人，第3四分位値が95人である。

資料：筆者推計による。

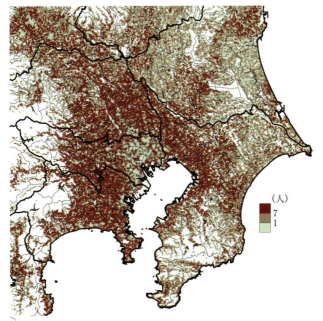

図Ⅱ—18　生鮮食料品販売店舗まで500m以上で自動車がない65歳以上人口
註：2007年の店舗数，2010年人口に基づく推計である。
資料：筆者推計による。

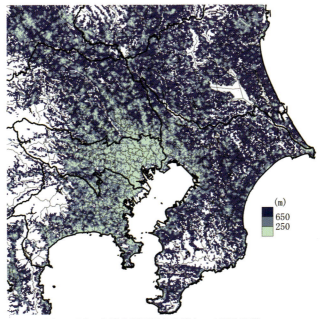

図Ⅱ—19　生鮮食料品販売店舗までの平均距離
資料：筆者推計による。

第V-9図 本郷台団地

第V-10図 くらし協同館なかよし

第V-11図 「なかよし」のそう菜売り場

第V-12図 本郷台団地周辺の地形と店舗立地

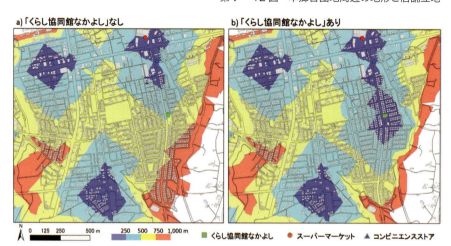
第V-13図 店舗からの道路距離圏

第Ⅰ章　食料品アクセス問題とは何か

1．本書のねらい

　2010年の国勢調査結果によれば，わが国における65歳以上人口の割合は23.0％となり，世界で最も高い水準となっている（総務省統計局 2011）。また，国立社会保障・人口問題研究所（2012）によれば，65歳以上の人口は2010年の2,948万人から，25年後の2035年には3,741万人に27％増加し，その割合は33.4％に高まると推計されている。

　一方，食料品店の数は減少を続け，飲食料品小売業の店舗数は1997年の52万6千から，2007年には39万に10年間で26％減少した（商業統計）。大規模小売店舗法が廃止された2000年以降，その減少の度合いは加速化している。

　このような，高齢化の進展と食料品店の減少という状況のなかで，食料品の買い物に不便や苦労のある高齢者等が顕在化しつつある。例えば，郊外に大規模商業施設が新設されたことにより，旧市街地の店舗が閉鎖され，そこに居住する高齢者等が食料品の買い物に不便をきたしている都市部の例や，Ａコープなどの閉店により，もとより高齢化が進んだ住民の食料品の買い物をめぐる環境が悪化している農村部の例がある。杉田（2008）は，「なぜ豆腐一つ買うのに，バスやタクシーを使わなければならんような状態にしてしまったのか。・・・昔はすぐそばで，豆腐だって何だって買えた。」という宮崎市郊外に住む70代女性の声を伝えている（p.12）。後述するように，2013年で全国の8割を超える市町村が，食料品の買い物が不便な住民に対して対策が「必要」または「ある程度必要」としており，この問題は既に全国的に認識されている[註1]。

　このような状況を受け，『平成23年度食料・農業・農村白書』（農林水産省 2012）では，高齢者等が買い物に不便や苦労を感じる状況を「食料品

アクセス問題」として取り上げており，この問題は食料分野における重要な政策課題の一つとなっている[註2]。

　本書の目的は，食料品アクセス問題への解決に向けての関係者の取り組みに貢献するため，その現状を明らかにするとともに，そこから解決に向けての含意を抽出することにある。

　以下に，まず食料品アクセス問題とは何かについて論じ，これまでの研究動向を紹介した上で，本書の接近方法とその構成について述べる。

(註1) 第Ⅴ章2．参照。
(註2) この問題について公式に言及されたのは，2010年3月に閣議決定された『食料・農業・農村基本計画』(農林水産省 2010) が最初である。

2．食料品アクセス問題とは何か

(1) 買い物難民，買い物弱者，フードデザート

　食料品アクセス問題は，一般には「買い物難民」「買い物弱者」「フードデザート (食の砂漠)」，と呼ばれている問題と普段の買い物における困難を対象にしている点で類似している。「買い物難民」は杉田 (2008) が，「買い物に困難をきたす買い物難民層」(p.31) として用いたものである。また，「買い物弱者」は経済産業省 (2010) が，「高齢者を中心に買い物に困難を感じる人々」(p.32) として用いている。これらは高齢者に限定された概念ではない。

　これらの使い方を見る限り，「買い物難民」と「買い物弱者」が意味するものに実質的な差は無い。しかしながら，「買い物難民」は，買い物が困難になる理由として大規模店舗の開店に伴う中小小売店の閉店といった住民にとって外的な事情が強調され，「買い物弱者」は自動車を持たない高齢者の増加といった住民の側の状況が強調されているように思われる。石

原（2011）は，「買い物弱者」は当人の側の何らかの事情で買い物に際してハンディキャップを背負わざるを得ない人々，「買い物難民」は自らの事情とは無関係に周囲の事情によって買い物が不自由な状態に追い込まれた人々，という区分を提案している。しかし，買い物弱者は，近隣の店舗が無くなるだけで容易に買い物難民化する可能性が高いため，この両者は重複する部分も多い。

　このように，個人とは直接の関係がない供給側の要因と個人が抱えている問題である需要側の要因に分けて考えることは，問題を整理して考えることに役に立つ。例えば，仮に近隣の店舗が閉店しても，郊外の量販店に自動車で買い物に出かけたり，あるいは在宅のままネットショッピングで買い物ができる人々がいる。このような人々はある意味「買い物強者」と言える（前掲書）。一方，店舗までの距離は昔と変わらないのに，加齢によって足腰が弱くなり，買い物に苦労するようになった人々もいよう。石原は，買い物難民は買い物弱者の存在（需要条件），小売施設の過疎化（供給条件）およびコミュニティの弱体化（コミュニティ条件）により生じるとしている。

　一方，「フードデザート」は，イギリス政府が用いた公的な用語である。イギリスでは，1970～90年代半ばに規制緩和に伴う大型量販店の郊外出店により，インナーシティで多くの食料品店等の廃業がみられた。その結果，経済的理由などから郊外に買い物に行けない貧困層は，都心に残った生鮮品の品揃えが悪い雑貨店での買い物を強いられたため，栄養事情が悪化し，がんや心臓血管疾患などの疾患発生率が増加した。また，アメリカにおいても，商業機能の郊外化の結果生じた生鮮食料品店の空白地域にファーストフード店が多数出店し，栄養過多による肥満問題を誘発している（岩間2010：pp.7-8）。このような状況を背景に，フードデザートは，安価で栄養に富む食料品を事実上入手できない，インナーシティの一部地域と定義されている（Whitehead 1998）。イギリスとアメリカの例で共通しているのは，いずれもフードデザートが，地域住民の栄養状態の悪化および健康問題として論じられていることである。このように，フー

ドデザート問題は，岩間編（2013）が指摘するように「食料品供給体制の崩壊」と「社会的弱者の集住」が重なったときに発生する社会問題であり（p.1），基本的に都市的性格の問題であると考えられる。

なお，英米のフードデザートと日本の買い物難民・買い物弱者とは，次のような点で異なっている[註1]。

まず，英米のフードデザートは郊外に車で買い物に行けない都市の低所得者層が問題になっているのに対し，日本の買い物難民あるいは買い物弱者は高齢者が問題となっている。生活保護世帯が増加しているなど，我が国でも低所得者の問題は注視しなければならない問題であるが，我が国では超高齢社会を進んでいくに当たっての高齢者問題が重要となっている。

次に，英米ではフードデザート問題の中心は低所得者の健康問題であるが，日本では買い物弱者の健康問題はあまり取り上げられていない。その理由としては，欧米では食料品店が撤退した都市の一部地域でファーストフード店が進出し，健康問題をもたらすほど食生活が悪化した事例があるのに対して，我が国では未だそのような状況には至っていないことがあると考えられる。英米のフードデザートで問題にされている健康問題は病気であるが，我が国の買い物難民・買い物弱者の対象が主として高齢者であるならば，その健康問題である老化や高次生活機能の低下に関わる食生活に関心が持たれるべきであろう[註2]。

さらに，英米のフードデザート問題は都市の社会問題であるが，我が国の問題は食料品店へのアクセシビリティの問題が中心であるため，都市に限らず農村部も含む。その理由の一つは，英米では都市と農村の境界が明確に区分されているのに対し，日本では，その境界があいまいで，農村部も含めいたるところで開発が行われてきたということがある。

(2) 食料品アクセス問題

本書では，食料品の買い物において不便や苦労がある状況を，「食料品アクセス問題」として分析の対象とする。なぜなら，食料品の買い物での

不便や苦労は，食料品へのアクセスの問題に他ならず，それらは，店舗までの距離などの空間条件や自動車利用の有無，年齢などの個人的条件に強く関連づけられると考えられるからである。

その場合，食料品アクセス問題は，フードデザートのように「社会的弱者の集住」を必ずしも条件としない。食料品の買い物での不便や苦労は，店舗への距離が遠い農山村地域でも生じている問題であり，そこでは社会的弱者の典型と考えられる高齢者が必ずしも「集住」しているわけではなく，広い地域に渡って「散在」している。人口が広く散在している状況は，食料品へのアクセスに都市とは異なる問題を生み出している。

一方，アクセスという場合，店舗が近くにあるかどうかにかかわらず，所得が不十分であることにより十分な食料が買えないということも含まれる。我が国でも低所得者層の問題や，高齢化の進展下における今後の高齢者の所得の推移などを注視する必要があるが，本書は，食料品を購入できる所得の有無にかかわらず，食料品の買い物に不便や苦労がある状況を中心に分析する。ただし，所得との関連では，例えば自動車を持つのに十分な所得がないために，遠くの店舗への買い物に苦労するようなケースは含まれる。

(3) 商業論からみた食料品アクセス問題

食料品アクセス問題は，食料品の小売に関する問題が大きな位置を占めることから，商業論に位置づけることが可能である。

そこでは，流通部門を流通サービスを産出する部門であるとし，その流通サービス水準が低下すると，財の入手における消費者の負担が増加すると考える（鈴木ら 1980：pp.54-58）。消費者が食料品の買い物に不便や苦労をするようになったということは，近隣の店舗の閉店などにより流通業が提供する流通サービスの水準が低下し，食料品の購入に際しての消費者費用が増加したことを意味する[註3]。

鈴木らによれば，消費者費用は，①貨幣の形で支出される費用（交通費

第Ⅰ-1表　食料品販売店舗数の変化年率（％）

	1950年代	1960年代	1970年代
イギリス	-0.74	-2.75	-6.04
スウェーデン	-2.34	-7.10	-2.25
日本	2.59	0.55	0.37

註：年代の区切りはデータの制約により必ずしも1950年，1960年，1970年ではなく，各国ごとに異なる。
資料：内藤ほか編（1984）掲載の数値より筆者算出。

や駐車料など），②買い物のために使用された時間（機会費用として貨幣の形の費用に変換可能），③心理的・肉体的費用（混雑による疲労など）の3つの形態をとる。食料品の買い物における不便や苦労は，この消費者費用が直接反映されたものと考えられる。

　1980年代には，我が国の小売業は，その零細性，過多性，生業性によって特徴付けられ，大型店の発展度が低く生産性が低いとされた（田村1986：pp.387-388）。その後，規制緩和が進んだ結果，大型店が増加し，小売店舗数は減少した。これを後押ししたのがモータリゼーションの進展である。店舗数の減少は供給側の要因としては消費者費用の増加を招くが，需要側での自動車利用の増加は消費者費用の低下をもたらす。流通効率化の過程で，自動車利用ができる消費者には大規模店の発展が大きな便益をもたらしたが，自動車利用ができない高齢者等にとっては，消費者費用の増加のみをもたらす結果となった。

　なお，食料品店の減少により買い物に支障が出るという状況は，フードデザートが問題となったイギリスが初めてではない。スウェーデンでは，流通革命の進展により，特に1960年に他国に先駆けて店舗数の大きな減少を見た（第Ⅰ-1表）。この大きな店舗減少は，当時の新たな消費者問題を生み出し，流通システムの合理化が，消費者の負担とひきかえになされたとされる[注4]。このような認識のもと，1970年には，卸売業者，小売業者，商業被雇用者，政治家および専門家から10人の委員からなる流通委員会が設置され，1975年に様々な提案を含む「社会と流通」がとりまとめられた（内藤ほか編1984：pp.267-269）。高橋（1989）は，流通効率化が食料品アクセス問題を生み出したスウェーデンでの経験について，「こ

れから早いテンポで進行することが予想されている我が国の流通革命を考える上で熟慮すべき論点」になるとしていたが，約四半世紀後の今，我が国で現実の問題となりつつある。

(4) 家庭におけるフードセキュリティ（食料安全保障）

　食料品の購入における消費者費用の増大が，食料消費を抑制するような水準にまで達すると，家庭におけるフードセキュリティ（食料安全保障）の問題を提起する。わが国は，食料自給率は低いものの，食料需要は，総量としては十分な供給によって満たされている。そのような中でも，家庭によっては，店舗への近接性（アクセシビリティ）の悪化が食料消費を制約する可能性が生じる。

　わが国では，2010年の『食料・農業・農村基本計画』で，「食料の安定供給の確保に関する施策」の一環として，この問題への対応が取り上げられている。その中では，「食品産業の持続的な発展と新たな展開」の一部として，「高齢化の進展等に対応し，民間事業者による多様な配達サービスが健全に展開されること等により，消費者への食料の円滑な提供を図る。」とされている。また，「総合的な食料安全保障の確立」の一部として，フードチェーンの各段階における食料の安定供給に対する不安要因への対応の必要性が述べられており，具体的な対策が求められている。

　1990年代からフードデザートが認識されてきたイギリスでは，環境・食料・農村省（DEFRA）が，家庭におけるフードセキュリティ（household food security）の評価のための指標の一つとして，食料品店への家庭のアクセスを掲げている。そこでは，望ましいアウトカムとして，「自動車を持たない家庭も含めて，全ての家庭の食料品店への物理的アクセスが十分であること」とし，「公共交通機関・徒歩又は自転車でスーパーマーケット・食料品店まで15分以内及び30分以内の世帯数と割合」を評価指標としている（DEFRA 2010：p.134）。また，アメリカ農務省（USDA）では，「2008年食料・保全・エネルギー法」に基づき，食料品へ

のアクセスが制約されることの問題の評価，それら問題の性格と原因の分析，アクセス制約が地域住民に及ぼす影響，取組みの方向に関する研究を実施している (ERS/USDA 2009)。

⑸　イギリスにおけるフードデザート問題の背景とその後

　ここで，イギリスにおいてフードデザート問題が認識されるようになった脈絡とその後の状況について，伊東 (2011) にしたがい，小売商業に関する地域政策に焦点を当てながらみてみよう。大規模店の出店規制などの小売商業政策については，国によって，都市計画による場合と商業活動への直接的介入による場合とがある。このうち，都市計画により行うのがイギリス，ドイツ，アメリカであり，大規模小売業の出店活動を直接規制するのがフランス，イタリア，ベルギーである（佐々木2011：p.9)[註5]。

　イギリスでは，都市農村計画法（1947年）に基づく地域計画（開発計画）に示された土地利用計画において，小売商業の用途にゾーニングされたところ以外での小売商業の開発行為は原則的に認めないとされている（伊東2011：p.6)。その理念は，福祉国家観に基づく公共の利益を根拠に小売商業の立地規制をしようとするものであり，小売業者間の調整や特定の小売業者の保護・育成といった産業政策的意味合いは極めてわずかに過ぎない。小売商業計画の最大の目標は，商品供給の地域的ネットワークを社会的弱者にも容易にアクセスできる形で構築することに求められている（前掲書：p.10)。

　1970年代末までは，アウトオブセンター[註6]での小売商業施設の開発を規制してきたが，1980年代のサッチャー政権は，規制緩和を通じて市場原理を有効に機能させることにより民間活動を活発化させるとの基本的方針のもとで，従来の政策の多くを修正した。それまで小売商業開発が規制されてきたアウトオブセンターでのスーパーストアなどの小売商業施設の開発申請が，地方政府の意向に反して最終的に中央政府によって許可されるケースも増加した（前掲書：p.78)[註7]。この結果，アウトオブセン

ターでの大規模な小売商業施設の開発が進展し，既存の小売商業地区に大きなダメージを与えることとなった。

1990年代に入り，メジャー政権は，再びアウトオブセンターでの小売商業開発の規制を強化して，既存の小売商業地区を重視する政策に変更した。その背景には，既存の小売商業地区の衰退のほか，CO_2削減を中心とする環境対策が重要な政治的課題となってきたことがある（前掲書：p.113）。1996年には，小売商業の開発地点の優先順位が定められ，第1にタウンセンター（シティセンター），次に同センターの縁辺部，続いてディストリクトセンターないしローカルセンター，さらにこれらに適地がない場合はこれらのセンターの縁辺部とされた（前掲書：p.119）[註8]。

1997年からのブレア政権は，都市政策の課題として都市再生と社会的排除の問題を掲げた。このうち社会的排除問題については，排除されている人々の問題であるとともに，都市内部で貧困，失業，貧しい健康状態，犯罪の多発，教育の荒廃などの状況にある地区の顕在化としてもとらえられている（前掲書：p.127）。そして，インナーシティの社会的排除下にある地域を中心に，徒歩や公共交通によっては日常の食料品を入手するのに困難な地区，すなわちフードデザートと呼ばれる地区が顕在化している実態が明らかになった。このため，小売商業地区の再生の中心がシティセンター等の大規模小売商業地区におかれるなかで，総じて等閑視されてきた小規模小売商業地区の再生問題が取り上げられるようになった（前掲書：pp.239-241）。この小規模小売商業地区の再生計画の策定と事業展開は，社会的排除問題が顕在化している地域やその可能性が高い地域に限定されていることが特徴となっている（前掲書：pp.241-244）。

このように，1990年代後半以降，ショッピングセンターの開発は，アウトオブセンターで抑制され，既存の小売商業地区を中心に展開した（前掲書：p.133）。そして，大規模スーパーストア企業は，規制強化に対応した店舗の立地と店舗型の多様化を図るようになり，例えばテスコ社の場合は，従来のスーパーストア店に加えて，市街地内の小規模店舗であるメトロ店，小規模小売商業地区に立地しているエクスプレス店などの新しい

店舗型を開発する等の多様化を図っている[註9]。

このような状況を背景に，伊東（2011）は，「小規模店舗の分散的立地展開や社会的排除下にある小売商業地区の再生事業に協力する形での店舗出店などによって，食料品供給の地域的ネットワークは改善される傾向にあるものと考えられる」としている（p.149）。

(註1) 英米と日本の差異について，木立（2011）は次のように指摘している。すなわち，①英米では都心部の問題であるが，日本では津々浦々で生じている，②日本では「郊外」および「中心部」の概念が不明確，③日本では農村部で先行して問題が発生し，後に都心部に広がった，④日本では社会インフラの整備が遅れいている，⑤日本ではデフレの進行と小売業の疲弊がある，⑥日本では人口減少と高齢化が急速に進展，⑦日本ではかつての健康的であった食生活が崩れつつある。

(註2) 高齢者の健康問題と高次生活機能をめぐる問題については第Ⅳ章1．を参照のこと。

(註3) 鈴木らは，流通サービス水準は，ロットサイズ，市場分散化，配達時間，品揃えの広さによって測られるとする。このうち，食料品アクセス問題と関連するのは，市場分散化，すなわち一定地域内の小売店舗の数と分散の程度であり，店舗の閉店は市場分散化の程度を低める。

(註4) 内藤ほか編（1984）では，この間のスウェーデンの状況について，「身近な店舗が少なくなり……ときには一番近い店まで500mとか1,000mも歩かねばならない。これでは老人や，ハンディキャップあるいは自動車を持たないような人々ばかりでなく，一般の人々でも……不自由を感ずるのは当然である。」(p268）としている。この状況は，現在我が国で買い物難民，買い物弱者と呼ばれている状況そのものである。

(註5) イギリスにおける小売商業政策と小売構造の動向については伊東（2011)，フランスにおける商業活動に関する規制については佐々木（2011)，ドイツの建築規制とその運用状況については阿部（2001）に詳しい。アメリカについては，原田（2008）が，ウォルマートの経営実態とその影響，ゾーニング規制などの制度の運用状況を詳しく論じている。

(註6) 小売商業の地域計画で最も重要な計画地域概念は，センターすなわち小売商業の立地・開発を促進する計画空間としての「小売商業地区」である。小売商業の立地を原則認めない，「小売商業地区」以外のところはアウトオブセンターと呼ばれている（伊東2011：p.14）。

(註7) 開発申請には地方政府の許可が必要であるが，地方政府により却下された場合は中央政府に異議申し立てができる。その際に許可されるケースが増加した。

(註8) イギリスでは，小売商業地区の地域別体系として，大都市圏地域以外の多くの

都市では，中心都市の中心地区に位置しているシティセンターないしタウンセンターを頂点に，ディストリクトセンター，ネイバーフッドセンター，ローカルセンターの4階層（大都市圏地域では5階層）からなる階層的な小売商業地区のネットワークが形成されている（前掲書：p.11）。
(註9) このことはまた，大規模スーパーストア企業の市場シェアをさらに高めることとなった（前掲書：p.147）。

3．食料品アクセス問題に関するこれまでの研究

(1) 買い物における苦労について

　我が国において買い物難民という用語を最初に用い，この問題への関心を呼び起こしたのは杉田（2008）である。杉田は，モータリゼーションの進展と大型店出店に関する規制緩和・大店法の廃止が，高齢者に買い物に困難をきたす買い物難民層を多く発生させた理由であるとし，買い物難民の実態を明らかにした上で，これを支援するために何が行われており，大型店，中央および地方政府，国会，町内会，バス会社等の関係者がどのような行動をとるべきかを論じている。このうち買い物難民の実態については，杉田（2006）の分析をもとにしている。これは，全国12地域を対象にした社会調査をもとにしており，買い物における苦労に焦点をあて，苦労の有無，苦労の内容，苦労への対処等を分析した。このなかで，苦労の有無には店舗までの距離と自動車利用が影響していることなどを明らかにしている。これらは，まさに買い物における消費者費用の定性的だが包括的な分析といえよう。

　また，崔ら（2012）は，店舗の閉店が目立ちオールドタウン化しつつあるニュータウンを事例として，食料品の買い物における高齢者の不便度が，移動時間の増加に応じて非高齢者よりも急速に高まることなどを明らかにしている。

(2) フードデザート概念の援用

　岩間ら（2009）および岩間編（2013）は，地理学の立場から欧米のフードデザートの概念を我が国に援用した分析を行っている。その際，フードデザート問題における社会的弱者として我が国では高齢者を対象とするほか，栄養状態については食品摂取の多様性得点を用いている[註1]。そこでは，地方都市の事例において，郊外の大規模商業施設の新設による中心市街地の空洞化によって，居住する高齢者が生鮮食料品の購入を控えたため，食品摂取の多様性が低い傾向にあることを明らかにしている。また，農山村地域の例では，食品摂取の多様性は良好であるものの，店舗までの距離の克服が重要な課題であること，他方，大都市圏のベッドタウンの例では，店舗が近接しているにもかかわらず，孤立化した高齢者の食品摂取の多様性が低下している実態が報告されている。

(3) GIS による可視化

　地理情報システム（GIS）を用いて，フードデザートの発生している可能性の高い地域を地図上に明らかにする試みも行われている。岩間編（2013）では，フードデザート地域の抽出方法が検討され，これまでのフードデザートマップの作成事例が紹介されている（同書第Ⅲ章）。そして，カーネル密度推定法を用いて推定した23の県庁所在地におけるフードデザートの状況が明らかにされている。

　この手法は，店舗や人口の空間的分布から，カーネル密度推定法によりそれらの分布密度を算出し，店舗の分布から得られた供給サーフェスと人口分布から得られた需要サーフェスを重ね合わせて需給バランスを示すサーフェスを作成した上で，需要が供給を大きく上回っている地域をフードデザートの発生が疑われる場所として抽出するものである（岩間ら 2009）。なお，駒木（2013）は，この手法で作成したフードデザートマップの地域での適用に当たっての留意事項などを論じている。

(4) 人間関係に着目した分析

　食料品アクセス問題に，人間関係に着目して社会学から接近したものに岩間編（2013：第Ⅵ章）がある。そこでは，大都市の団地を事例に，住民の近隣との社会関係と食品摂取との関係が分析されており，店舗は近くにあっても，近所づきあいが希薄といった社会からの孤立により低栄養状態に陥りやすいことを明らかにしている。また，浅川（2013）は，東京都都心部と鹿児島県の過疎地域における食品摂取状態の分析から，①都心部の女性高齢者は集団参加がない人で，男性高齢者は独居の人で低栄養のリスクが高いこと，②過疎地域の女性高齢者は収入の低い人で，男性高齢者は集団参加がない人で低栄養リスクが高いことを明らかにしている。このように，食品摂取の状況には，地域住民の間のつながりといった社会学的要因が大きな要因を占めていることが明らかになっている。

(5) 政府における調査・研究

　経済産業省（2010）は，流通業が地域生活インフラの重要な一部となっているとの認識に基づき，人口減少社会において流通が地域住民の生活を支えていくには，事業者間の連携，「民による公共」のための環境整備が必要であるとし，①国においては全国共通の制度整備と各地の成功事例の展開，②地方自治体においては住民ニーズと事業者の役割についての緊密な情報交換が可能な環境整備と補助制度の活用，③民間事業者においては新しいビジネスモデルの構築と地方自治体や異業種事業者との積極的連携，④地域の団体や住民においては，地域のニーズの発信と住民主体の生活インフラ支援活動の重要性を提言した。
　また，経済産業省（2011）は，買い物弱者支援の方法を，①身近な場所に店を作ること，②家まで商品を届けること，③人々が出かけやすくすることの三つに分類して取り組み事例を紹介している。

しかしながら，これらの文献には現状分析がない。食料品の買い物についての現状分析と政策の方向性を論じたものに農林水産政策研究所（2012a）がある。これは，3地域における住民意識調査，市町村意識調査，統計データの分析を通じて店舗へのアクセス状況の検討を行ったものである。また，農林水産政策研究所（2012b）は，「食料品アクセスマップ」として，生鮮食料品販売店舗まで500m以上の人口割合を地図上で明らかにしている。この地図は都市部に限らず日本全国を対象としているので，各地域における様々な取り組みに活用されることが期待される[注2]。

さらに，農林水産省食料産業局では，農林水産政策研究所の市町村意識調査を引き継いで，2011年，2012年，2013年に全国の市区町村を対象にアンケート調査を実施し，各地方自治体等の抱える問題や対策の状況の把握を行っている（農林水産省食料産業局食品小売サービス課2012，2013および2014）。また，農林水産省食料産業局のホームページに，各地の取組事例や関係省庁の支援施策等へのリンクを貼った「食料品アクセス（買い物弱者等）問題ポータルサイト」（農林水産省食料産業局）が設けられている。

一方，食料品アクセス問題への社会の関心の高まりもあって，2011年の国民健康・栄養調査では食料品アクセス問題に関する調査項目が設けられており，食生活に関する状況のなかで，生鮮食品の入手が困難な理由の選択肢の一つとして「生鮮食料品店へのアクセスが不便」という項目が設けられている（厚生労働省2012）。

(6) アンケート調査による実態解明

アンケート調査等により買い物弱者の実態を明らかにしようとする試みが，様々な研究機関や研究者により行われており，特に2010年の経済産業省の報告書公表以降増加している。アンケートの対象は，住民，主婦，商工会，町内会長等様々であるが，以下にそのいくつかの結果を紹介する。

まず，高齢者を対象としたものではないが，全国を対象としたものにパルシステム生協（2013）がある。そこでは2012年に，買い物を主に自分が行っている20～59歳の主婦を対象に行ったネット調査の結果をもとに，①買い物の不便感には，近隣の店舗が減ったかどうか，自動車を運転するかどうかが影響していること，②将来買い物弱者になるとの不安を抱えている主婦が少なくないこと，③買い物弱者層の方が，電話やネット注文で当日配達サービス，移動販売サービス，買い物代行サービスの利用意向が高いこと，④買い物弱者層では中食の頻度や欠食の機会が増えたとする割合が高いこと等を明らかにしている。

　以下の調査はいずれも一定の地域を対象にしたものであるが，鳥越（2001）は，2000年に中国・四国地方の商工会を対象に行った調査をもとに，①買い物弱者が買い物に困っている理由として，近くの商店の廃業，自動車を運転できなくなったこと，買い物を頼む人がいなくなったこと等が多いこと，②逆にあまり困っていない理由としては，地元商店街・商店が健在，介護サービスの一環として買い物代行サービスが行われていること，地元の朝市や無人市が充実していること等が多いとし，買い物弱者対策には，地元の商業機能が重要であるとしている。

　都市の住民を対象にしたものとして，鶴坂（2011）は，八尾市が2009年度に行った調査結果をもとに，①都市部でも買い物難民やその予備軍が多数存在している，②住民は歩いて買い物をして自分の眼で確かめて商品を選ぶことを望んでいる，③また，大型店やコンビニよりも商店街や小売市場の立地を望んでいる，④地域商業で買い物をしたい消費者がいる一方で，地域商業に魅力が乏しく集客ができていない，としており，やはり商業集積の再生が課題であるとしている。

　また，海老原ほか（2012）は，東京23区で買い物に不便を感じている住民に対するネット調査をもとに，①不便を感じている理由の根底にあるのは，店舗の近接性よりも，店舗への不満である，②店舗の業態としては，コンビニは買い物弱者問題の解決に適合せず，逆に，商店街は消費者の希望に応えていない業態であるとしている。

一方，都市部の元気な高齢者の意識を対象としたものとして吉川（2012）がある。吉川は，小山商工会議所が2011年に小山市内の高齢者を中心に行った調査（対象は，元気な中高齢層が中心）をもとに，①自分で買い物を行っている元気な高齢者は，現在の状況にそれほど不満を持っていないが，店舗が遠いこと，品揃えが少ないこと等に不満を持っている，②店に求めるサービスとしては，高齢者割引サービスについで，買い物後の宅配サービス，送迎サービス，公共交通の整備など自ら出かけてい行くためのサービスを希望している，としている。

　これらに対して，都市部の超高齢化が進んだ地域を対象としたものとして楢原（2012）がある。楢原は，2012年に北九州市門司区の高齢化率の高い町丁の町内会長を対象に行った調査をもとに，①買い物が困難になる要因として，健康上の問題，自家用車所有の有無，距離的な問題，地理的な問題（坂や階段等），人間関係があること，②逆に，距離の問題，人間関係，健康状態，自家用車の有無，公共交通機関の利便性で問題がない地域では発生していないと見られること，等を指摘している。

　さらに，地方の民間シンクタンクでも調査が行われている。いよぎん地域経済研究センター（2011）は，愛媛県内在住の個人（伊予銀行の顧客中心）を対象にした調査結果をもとに，60歳以上の住民の買い物での不便の内容は，車がない，交通の便が悪いといったことであり，高齢者は買い物に行く交通手段の確保に悩んでいるとしている。

　長野経済研究所（2010）は，2010年に行った調査結果により，①中山間地域の60歳以上は半数以上が買い物に不便を感じており，②その理由としては，近くに買い物をしたい店舗がないこと，遠くまで出かけないと買い物できないことが多いとし，さらに，③将来の買い物環境について，中山間地域の60歳以上は半数以上が不便になると回答しているが，ニュータウンでも割合は高く，将来の買い物環境の悪化が懸念されているとしている。

　山陰経済経営研究所（2012）は，島根県商工会連合会が2010年に島根県全県を対象に行った調査をもとに，買い物で困っている内容は，若年〜

中年層では近隣の店舗での商品に不満，高齢者では商品を手にすること自体の困難であり，同居人数が少なくなるほど買い物に困っており，最も深刻な買い物弱者は，中山間地域に住み，買い物のための交通手段が限られ，同居人数が少ない高齢者であるとしている。

　以上の結果を整理すれば，都市部の住民は，店舗への近接性よりも，販売されている商品に不満を持っていること，コンビニよりも商店街の維持を望んでいること，都市部でも超高齢化の進んだ地域では距離の問題，自動車所有の問題，健康上の問題，人間関係が大きな問題であることが指摘されている一方，農山村では，店舗への距離の問題と交通手段の問題が大きな問題であることが指摘されているといえる。

(7) 取組事例の分析

　経済産業省（2010）の発表後，様々なメディアで買い物弱者への取り組み事例が報告されるようになった。以下では，単なる事例報告ではなく，それらの分析を通じて今後の方向性について議論がなされているもののいくつかを紹介する。

　第1に，大きな枠組みの議論として，杉田（2013）は，食料品アクセス問題に対して各地で行われている市民・民間・自治体での取り組みを取り上げ，大型店への規制強化と新たな市民倫理の確立が必要であると論じている。この中で，マイカーを利用して大規模店を日常的に利用している市民は，商店街の衰退に対して一定の責任があるとしている（p.230）。

　次に，具体的な対策の展開に関する議論であるが，まず，買い物弱者対応を進めるための関係主体間の連携の必要性についてである。洪（2013）は，買い物弱者対応を進めるためには，小売企業等の民間には従来の業務展開から地域貢献の視点も含んだ展開が，行政側には従来の生活支援から買い物弱者対応などより広範なサービス展開が求められるとし，その際，連携による取り組み（行政と民間あるいは民間事業者間），支援サービスの複合化（移動販売と安否確認，庭先集荷と宅配など）という視点が欠か

せないとしている。

　関係者の連携の必要性とともに地域住民の経済的分担の必要性を述べたものとして赤坂ら(2012)がある。赤坂らは，買い物弱者対応が新たなビジネスチャンスをもたらすとしても，潜在的利用者の絶対数が少なく，客単価が低く，住民が散在している山間部や高齢化を迎えた大都市近郊では事業継続は困難であり，行政の補助が不可欠であるが，財政難に苦しむ地方自治体にすべてを依存できないとすれば行政，民間事業者，そして住民自身も応分の負担を行うことが避けがたいとする。特に，住民は，将来的にサービスを享受する可能性のある若年層も含めて経済的な分担を求められるとし，地域にかかわる住民，民間事業者，NPOなどの組織，行政が連携を図りつつ，運営コストをできる限り抑えるとともに，相乗効果が発揮されるような体制をつくることが現実的としている。

　さらに，工藤ら(2011)は，買い物弱者問題への対応のために不可欠とされる関係者の協働が長期にわたって継続可能であるための条件を検討し，①小さな拠点の確立，②物流・交通ネットワークの再構築，③事業者，行政，住民の流通機能分担，④事業資源の共有，⑤公共性と収益性の両立が重要であるとしている。

　一方，関係者間の連携・協働と密接な関わりをもつ地域コミュニティの役割に関する論考として，まず，藤津(2011)は，地域の問題への対応が，核家族化等のために，かつての自助・共助から公共サービスに求められるようになってきたが，それには，財政上の問題や，地域により異なる課題への対応といった問題があるため，民間事業者，NPO，関係団体などの関与が期待されるようになっているとしている。そして，その場合に大きな役割を担えるのが地域の公共財とも言える商店街であり，そのコミュニティ機能が実のあるものになるためには，地域住民を含む関係者が地域の課題を具体的に認識し，その課題の解決には協働での対応が欠かせないと認識することが重要であるとする。

　また，藤澤(2012)は，地域住民が主体的に取り組む買い物弱者対策の事例分析から，地域住民の主体的な取り組みがどのように始まり，地域内

で拡大し，成果を上げていけるのかを検討し，①自分たちが動かなければ地域の生活インフラが失われるという危機感，②活動を牽引するリーダーの存在，③生活課題についての生活者の学習により現状を変えたいと思う生活者の潜在エネルギーの蓄積，④活動の小さな成果による自身と自覚の醸成，⑤地域住民のニーズに対応した活動の拡大，をあげている[註3]。

　農山村地域では，協同組合に期待を寄せる論考もあり，武田ほか（2012）は，民間企業と異なり，協同組合の目的は組合員への奉仕であり，協同組合による買い物弱者支援の継続が中山間地域の買い物弱者問題の解消につながるとし，このため職員と組合員の問題意識の共有，積極的な事業への参画の促進による事業継続が求められるとする。

　しかしながら，農山村で，JAが行うAコープが次々と閉店に追い込まれているのも事実である。これに対して，唐崎（2012）は，JA支所や購買店舗の跡地に住民が共同出資して新たな店舗を開店する事例（共同店）を分析し，これらが，単に商品を販売するだけでなく，地域住民のコミュニケーションの場としての価値をもつとしている。そして，その開設と運営を支えるために地域の各組織による協働がみられたとし，地縁型自治組織がコミュニケーションのプラットフォームとしての役割を果たすとともに，行政，JA，商工会等による中間支援的機能が発揮されていることが共同店の成立に寄与しているとしている。

　一方，逆に，買い物弱者問題が地域コミュニティを活性化する可能性を論じたものに，白戸（2011）がある。白戸は，地域社会やコミュニティの再生のために必要なのは地域の「共通プロジェクト」であり，これにより地域社会やコミュニティが活性化することは可能とし，「買い物弱者」問題が，地域の共通する課題として地域社会やコミュニティに再び役割を与えるきっかけになる可能性を論じている。

　以上のような関係者間の連携，協働，コミュニティの役割を論じたものとは別の視点からの取り組みを論じたものに，森（2010）がある。森は大型スーパーを起爆剤とした公共施設再編と自治体救済のシナリオとして「まちの整体」を提唱している。すなわち，急速に児童数が減少している

中心市街地に立地している学校施設を転用（協同組合に売却等）して，①自治体には公共施設の維持費削減と歳入の増加，②住民には買い物と公共サービス利用の集約による中心市街地の活性化，③協同組合には中心の土地・建物をリーズナブルな価格で取得，利用者のついで買いの機会創出および地域資産の活用による社会的責任の実現，を図ろうとするものである。

そのほか雨宮ら（2012）は，都市住民が行う農作物栽培活動（家庭菜園，プランタでの野菜作りなど）が，直接的には野菜の自給に，間接的にはその過程での近隣住民とのつながりの強化をもたらし，食生活の質の向上に寄与し，都市近郊のフードデザート問題の解決に寄与するのではないかとの議論を展開している。

以上のように，これまでになされてきた様々な取り組み事例をもとに，様々な議論が展開されているが，その中で多くに共通するものが，問題解決に向けての地域コミュニティの役割の重要性である。

(註1) 食品摂取の多様性得点については第Ⅳ章1．参照。
(註2) これらの分析は筆者らが行ったものであり，本書の研究の出発点をなしている。本書の分析は，これらを発展・充実させたものである。
(註3) この事例については，本書でも第Ⅴ章3．で取り上げる。

4．本書の接近方法と構成

本書は，食料品アクセス問題に関する現状分析を様々な角度から行い，そこで明らかにされたことから問題解決に向けての含意を抽出しようとするものである。

前述のように，これまでも様々なアンケート調査が行われているが，それぞれの地域での問題解決に貢献しようとするものが多い。このような調査は，地域での取り組みの基礎資料として重要な役割を果たすものであるが，その結果には，それぞれの地域における買い物環境が反映されており，

そのまま一般化はできない。

このため，どのようなタイプの地域でどのような現状にあるのかを統一的な手法で把握し，比較することが必要であると考えられる。また，全国的な買い物弱者や食料品アクセス問題の実態を明らかにするための統計分析もより発展させることが必要である。

本書では，そのねらいを達成するため，いわばマクロ的分析である全国視点からの分析と，いわばミクロ的分析である地域視点あるいは住民視点からの分析を行う。次に，食料品アクセス問題がもたらす高齢者の栄養・健康問題への影響を分析する。最後に，問題解決に向けての関係者の意識と地域住民が自ら問題解決に取り組んでいる事例の分析を行う。これらのうち，住民視点からの分析は，いくつかの地域について統一した方法で地域住民の意識を調査し，比較することによって，それぞれのタイプに応じた特徴の抽出を行う。以上のようにして得られた現状分析の結果からは，この問題に取り組むに当たっての含意がおのずと明らかになる。

本書の構成は以下の通りである（第Ⅰ-1図参照）。

第Ⅰ章　食料品アクセス問題とは何か

　本章の以上の部分で，食料品アクセス問題とは何で，我が国の食料政策の中にどのように位置づけられるのかを明らかにした。そして，この問題に対して，これまでにどのような調査・研究が行われてきたかを述べた。

第Ⅱ章　食料品アクセス問題の現状と将来

　全国的視点からの分析であり，食料品アクセス問題の背景となっている需要側，供給側のそれぞれの要因についてのマクロ的な分析を行った後，住民の食料品店へのアクセス状況，具体的には店舗までの平均距離等の現時点の状況とその過去からの変化の状況を明らかにし，さらにその将来推計を行う。このなかで，食料品の買い物で最も不便や苦労をしている住民の基準には第Ⅲ章の結果を利用する。

第Ⅲ章　住民からみた食料品アクセス問題

　視点を変えて，住民の視点あるいはミクロ的視点からの現状分析であ

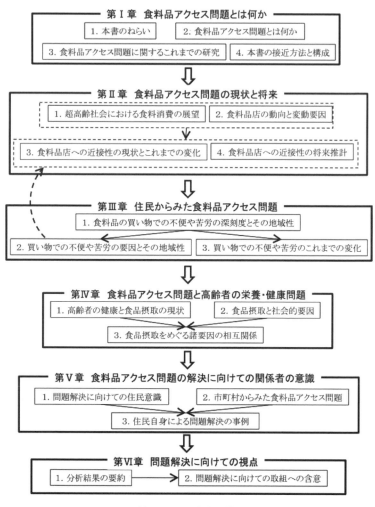

第 I-1 図　本書の構成

り，いくつかのタイプの地域における住民の意識調査結果をもとに，食料品の買い物における不便や苦労の要因や過去からの変化を明らかにする。

第Ⅳ章　食料品アクセス問題と高齢者の栄養・健康問題

　食料品へのアクセスが問題とされるのは，それが食料消費を制約する

ことによって，住民の栄養・健康に悪影響を及ぼす可能性があるからである。ここでは，今後人口割合が急増する高齢者に焦点をあて，食料品へのアクセス条件および食生活をとりまくいくつかの状況が食品摂取，さらには健康にどのような影響を及ぼす可能性があるかを明らかにする。

第Ⅴ章　食料品アクセス問題の解決に向けての関係者の意識

関係者として，問題の当事者である住民と，解決に向けての取り組みで住民に最も身近な行政機関として重要な役割を果たす市町村を取り上げ，双方が何が問題であると認識し，その問題の解決のために何が重要と考えているかを明らかにする。また，ある地方都市において，店舗の閉店による買い物の苦労を住民自身が解決しようとしている事例を分析する。

第Ⅵ章　問題解決に向けての視点

以上の分析から得られた結果をまとめた上で，今後の食料品アクセス問題への取り組みにおいて重要と考えられる視点を提示する。

第Ⅱ章　食料品アクセス問題の現状と将来

　本章では，食料品アクセス問題を全国的視点からとらえて，現状と将来を明らかにする。まず，1.で，今後の食料消費の見通し，特に高齢世帯の消費の見通しを明らかにする。これは需要面からの分析である。次いで2.で，これまでの食料品店の減少要因を明らかにする。これは供給面からの分析である。最後に，3.で，供給要因と需要要因の総合効果としての店舗への近接性の実態とこれまでの変化を，そして4.でその将来見通しを明らかにする。

1．超高齢社会における食料消費の展望

(1) はじめに

　我が国の人口構成は，2035年には65歳以上が33.4％を占め（2010年23.0％），14歳以下が10.1％に低下する（同13.1％）など，少子高齢化の進行が予想されている（第Ⅱ－1図）[注1]。また，世帯構成も，2035年には単独世帯が2010年に比べて10.0％増加し，37.2％を占める（2010年32.4％）と予想されている（第Ⅱ－2図）[注2]。このような少子高齢化の進行や世帯構成の変化は我が国の食料消費に少なからず影響を及ぼすはずである。
　まず，高齢世帯や単身世帯の消費割合が増加するはずであるが，その場合，これまでのような中食[注3]や外食の増加にみられる食の外部化[注4]の進展は継続するのであろうか。また，高齢世帯や単身世帯の食料消費はど

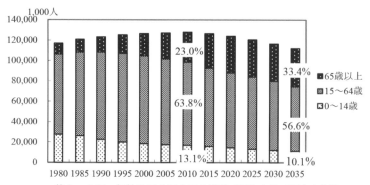

第Ⅱ-1図　年齢3区分別人口の推移（出生中位（死亡中位））
資料：国立社会保障・人口問題研究所「日本の将来推計人口」(2012年1月推計)

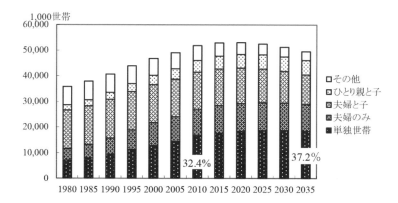

第Ⅱ-2図　家族類型別一般世帯数の推移
資料：国立社会保障・人口問題研究所「日本の世帯数の将来推計（全国推計）」(2013年1月推計)

のように見通されるのであろうか。これらを明らかにすることが本節の課題である。

　本節では，一定の仮定の下で，世帯単位の食料費支出のこれまでの変化の分析を基礎にして，高齢化の下での食料消費を展望する。その場合，品目ごとの動向からの積み上げにより，食料消費全体の動向を明らかにすることとするが，個々の品目の分析を掘り下げるよりも，食料費を構成する全ての品目についての全般的動向を明らかにすることに主眼をおくこととしたい(註5)。

(2) 展望の基本的考え方

いま，第Ⅱ-3図のように，2010年時点で高齢世帯ほど1人当たり消費が多い品目（ここでは米を例としている。）があったとするとこの品目の消費は今後どうなると考えるべきであろうか。もし，この品目が高齢世帯によって好まれるものであり，図の各点が年齢要因のみによって決まっているとすれば，今後の高齢者割合の増加に伴って全体の消費は増えると考えるのが自然である。

しかし，高齢世帯ほど1人当たり消費量が多い理由が，年齢要因によるのではなく，出生年が早く，旧い世代に属することによる可能性もある。これを明らかにするために第Ⅱ-4図では，全く同じデータであるが，横軸に年齢の代わりに出生年をとっている。例えば2010年に65歳以上ということは，1945年以前に生まれたということと同じである。食料消費には，出生年を同じくする一団（コーホート）ごとの嗜好が反映されているという考え方にたてば，高齢世帯ほど1人当たり消費量が多いのは，この品目が旧い世代の人々に好まれるものであり，新しい世代の人々は好まないものであったということもできる。もしそうであるならば，今後，高齢化と同時に進行する世代交代により，新しい世代の人々の割合が増加する

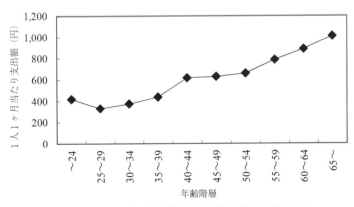

第Ⅱ-3図　米の例（世帯主年齢階層別）（2010年）

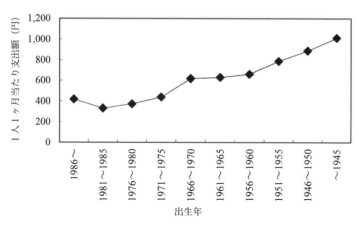

第Ⅱ-4図　米の例（世帯主出生年別）（2010年）

ことによって，全体の消費は減少すると考えるのが自然である。

　このように，仮に高齢世帯の消費が多い品目があった場合に，それが，高齢者だから消費が多いのか，あるいは，旧い世代の人々だから消費が多いのかによって，将来の消費全体の見通しは全く違ってくる。実際には，第Ⅱ-3図，第Ⅱ-4図の各点は，年齢要因（加齢効果）と出生年要因（コーホート効果）の両方によって決まっていると考えるべきであり，将来を見通すためには，過去のデータを利用する等により，これらの要因を分離した上で展望を行う必要がある。

　このような考え方を踏まえ，本節での展望に当たっては，ある年齢階級，ある年におけるある品目の食料消費は，出生年の違いによる「コーホート効果（cohort effect）」，加齢に伴う「加齢効果（age effect）」，時代の変化による「時代効果（period effect）」及び消費支出，価格によって決まると考える。これまでこれらの効果がどのように消費に影響を及ぼしてきたかを分析することによって，これらが将来の消費にどのような影響を及ぼすのかを検討する。なお，本来，これらは消費する個々人について把握し，検討すべきものであるが，ここでは，世帯主年齢階級別の世帯単位のデータを用いる[註6]。家庭における食料品購入の多くは，個々の世帯員が行うのではなく，主婦などがまとめて行うことを考慮すると，世帯単位のデータを用い

ることも許容されると考える。このため，以下におけるコーホート効果，加齢効果は個々の世帯員についての効果ではなく，それぞれ，世帯員の属する家庭の世帯主の出生年の違いによる効果，世帯主の加齢に伴う効果となる。この結果，加齢効果には，加齢に伴う嗜好の変化のみならず，出産，子供の成長，独立などの家族構成の変化やライフステージの変化に伴う1人当たり消費量の変化も含まれることになる。その意味では，ここでの加齢効果は「ライフステージ効果」ともいうべき性格を持っていると言える。

　食料消費の分析において，コーホート効果に着目した分析は数多い。そのなかで，まとまっているのは森編（2001）であるが，そこでは，いくつかの品目の個人単位での年齢階級別消費量の推計や，コーホート効果の推計における問題など，このような分析をめぐる様々な論点が広く取り扱われている。一方，最近では，Stewart et al. (2008) が，過去のコーホート分析の結果を将来展望に結びつける分析を行っており，アメリカにおける野菜の消費見通しにおけるコーホート効果の影響を検討し，家計消費においては若い世代の支出額が少なくなっており，今後若い世代が高齢世代に置き換わって行くにつれ，生鮮野菜の支出額は減少するとした。しかし，このように特定の品目について深く分析したものはあるものの，これまで食料消費全体にわたって分析したものはないように思われる。本節では，食料費を構成する全品目について分析と展望を行うが，以下の分析においては，多くをStewart et al. (2008) に負っている。推計方法の詳細については本節末尾の「推計方法に関する補論」を参照されたい。

(3) いくつかの品目における将来の消費変化とその要因

　いくつかの品目について，推計された2010年から2030年までの20年間の実質支出額（2010年価格）の変化率とその要因をみてみよう（第Ⅱ-1表）。取り上げる品目は，米，油脂，主食的調理食品，外食の4品目である。米と油脂はいずれも内食の食材であるが，前者は需要が減少してきたもの，後者は増加してきたものである。主食的調理食品は，中食の例とし

第Ⅱ-1表　全体支出額変化率、1人当たり支出額変化率およびその要因

(%)

世帯類型	品目	期間	全体変化率	1人当たり変化率	コーホート	時代	消費支出	価格	高齢者割合増加	単身世帯割合増加	交絡項	世帯人口変化率	交絡項
2人以上世帯	米	将来	-43.5	-35.3	-14.6	-24.6	0.0	—	4.6	—	-0.6	-12.7	4.5
		過去	-40.0	-38.1	-13.2	-36.7	0.0	5.3	4.7	—	1.7	-3.0	1.2
	油脂	将来	16.5	33.4	-5.4	27.4	4.8	—	1.9	—	4.7	-12.7	-4.2
		過去	26.4	30.3	-6.7	30.2	-2.1	7.2	-2.5	—	4.2	-3.0	-0.9
	主食的調理食品	将来	47.0	68.4	-2.5	36.7	12.4	—	1.9	—	19.9	-12.7	-8.7
		過去	72.9	78.3	-0.4	73.7	-4.7	—	0.3	—	9.4	-3.0	-2.4
	一般外食	将来	2.0	16.8	1.9	6.9	9.2	—	-2.8	—	1.6	-12.7	-2.1
		過去	-8.0	-5.1	0.0	4.0	-4.3	—	-4.3	—	-0.6	-3.0	0.2
単身世帯	米	将来	11.7	0.2	-23.0	17.8	0.0	—	10.3	—	-4.9	11.5	0.0
		過去	103.1	13.6	-24.1	17.8	0.0	5.3	28.0	—	-13.4	78.8	10.7
	油脂	将来	73.2	55.3	-4.9	44.4	5.1	—	6.7	—	4.0	11.5	6.4
		過去	131.9	29.7	-9.2	44.4	-0.2	4.3	1.5	—	-11.2	78.8	23.4
	主食的調理食品	将来	69.3	51.8	13.6	26.1	13.1	—	-6.4	—	5.5	11.5	6.0
		過去	185.3	59.6	22.0	55.7	-1.0	—	-14.4	—	-2.7	78.8	46.9
	一般外食	将来	-15.0	-23.8	-8.8	-13.7	9.7	—	-9.0	—	-2.1	11.5	-2.7
		過去	-3.5	-46.0	-20.7	-13.7	-1.7	—	-14.7	—	4.9	78.8	-36.2
全世帯平均	米	将来	-33.8	-26.8	-16.1	-17.2	0.0	—	5.6	1.0	-0.2	-9.5	2.5
		過去	-31.5	-33.6	-13.9	-33.4	0.0	5.3	6.1	-1.5	3.7	-3.3	-1.1
	油脂	将来	22.6	35.4	-5.4	29.3	4.8	—	2.5	-0.6	4.9	-9.5	-3.3
		過去	32.9	28.6	-6.8	31.1	-2.0	7.0	-2.3	-1.3	2.9	-3.3	0.9
	主食的調理食品	将来	54.5	70.6	2.9	33.1	12.6	—	-0.9	4.9	18.0	-9.5	-6.7
		過去	99.2	92.9	4.9	69.5	-3.8	—	-3.2	12.9	12.7	-3.3	3.1
	一般外食	将来	-5.3	4.6	-2.7	-1.9	9.4	—	-5.5	7.1	-1.9	-9.5	-0.4
		過去	-6.1	-9.1	-8.6	-3.3	-3.2	—	-8.6	27.7	-13.0	3.3	-0.3

注：1)「将来」は2010年から2030年までの20年間、「過去」は1990年から2010年までの20年間。
　　2) 主食的調理食品と一般外食については、価格の影響は計測されていない。
資料：筆者推計による。

て取り上げる。ただし，ここでの要因分解では，加齢効果は明示的に把握できないので，高齢者割合増加の影響でみることとする（補論の4)参照)。

　まず，全体支出額変化の要因で全品目に共通するものとして，世帯人口の変化率がある。2人以上世帯においては，1990～2010年の期間には1世帯当たり世帯員数の減少と世帯数の増加がほぼ相殺されて世帯人口変化率は3.0％減と小さかったため，1人当たりの変化率が全体支出額の変化率にほぼ等しくなっていたが，今後は世帯数も減少に転じ，1世帯当たり世帯員数の減少とあわせて全体支出額を12.7％引き下げる要因となる。一方単身世帯においては，世帯数の増加率は大幅に鈍化するものの引き続き増加し，今後全体支出額の11.5％の増加要因となる。

　1人当たり支出額変化率の要因を2人以上世帯についてみると，米，油脂，主食的調理食品とも時代効果の影響が過去，将来とも大きい。しかし，その影響の方向はそれぞれ異なり，米は減少要因として，油脂と主食的調理食品は増加要因として大きな影響を及ぼしている。また，米については時代効果とともにコーホート効果が大きな減少要因となっている。一般外食については，コーホート効果も時代効果も小さく，消費支出の影響が大きい。なお，消費支出の影響が過去において減少要因となっているのは，1990年はバブルの絶頂期，2010年はリーマンショック後まだ十分に回復していない時期であり，この期間に実質消費支出がわずかに減少していることによる。

　なお，過去の要因のうち価格については，米，油脂についてはプラスであり，価格低下が消費増加要因になった。将来については価格を一定としているので価格の影響はない。

　次に，単身世帯については，米は，過去においては，コーホート効果が減少要因，時代効果が増加要因となったが，この傾向は今後も続く。また，高齢者割合の増加も大きな増加要因となる。油脂は，2人以上世帯と同様時代効果の影響が大きな増加要因として働いている。主食的調理食品は，過去，将来ともに時代効果が最も大きな増加要因であるが，コーホート効果がこれに続いて大きな増加要因となっている。また，高齢者割合の増加

が，過去，将来とも減少要因となっているが，コーホート効果はこれを上回る増加要因となっている。主食的調理食品については，今後は消費支出の増加もまた大きな増加要因になると見込まれる。

外食については，単身世帯では，過去においても将来においても，コーホート効果と時代効果がマイナスとなっている。高齢者割合の増加も減少要因となっており，過去においては増加要因はない。しかし，将来については，消費支出だけは増加要因となっている。これらのことから，外食の単身世帯の世帯当たり変化率はマイナスとなっており，主食的調理食品のプラスとあわせてみれば，外食から中食へとシフトしていくと考えられる。

最後に全世帯平均に及ぼす単身世帯割合の増加の影響をみると，これが過去において大きな増加要因となったのは，主食的調理食品と一般外食であった。将来は，これまでほど大きな要因ではないが，これらの品目で引き続き増加要因であり続ける。

(4) 30分類の将来展望

第Ⅱ-5図，第Ⅱ-6図，第Ⅱ-7図は，2人以上世帯，単身世帯，全世帯（2人以上世帯＋単身世帯）別に，30分類全品目について，全体実質支出額の過去の変化率（1990年から2010年）と将来の変化率（2010年から2030年）を図示したものである。45度線を書き加えてあるが，この線の付近にある点は，今後も過去と同じ程度の変化を示すことを意味する。この線より上方にある点は，過去よりも増加率が高まるか，減少から増加に転じるか，減少が鈍化するかのいずれかである。下方にある点は，過去よりも増加が鈍化するか，増加から減少に転じるか，減少率が高まるかのいずれかである。なお，1人当たり支出額の変化を含め，詳しくは付表Ⅱ-1に掲げた。

1) 2人以上世帯

全体支出額は，将来，世帯数および世帯当たり世帯員数の減少により，食料支出合計で9.1％減少し，品目別にみても増加する品目7品目，減少

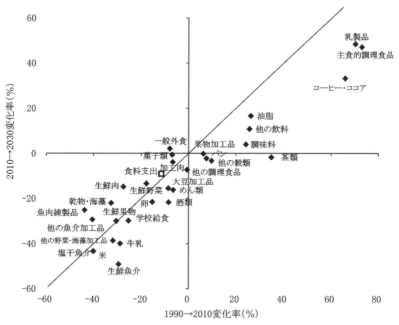

第Ⅱ-5図　実質支出額変化（2人以上世帯－全体）（％）

註：1) 2010年価格
　　2) □は食料支出（平均）
資料：筆者推計による。

する品目23品目となり，ほとんどの品目で減少する。そのなかで，主食的調理食品は大きな増加となる。また，乳製品，コーヒー・ココアも増加する。減少する品目の中では，米，生鮮魚介，生鮮肉，生鮮野菜，生鮮果物などの生鮮品や魚介加工品の減少が大きい。一方，油脂，調味料，果物加工品，パン，加工肉，他の調理食品，大豆加工品などの加工品は増加するか，減少するとしても減少率は低い。一般外食はわずかな増加となっている。このように生鮮品から加工品へのシフト，外食から中食へのシフトが予想される。(第Ⅱ-5図)

2)　単身世帯

全体支出額は，世帯数の増加により，食料支出合計で15.6％増加し，

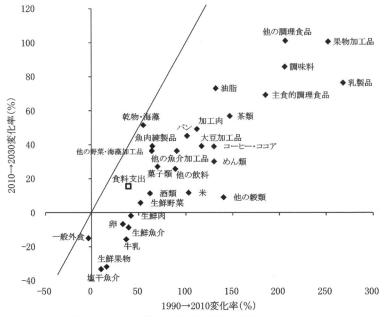

第Ⅱ-6図　実質支出額変化（単身世帯-全体）（％）

註：1) 2010年価格
　　2) □は食料支出（平均）
資料：筆者推計による。

品目別にみても増加する品目22品目，減少する品目7品目となり，ほとんどの品目で増加する。増加する品目の中では，果物加工品，他の調理食品，調味料，油脂，乳製品，主食的調理食品，茶類などの加工品の増加率が高く，米，生鮮野菜の増加率は低い。また，生鮮肉，生鮮魚介，生鮮果物などの生鮮品および一般外食は減少する。単身世帯においても，生鮮品から加工品へのシフトが予想されるが，外食から中食へのシフトは2人以上世帯よりも鮮明である。(第Ⅱ-6図)

3)　全世帯（2人以上世帯＋単身世帯）

　全体支出額は，食料支出合計で3.3％の減少となるが，品目別にみると増加する品目12品目，減少する品目18品目となる。大きな増加が予想されるのは主食的調理食品，乳製品，飲料などである。ほとんどの品目で過

第Ⅱ章　食料品アクセス問題の現状と将来

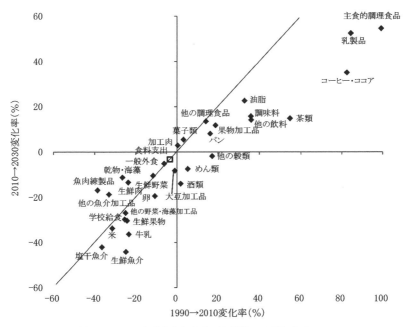

第Ⅱ－7図　実質支出額変化（全世帯－全体）（％）

註：1) 2010年価格
　　2) □は食料支出（平均）
資料：筆者推計による。

去と将来の変化の方向が一致している。

　世帯数および世帯員数の減少により，生鮮食品を中心に多くの品目で減少するが，単身世帯の増加の影響で，多くの加工品の増加が予想され，食の外部化の一層の進展が予想される。(第Ⅱ－7図)

　第Ⅱ－8図は，食料支出合計に占める各品目の割合の推移である。煩雑さを避けるため，30分類を12分類に集計してある。凡例の下から6つ（穀類～果物）は，割合が継続的に低下する一方，その上の4つ（油脂・調味料～飲料）は，割合が増加する。酒類と外食の割合は低下する。調理食品と外食が飲食費に占める割合は2010年の33.9％から2035年には38.7％に上昇する。12分類にまとめた場合，割合が低下する穀類から果物までの間の中でも，例えば穀類の中には加工食品であるパンが含まれ，野菜・海藻の中には大豆加工品が含まれるなど，それぞれの分類の中に加工品が

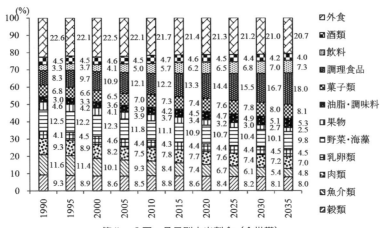

第Ⅱ－8図　品目別支出割合（全世帯）

註：1）2010年までは実績。12分類に集計したもの。
　　2）2010年価格
資料：筆者推計による。

含まれる。したがって，これらの中の生鮮品のみについてみると，割合の低下はもっと大きい。いま，米，生鮮魚介，生鮮肉，牛乳，卵，生鮮野菜，生鮮果物のみを生鮮品としてその割合をみると，1990年34.4％，2000年31.6％，2010年27.8％，2020年24.7％，2030年21.8％，2035年20.4％と継続的に大きな低下をみる。

4）　世帯主年齢階級別，世帯類型別の将来展望

食料支出全体に占める世帯主年齢階級別の支出割合の変化をみると，世帯主年齢65歳以上の世帯の支出割合は，2010年の30.8％から，2035年には41.4％と大幅に増加する（第Ⅱ－9図）。しかし，その割合の増加は，1990年から2010年の10年間に16.2ポイント上昇したのに対して，2010年から2035年の25年間で10.5ポイントと上昇は緩やかになる。代わってこの期間には，75歳以上の世帯の支出割合が13.3％から24.0％に急増し，4分の1近くを占めるようになる。一方で，支出割合が大きく減少するのは世帯主39歳以下の階層で，2035年までの25年間で4.4ポイント減少する。

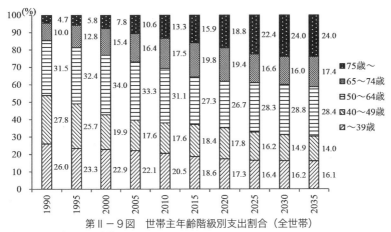

第Ⅱ-9図　世帯主年齢階級別支出割合（全世帯）

註：1) 2010年までは実績
　　2) 2010年価格
資料：筆者推計による。

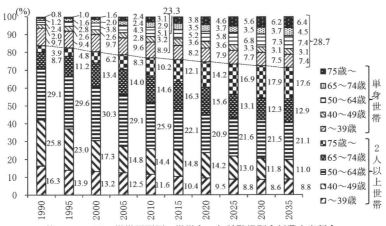

第Ⅱ-10図　世帯類型別，世帯主の年齢階級別食料費支出割合

註：2010年価格
資料：筆者推計による。

　単身世帯と2人以上世帯別にみると，単身世帯の支出割合が2010年の23.3％から上昇し，2035年には28.7％と約3割を占めるようになる（第Ⅱ-10図）。2人以上世帯の世帯主65歳以上の支出割合は2010年の24.8％から2020年には29.9％に増加した後，その後は2035年には

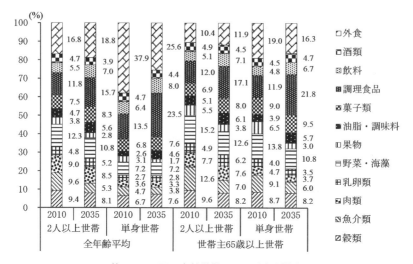

第Ⅱ－11図　高齢世帯の品目別支出構成
註：1) 2010年は実績。12分類に集計したもの。
　　2) 2010年価格
資料：筆者推計による。

30.5％と横ばいになる。これに対し，単身世帯の65歳以上の支出割合は，2010年6.0％，2020年8.3％，2035年10.9％と一貫して増加する。ただし，2人以上世帯においても，75歳以上の支出割合は2020年以降も増加を続ける。

　最後に世帯主65歳以上の高齢世帯の品目別支出構成の変化をみておきたい。2人以上世帯，単身世帯とも生鮮品から加工品に支出構成がシフトすることは上にみたが，このことは高齢世帯についても当てはまる。第Ⅱ－11図は，世帯主65歳以上の世帯についての品目別支出構成を2人以上世帯，単身世帯別にみたものである。比較のために，全年齢平均も掲げてある。特徴的なのは，単身高齢世帯における調理食品のウェイトの高まりであり，2010年の11.9％から，2035年には21.8％に大幅に増加すると予測される。そのほかに支出割合の増加が予測されるものは，飲料，酒類，菓子類，油脂・調味料であり，その代わりに果物，野菜などの減少が予測される。調理食品のウェイトは，2人以上世帯でも大きな増加となっている。2人以上世帯では，このほか飲料，菓子類，油脂・調味料がウェ

イトを高めている。その代わりにやはり果物，野菜などのウェイトが減少しているが，単身世帯に比べればそのウェイトは高い。

(5) おわりに

　本節では，家計調査の食料支出30分類について，家計の1人当たり消費に影響を及ぼす要因として，「コーホート効果」，「加齢効果」，「時代効果」の3つを取りあげ，さらに，価格と消費支出を加えて，これを基礎として，一定の仮定のもとに将来の消費を展望した。

　今後予想される人口構成の変化が食料消費に与える直接の影響としては，高齢者が好む食料品の消費割合が高まることである。しかし，他方，同時に生じる世代交代は，旧い世代の人が好む食料品の消費割合を低下させる。現時点での高齢者は，同時に旧い世代に属する人々であるから，高齢世帯の消費が多い品目があった場合，その理由が，高齢のためなのか，その高齢者が旧い世代に属するためなのかは，統計を眺めただけではわからない。いずれなのかによって，今後の展望は全く異なったものとなる。ここに「加齢効果」と「コーホート効果」を明確に分けて今後の展望を行う必要が生じる。

　また，今後予想される単身世帯の増加により，単身世帯の消費が増加する品目の消費割合が，全体の中で高まることになるが，この場合もこれらの要因を明確に分けて展望を行う必要がある。

　本節では，このような問題意識のもとに，食料消費の将来展望を行った。今後の消費支出の一定の伸びを見込んで将来を展望すると，今後とも生鮮品から加工品へ，また，内食から中食へのシフトが進み，食の外部化が一層進むという結果となった。

　このことは，食料品アクセス問題の解決に向けては，単なる生鮮品食材だけでなく，加工品や調理食品も揃えた幅広い品揃えの店舗へのアクセスが重要になることを示唆している。

　以上の結果について，近年言われている消費者の家庭食回帰との関係に

ついて触れておきたい。この点については，平成20年度の食料・農業・農村白書でも指摘されているが，本節ではこの検討は行っていない。この状況が，近年の経済状況等を反映したものなのか，あるいはこれらとは独立な構造的なものなのかは詳細な検討を要する。前者であるならば，長期的には経済状況の回復に伴って再び食の外部化に向かって動き出すであろう。本節の展望は，前述のように，GDPの一定の伸びを前提として行っている。このことは，消費支出弾力性の高い加工品や調理食品などが増加する要因となり，食の外部化の進展に寄与するという結果になっていることを付言しておきたい。

最後に，本節での試算は，家計が購入する品目についてのものであり，原料農産物の需要については全く触れていない。例えば，家計が購入する生鮮品の消費は今後大きな減少が見込まれているが，他方で加工品や中食を通じて間接的に消費する原料農産物は増加する。したがって，原料農産物の観点から見た場合，家計の直接消費は減少するが，加工向け需要は大きく増加するとみられる。このため，本節での生鮮品の消費減少ほどには，原料農産物の需要は減少しないということを指摘しておきたい。

推計方法に関する補論

過去のデータから，品目毎の消費に及ぼす世帯主の出生年の影響（コーホート効果），世帯主の加齢の影響（加齢効果），その時々の時代の影響（時代効果），消費支出・価格の影響の状況を明らかにし，これを基にして将来の支出額の試算を行う。試算は，2人以上世帯，単身世帯別に行い，最後に総額を合計する。

1) データ

利用したデータは，『家計調査年報』（総務省），『全国消費実態調査』（同），『消費者物価指数年報』（同）），『日本の世帯数の将来推計（全国推計）』（国

立社会保障・人口問題研究所2013a),『日本の将来推計人口』(同2012)である。

2人以上世帯については,家計調査による1987年から2013年までの27年分の用途分類による世帯主の年齢階級別支出額のデータ(2006年までは農林漁家を含まないもの。)を用いた[註7]。単身世帯については,全国消費実態調査(5年ごと調査)による1984年から2009年までの6年分の男女別年齢階級別支出額のデータ,世帯数の将来推計は2013年1月推計,将来推計人口は2012年1月推計を用いた。

なお,概して高齢世帯ほど購入品目の価格が高いため,品目分類のデータを用いて,可能な範囲で,世帯主年齢階級間価格差による支出額格差を補正し,平均価格での評価とした[註8]。

また,消費者物価指数を用いて支出額を2010年価格に実質化した上で,2人以上世帯については,世帯主の年齢階級別に,世帯員数で除して,世帯員1人当たり実質支出額を算出した。

2) 展望モデル

(i) 基本モデル

次のようなモデルを考え,係数を推定する。

$$\log(E^{(it)}) = \beta_1 + \sum_{c=2}^{n_c} \beta_{2c} \cdot D_{2c}^{(it)} + \sum_{a=2}^{n_a} \beta_{3a} \cdot D_{3a}^{(it)} + \sum_{p=2}^{n_p} \beta_{4p} \cdot D_{4p}^{(it)} + \beta_5 \cdot \log(Y^{(it)}) + \beta_6 \cdot \log(P^{(t)}) + e^{(it)} \quad \cdots\cdots ①$$

ここで,

$E^{(it)}$:世帯員1人当たり実質支出額
 (年齢階級 i,年次 t における。(以下同様))

$D_{2c}^{(it)}$:出生年ダミー(コーホートダミー)

$D_{3a}^{(it)}$:年齢階級ダミー

$D_{4p}^{(it)}$:時代ダミー

$Y^{(it)}$:1人当たり実質消費支出(年齢階級別,年次別)

$P^{(t)}$：実質価格（年次別）

$e^{(it)}$：誤差項

であり，β_{ik}は，推定すべき係数である。この式で，右辺第２項がコーホート効果，第３項が加齢効果，第４項が時代効果を表す。

ただし，２人以上世帯，単身世帯では，利用できる年齢階級の刻み，利用できる年が異なる。この結果，以下の(ii)，(iii)で述べるように，①式の変数は，２人以上世帯，単身世帯で大きく異なっている。その状況は第Ⅱ-２表の通りである。

推定は，年齢階級別データがそれぞれの階級の平均値であるため加重最小二乗法（WLS）により行った[註9]。また，消費支出および価格を除き，変数減少法により非有意な係数を削除して推計した[註10]。

なお，消費をコーホート効果，加齢効果，時代効果に分けようとする場合，出生年と年齢と時代（年）の間には，出生年＋年齢＝年の関係がある

第Ⅱ-２表 展望に用いた変数の区分一覧

		２人以上世帯		単身世帯	
女性ダミー		なし		39歳以下	60歳以上
				40～59歳	
	（変数の数）	0			3
コーホート（出生年）		1928年以前	1957～63年	1920年以前	1937～52年
ダミー		（変数から除外）	1964～70年	（変数から除外）	1953～68年
		1929～35年	1971～77年	1921～36年	1969～84年
		1936～42年	1978～84年		
		1943～49年	1985～91年		
		1950～56年			
	（変数の数）		9		4
年齢ダミー		24歳以下	45～49歳	29歳以下	50～59歳
		（変数から除外）	50～54歳	（変数から除外）	60～69歳
		25～29歳	55～59歳	30～39歳	70歳以上
		30～34歳	60～64歳	40～49歳	
		35～39歳	65歳以上		
		40～44歳			
	（変数の数）		9		5
時代ダミー		1987～89年	1999～01年	1984年	1999年
		（変数から除外）	2002～04年	（変数から除外）	2004年
		1990～92年	2005～07年	1989年	2009年
		1993～95年	2008～10年	1994年	
		1996～98年	2011～13年		
	（変数の数）		8		5
消費支出	（変数の数）	1		２人以上世帯で推計された弾力性を利用（説明変数に含めず）	
価格	（変数の数）	1		２人以上世帯で推計された弾力性を利用（説明変数に含めず）	
説明変数の数		28		17	

ため，変数が一次独立にならないという問題が指摘されている[註11]。

この問題に対して，前掲Stewart et al. (2008) では，ある年の周辺の年に生まれた人は，似たような経験を持っている（似たような行動をとる）との考えのもとに，コーホート変数は5年刻みにまとめ，同様に年齢変数は3年刻み，時代変数は2年分ずつにまとめることにより，この問題を回避している（用いているデータは，1982年から2003年までの3年ごとの家計調査の原データである。）。本節では，使用したデータが集計データであるため，区分の設定の自由度はあまりないが，これにならって問題を回避した[註12]。

(ii) 2人以上世帯のモデル

2人以上世帯については，用途分類（30分類）について直近年まで5歳刻みの年齢階級が利用できる（最も細かな品目分類では，2001年以降は10歳刻みしか利用できない。）。このため，学校給食を除く29分類について5歳刻みのデータで展望する（学校給食については，上記のモデルは用いず将来の児童数に比例させた。）。

展望に用いた変数は以下の通りである（第Ⅱ-2表参照）。

世帯主の年齢階級は，「24歳以下」，「25〜29歳」「30〜34歳」「35〜39歳」「40〜44歳」「45〜49歳」「50〜54歳」「55〜59歳」「60〜64歳」「65歳以上」の10区分である。①式で$n_a=10$となる。ダミー変数は$a=1$の「24歳以下」を除き，それ以上の9区分に設定した。

コーホートの区分は，出生年が「1928年以前」「1929〜35年」「1936〜42年」「1943〜49年」「1950〜56年」「1957〜63年」「1964〜70年」「1971〜77年」「1978〜84年」「1985〜91年」の10区分を設定した。①式で$n_c=10$となり，ダミー変数は$c=1$の「1928年以前」を除く9区分に設定した。コーホートダミーの設定は，各年齢階級の中心年齢（25〜29歳であれば27歳）の人が属するコーホート区分を1とし，他はゼロとした。

時代効果の区分は，データ期間を3年ごとに区切り，「1987〜89年」「1990〜92年」「1993〜95年」「1996〜98年」「1999〜01年」「2002〜

04年」「2005～07年」「2008～10年」「2011～13年」の9区分とし（$n_p=9$），ダミー変数は$p=1$の「1987～89年」を除く8区分とした。

以上から，2人以上世帯の説明変数の数は，コーホート9，年齢9，時代8，消費支出1，価格1の合計28となった。これに対し，サンプル数は，年齢階級10区分×27年で270である。

ただし，「茶類」については，品目範囲の変更により，1995年以降茶飲料を含むようになっているため，1995年から2013年までの19年間のデータとした。これに伴い，茶類のコーホート効果については，1935年以前はひとまとめにし，「1936～42年」生まれ以降の8区分にダミー変数を設定した。また，時代効果については，1998年以前をひとまとめにし，「1999～01年」以降の5区分にダミー変数を設定した。

なお，家計調査における24歳以下の階級はサンプル数が少なく，年により大きく変動することがある。このため，明らかに異常値と思われるデータについては，異常値ダミーを設けることにより，係数推定への悪影響を除去した[註13]。

また，推定の結果，価格の係数がプラスになった場合は，価格を変数から除外して再度推定した[註14]。

(iii) 単身世帯のモデル

2人以上世帯とは異なり，単身世帯については，極端にデータが不足する。家計調査で単身世帯を毎年継続的に調査し始めたのは2000年であり，しかも年齢階級区分が3区分と粗いため，家計調査は利用できない。このため，単身世帯については，全国消費実態調査の結果を利用した。全国消費実態調査では年齢階級が10歳刻みで利用できる。しかしながら，5年ごとにしか調査が行われていないため，利用したデータは，1984年から2009年までの5年ごとの6年分である。他方，単身世帯については，男女別のデータが利用できる。このため，男女別2区分×年齢階級6区分×6年分のサンプル数72で係数の推計を行った。

モデルについては，①式に年齢階級別の女性ダミーを加えた以下の式を

基本とした。

$$\log\left(E^{(it)}\right) = \beta_1 + \sum_{g=1}^{n_g} \beta_{7g} \cdot D_{7g}^{(it)} + \\ \sum_{c=2}^{n_c} \beta_{2c} \cdot D_{2c}^{(it)} + \sum_{a=2}^{n_a} \beta_{3a} \cdot D_{3a}^{(it)} + \sum_{p=2}^{n_p} \beta_{4p} \cdot D_{4p}^{(it)} + \\ \beta_5 \cdot \log\left(Y^{(it)}\right) + \beta_6 \cdot \log\left(P^{(it)}\right) + e^{(it)} \quad \cdots\cdots ②$$

ここで、$D_{7g}^{(it)}$ は、女性ダミーであり、年齢階級gごとに設定される。gは、「39歳以下」「40～59歳」「60歳以上」の3区分とした（n_g=3）。

他のダミー変数については、自由度を確保するため可能な限り2人以上世帯よりも減少させた。出生年については、「1920以前」「1921～36年」「1937～52年」「1953～68年」「1969～84年」の5区分で（n_c=5）、このうち「1920年以前」を除いた4区分にダミー変数を設定した。コーホートダミーの設定は2人以上世帯と同様の方法で行った。

年齢階級は、「29歳以下」「30～39歳」「40～49歳」「50～59歳」「60～69歳」「70歳以上」の6区分である（n_a=6）。このうち「29歳以下」を除いた5区分にダミー変数を設定した。

時代区分は、「1984年」「1989年」「1994年」「1999年」「2004年」「2009年」の6時点（n_p=6）で、「1984年」を除いた5時点にダミー変数を設定した。

消費支出の係数と、価格の係数については、2人以上世帯と同様に、他のダミー変数と同時に係数を求めるにはサンプル数が少なすぎると思われたので、これらについては、2人以上世帯の係数を利用した。具体的には、2人以上世帯の計測結果から得られた消費支出弾力性（$\eta_Y = \beta_5$）と価格弾力性（$\eta_P = \beta_6$）を利用して $\log(E^{(it)})$ から消費支出、価格に関する項を差し引いたものを被説明変数として他の係数を推定した（③式）。

$$\log\left(E^{(it)}\right) - \left(\eta_Y \cdot \log\left(Y^{(it)}\right) + \eta_P \cdot \log\left(P^{(t)}\right)\right) = \beta_1 + \sum_{g=1}^{n_g} \beta_{7g} \cdot D_{7g}^{(it)} +$$
$$\sum_{c=2}^{n_c} \beta_{2c} \cdot D_{2c}^{(it)} + \sum_{a=2}^{n_a} \beta_{3a} \cdot D_{3a}^{(it)} + \sum_{p=2}^{n_p} \beta_{4p} \cdot D_{4p}^{(it)} + e^{(it)} \quad \cdots\cdots ③$$

ここで，η_Y は消費支出弾力性，η_P は価格弾力性である。

以上から，サンプル数72に対し，説明変数の数は，女性3，コーホート4，年齢5，時代5，の合計17となった。

ただし，2人以上世帯で述べた理由から，「茶類」については，1994，1999，2004，2009年の4年間のデータとした。これに伴い，茶類のコーホート効果については，1936年以前をまとめて，「1937～52年」生まれ以降の3区分にダミー変数を設定した。時代効果については，1994年を除いた「1999年」「2004年」「2009年」にダミー変数を設定した。

なお，2人以上世帯と同様，前後の年から判断して異常値と思われるものは，異常値ダミーを導入して処理した。

3) 将来における世帯員1人当たり実質支出額の推計

将来について外生的に与えた $D_{2c}^{(it)}, D_{3a}^{(it)}, D_{4P}^{(it)}, Y^{(it)}, P^{(it)}$ と，以上のようにして推定された係数により，試算年の $\log(E^{(it)})$ を求め，$\exp(\log(E^{(it)}))$ により，年齢階級iの世帯員1人当たり支出額 E を求める。これにt年の世帯主年齢階級別平均世帯員数[註15]と世帯数を乗じて，全体支出額とする。

なお，$D_{2c}^{(it)}$ を外生的に与えるに当たっては，今後新たに最低年齢階級に入ってくるコーホートのコーホート効果は，現在の最低年齢階級と等しいとおいた。そして，各年齢階級の中心年齢の人が属するコーホート区分を1とし，他はゼロとした。

また，時代効果については，係数の明確な上昇，下降トレンドがある場合にはそれに応じて将来の $D_{4P}^{(it)}$ の係数を変化させた。具体的には，これまでの時代効果の係数の動向をみて，一定のトレンドが見出されない場合は直近年の係数で固定し，明確なトレンドがみられる場合は，そのトレン

ドを延長した。

さらに，消費支出 Y については，OECD（2013）で用いられている日本のGDP成長率と人口成長率をもとに将来の家計調査ベースの1人当たり消費支出の変化を算出して利用した(註16)。用いた1人当たり実質GDP成長率は，2022年までに年率約1.6％まで増加するというものであり，その後についてはその水準で固定した。価格Pについては，2010年水準のまま固定した。

また，2人以上世帯については，モデルで算出された2012年値（時代区分2011～2013の中央年）が2012年の実績値となるよう定数項を調整して，以後の年次を推計した。単身世帯については，2009年の全国消費実態調査のデータを2010年値とし，モデルで推計された2009年値がこの値となるよう定数項を調整して，以後の年次を算出した。

学校給食（2人以上世帯のみ）については，消費支出が以上に掲げた要因によるとは考えられないため，児童数の変化に比例させた。

なお，単身世帯の将来展望に用いた式は，③式の消費支出，価格の項を右辺に移項した次の④式である。

$$\log\left(E^{(it)}\right) = \beta_1 + \sum_{g=1}^{n_g} \beta_{7g} \cdot D_g^{(it)} + \sum_{c=2}^{n_c} \beta_{2c} \cdot D_{2c}^{(it)} + \sum_{a=2}^{n_a} \beta_{3a} \cdot D_{3a}^{(it)} + \sum_{p=2}^{n_p} \beta_{4p} \cdot D_{4p}^{(it)} + \eta_Y \cdot \log\left(Y^{(it)}\right) + \eta_P \cdot \log\left(P^{(t)}\right) \quad \cdots\cdots ④$$

4) 全体支出額および1人当たり支出額の要因分解の方法

2010年から2030年にかけての2人以上世帯の全体支出額の変化率の要因分解は以下の方法で行った。単身世帯や過去の変化の要因分解についてもこの方法に準じている。

まず，i年齢階級，t年の世帯員1人当たり実質支出額の展望モデルは次のように表記される。

$$\log(E^{(it)}) = C^{(it)} + A^{(it)} + T^{(it)} + Y^{(it)} + P^{(it)} + Const \quad \cdots\cdots ⑤$$

ここで，$C^{(it)}$ はコーホート効果による部分，$A^{(it)}$ は加齢効果による部分，$T^{(it)}$ は時代効果による部分，$Y^{(it)}$ は消費支出による部分，$P^{(it)}$ は価格による部分であり，それぞれ第①式の第2項～第6項に対応する。

t年の全体支出額を $S^{(t)}$，1人当たり支出額を $E^{(t)}$，世帯数を $H^{(t)}$，1世帯当たり世帯員数を $N^{(t)}$ とおくと，

$$S^{(t)} = E^{(t)} \cdot N^{(t)} \cdot H^{(t)}$$

したがって，

$$\frac{\Delta S^{(t)}}{S^{(0)}} = \frac{\Delta E^{(t)}}{E^{(0)}} + \frac{\Delta N^{(t)}}{N^{(0)}} + \frac{\Delta H^{(t)}}{H^{(0)}} + 交絡項 \quad \cdots\cdots ⑥$$

ここで，

$$w^{(it)} = \frac{N^{(it)} \cdot H^{(it)}}{N^{(t)} \cdot H^{(t)}} \quad \cdots\cdots ⑦$$

とおく。これは世帯主の年齢階級別の世帯員数の割合である。すると，

$$E^{(t)} = \sum_i E^{(it)} \cdot w^{(it)}$$

したがって，

$$\begin{aligned}\frac{\Delta E^{(t)}}{E^{(0)}} &= \frac{\sum_i \Delta(E^{(it)} \cdot w^{(it)})}{E^{(0)}} = \sum_i (\frac{w^{(i0)} \Delta E^{(it)}}{E^{(0)}} + \frac{E^{(i0)} \cdot \Delta w^{(it)}}{E^{(0)}} + 交絡項) \\ &= \sum_i w^{(i0)} \cdot \frac{E^{(i0)}}{E^{(0)}} \cdot \frac{\Delta E^{(it)}}{E^{(i0)}} + \sum_i \frac{E^{(i0)}}{E^{(0)}} \cdot \Delta w^{(it)} + 交絡項 \quad \cdots ⑧\end{aligned}$$

ここで，

$$E^{(it)} = \exp(C^{(it)}) \cdot \exp(A^{(it)}) \cdot \exp(T^{(it)}) \cdot \exp(Y^{(it)}) \cdot \exp(P^{(it)}) \cdot \exp(Const)$$

だから，

第Ⅱ章　食料品アクセス問題の現状と将来

$$\frac{\Delta E^{(it)}}{E^{(i0)}} = \frac{\Delta \exp(C^{(it)})}{\exp(C^{(i0)})} + \frac{\Delta \exp(A^{(it)})}{\exp(A^{(i0)})} + \frac{\Delta \exp(T^{(it)})}{\exp(T^{(i0)})} + \frac{\Delta \exp(Y^{(it)})}{\exp(Y^{(i0)})} + \frac{\Delta \exp(P^{(it)})}{\exp(P^{(i0)})} +$$
$$\text{交絡項} \quad \cdots\cdots ⑨$$

⑨式を⑧式に代入すると，

$$\frac{\Delta E^{(t)}}{E^{(0)}} = \sum_i w^{(i0)} \cdot \frac{E^{(i0)}}{E^{(0)}} \cdot \frac{\Delta \exp(C^{(it)})}{\exp(C^{(i0)})} + \sum_i w^{(i0)} \cdot \frac{E^{(i0)}}{E^{(0)}} \cdot \frac{\Delta \exp(A^{(it)})}{\exp(A^{(i0)})} +$$
$$\sum_i w^{(i0)} \cdot \frac{E^{(i0)}}{E^{(0)}} \cdot \frac{\Delta \exp(T^{(it)})}{\exp(T^{(i0)})} + \sum_i w^{(i0)} \cdot \frac{E^{(i0)}}{E^{(0)}} \cdot \frac{\Delta \exp(Y^{(it)})}{\exp(Y^{(i0)})} +$$
$$\sum_i w^{(i0)} \cdot \frac{E^{(i0)}}{E^{(0)}} \cdot \frac{\Delta \exp(P^{(it)})}{\exp(P^{(i0)})} + \sum_i \frac{E^{(i0)}}{E^{(0)}} \cdot \Delta w^{(it)} + \text{交絡項} \quad \cdots\cdots ⑩$$

となる。

　以上から，まず⑥式により，全体支出額の変化が，1人当たり支出額の変化と1世帯当たり世帯員数の変化と世帯数の変化に分解され，更に⑩式により1人当たり支出額の変化が，コーホート効果の影響，加齢効果の影響，時代効果の影響，消費支出変化の影響，価格変化の影響，ウェイト変化の影響に分解される。

　ただし，加齢効果の影響は，$A^{(it)}$ が各年齢階級 i 毎に年を通じて同じ値となるので，⑩式において，

$$\Delta \exp(A^{(it)}) = 0 \quad for \quad \forall i$$

となり，要因がゼロとなってしまい，明らかにできない。この効果の一部はウェイトの変化（高齢者割合の変化）に表れていると考えられる。

(註1) 国立社会保障・人口問題研究所「日本の将来推計人口」の出生中位（死亡中位）推計（2012年1月推計）による。
(註2) 同「日本の世帯数の将来推計」(2013年1月推計) による。
(註3) 中食とは，内食（家庭食）や外食との対比で用いられる概念であり，これらの区別は以下の通り。内食は，家庭で調理し，家庭で食べる。外食は，外食店で調理し，外食店で食べる。内食と外食は調理する場所と食べる場所が一致している点で共通している。これらに対し，中食は，店舗で調理されたものを家庭や職場など店舗以外の場所で食べることあるいは食べるものをいう。典型的な例は，弁当やそう

菜などである。
(註4) 食の外部化とは，女性の社会進出や単身世帯の増加，ライフスタイルの多様化などを背景として，従来は家庭内で行われていた調理作業の全部又は一部を食品工業や外食産業など家庭外に依存するようになっていることをいう。調理食品やそう菜・弁当などの購入増加に典型的に表れる。
(註5) 初出（薬師寺2010）では，1987〜2007年のデータで2025年を見通したが，本節では，1987〜2013年のデータで2035年を見通している。また，推計式に若干の修正を加えている。さらに，初出では全変数を用いて推計したが，ここでの推計は，価格と消費支出以外の変数選択に変数減少法を用いて推計している。
(註6) 森編（2001）では，果物等いくつかの品目について年齢別の個人消費量の推計が行われている。
(註7) Stewart et al. (2008) においては，集計データではなく個票が使われている。
(註8) ただし，数量データのない外食については1回当たりの金額（金額／頻度）で補正した。外食は，サービスであり，他の品目と異なりまとめ買いができないため，頻度を数量の代用とした。財についてはまとめ買いができるので，数量データがない場合に頻度を数量の代用と考えるわけにはいかない。調理食品，菓子類はその分類に属する品目全てで年齢階級別の価格が得られないため，補正していない。単身世帯については，支出額のデータしかないので，2人以上世帯における年齢階級間価格差を適用した。
(註9) ウェイトは，被説明変数が世帯員1人当たりであることを考慮して，世帯数分布×世帯人員とした。
(註10) これは，推定された係数の絶対値が大きくても標準誤差が大きいために非有意となった係数が将来推計に悪影響を及ぼさないようにするためである。変数選択の基準はF値2.0とした。
(註11) このような識別問題については朝野熙彦「コウホート分析の比較方法論的考察」（森編2001所収）で詳しく論じられている。
(註12) 標準コーホート表では，年齢の刻みも時代の刻みも5年とすると，5年刻みの出生年が一意に決まってしまう。本節では，例えば2人以上世帯の場合は，年齢を5歳刻み，時代を3年刻みにすることにより，7年刻みの出生年が一意に決まることを避けた。
(註13) 異常値ダミーは，前後の年のデータと比較して大きく離れたデータに対して，その年次，年齢階級を1とし，他をゼロとすることにより設定した。したがって，異常値の数だけダミー変数が追加される。
(註14) 本来であれば，モデルの構造全体を検討・修正すべきであるが，29品目を同じモデルで推定する都合上，次善の策としてこの方法をとった。
(註15) 国立社会保障・人口問題研究所の世帯数推計では，世帯主の年齢階級別の世帯数は推計されているが，世帯員数は推計されていないため，2010年国勢調査の家族類型別に，2世代，3世代同居の家族について人口推計を利用するなどにより

世帯員数を別途推計した。
(註16) 国民経済計算による家計消費支出変化率と，家計調査による消費支出（2人以上世帯）の変化率の間には大きな乖離がある。このため，過去における1人当たり実質GDP成長率と家計調査ベースの1人当たり実質消費支出変化率との関係をもとに，実質GDP成長率を家計調査ベースの実質消費支出変化率に変換して外生した。

付表Ⅱ－1　家計の品目別支出額試算（指数）

(1) 2人以上世帯

		2010 支出額	1990	2000	2010	2020	2030	2035
全体年間支出額（10億円，%）								
	食料支出	28,669	113.1	109.7	100.0	96.1	90.9	88.2
001	米	968	166.6	125.3	100.0	76.6	56.5	48.5
002	パン	977	94.1	101.2	100.0	101.1	99.8	98.4
003	めん類	587	106.9	103.1	100.0	92.8	83.7	78.7
004	他の穀類	166	91.1	85.2	100.0	101.0	96.6	94.4
005	生鮮魚介	1,653	141.9	133.7	100.0	70.8	50.8	42.4
006	塩干魚介	479	167.0	127.7	100.0	74.8	56.6	48.7
007	魚肉練製品	294	178.0	124.3	100.0	90.1	74.8	67.0
008	他の魚介加工品	319	168.0	123.4	100.0	85.3	70.6	63.3
009	生鮮肉	2,057	137.9	114.9	100.0	93.6	85.2	80.5
010	加工肉	532	107.2	109.1	100.0	101.6	96.1	92.9
011	牛乳	571	140.5	135.2	100.0	78.7	60.0	51.9
012	乳製品	516	58.8	93.0	100.0	130.5	148.4	156.6
013	卵	291	118.2	112.5	100.0	89.9	78.4	72.5
014	生鮮野菜	2,312	121.7	123.6	100.0	95.1	86.5	82.2
015	乾物・海藻	288	148.4	122.7	100.0	86.6	77.9	73.2
016	大豆加工品	469	109.4	108.6	100.0	91.7	84.4	80.8
017	他の野菜・海藻加工品	458	146.8	123.5	100.0	80.3	61.3	52.7
018	生鮮果物	1,033	143.8	128.8	100.0	85.1	70.0	62.8
019	果物加工品	60	92.9	93.7	100.0	106.4	97.7	92.3
020	油脂	128	79.1	93.0	100.0	108.4	116.5	119.7
021	調味料	1,233	80.5	92.8	100.0	104.4	103.9	102.8
022	菓子類	2,139	107.4	97.8	100.0	99.8	99.3	98.5
023	主食的調理食品	1,386	57.8	93.1	100.0	124.5	147.0	157.9
024	他の調理食品	2,008	100.6	105.1	100.0	97.8	92.7	89.4
025	茶類	406	45.3	86.2	100.0	100.9	98.2	95.5
026	コーヒー・ココア	300	60.3	71.9	100.0	117.1	133.1	140.2
027	他の飲料	873	79.5	75.0	100.0	110.8	110.7	110.5
028	酒類	1,359	109.2	106.6	100.0	88.5	78.3	72.4
029	一般外食	4,407	108.6	110.8	100.0	101.2	102.0	101.7
030	学校給食	399	134.0	103.7	100.0	88.1	70.1	66.0

第Ⅱ章　食料品アクセス問題の現状と将来

付表Ⅱ－1　家計の品目別支出額試算（指数）（続き）
(1)　2人以上世帯　続き

		2010 支出額	1990	2000	2010	2020	2030	2035
	1人1ヶ月当たり支出額（円，%）							
	食料支出	21,966	109.7	106.7	100.0	101.3	104.1	105.9
001	米	742	161.5	121.9	100.0	80.8	64.7	58.1
002	パン	748	91.2	98.5	100.0	106.7	114.3	118.1
003	めん類	450	103.7	100.3	100.0	97.9	95.8	94.4
004	他の穀類	127	88.4	82.9	100.0	106.5	110.7	113.3
005	生鮮魚介	1,267	137.6	130.1	100.0	74.7	58.2	50.9
006	塩干魚介	367	162.0	124.2	100.0	78.9	64.8	58.5
007	魚肉練製品	225	172.6	120.9	100.0	95.1	85.6	80.4
008	他の魚介加工品	244	162.9	120.1	100.0	90.0	80.9	75.9
009	生鮮肉	1,576	133.7	111.8	100.0	98.8	97.5	96.6
010	加工肉	407	103.9	106.2	100.0	107.2	110.1	111.4
011	牛乳	438	136.3	131.5	100.0	83.1	68.7	62.2
012	乳製品	395	57.0	90.4	100.0	137.7	169.9	187.9
013	卵	223	114.6	109.5	100.0	94.9	89.8	87.0
014	生鮮野菜	1,771	118.1	120.3	100.0	100.3	99.1	98.6
015	乾物・海藻	221	143.9	119.3	100.0	91.3	89.2	87.8
016	大豆加工品	360	106.1	105.7	100.0	96.8	96.7	97.0
017	他の野菜・海藻加工品	351	142.4	120.1	100.0	84.8	70.2	63.3
018	生鮮果物	792	139.5	125.3	100.0	89.7	80.1	75.4
019	果物加工品	46	90.1	91.1	100.0	112.3	111.9	110.8
020	油脂	98	76.7	90.5	100.0	114.4	133.4	143.7
021	調味料	945	78.0	90.3	100.0	110.1	119.0	123.4
022	菓子類	1,639	104.2	95.1	100.0	105.3	113.8	118.2
023	主食的調理食品	1,062	56.1	90.6	100.0	131.4	168.4	189.5
024	他の調理食品	1,538	97.6	102.3	100.0	103.1	106.2	107.3
025	茶類	311	43.9	83.9	100.0	106.4	112.5	114.6
026	コーヒー・ココア	230	58.5	69.9	100.0	123.5	152.5	168.2
027	他の飲料	669	77.1	72.9	100.0	116.9	126.8	132.6
028	酒類	1,041	105.9	103.7	100.0	93.4	89.6	86.9
029	一般外食	3,377	105.4	107.8	100.0	106.8	116.8	122.0
030	学校給食	306	130.0	100.9	100.0	93.0	80.3	79.2

註：1)　実質支出額（2010年価格）の指数である。
　　2)　金額は，家計調査をもとに算出したものであり，マクロ統計の食料消費支出とは大幅な乖離があるので，構成比をみるのに用いるにとどめるべきである。

付表II−1　家計の品目別支出額試算（指数）（続き）
(2) 単身世帯

		2010支出額	1990	2000	2010	2020	2030	2035
	全体年間支出額（10億円，%）							
	食料支出	8,694	71.9	88.4	100.0	108.7	115.6	117.3
001	米	207	49.2	63.2	100.0	108.2	111.7	113.2
002	パン	218	49.7	73.4	100.0	123.7	145.1	153.5
003	めん類	137	43.4	86.3	100.0	116.9	130.1	133.7
004	他の穀類	22	41.6	45.7	100.0	105.2	109.1	111.0
005	生鮮魚介	236	71.8	90.7	100.0	98.3	91.3	85.2
006	塩干魚介	69	90.7	152.8	100.0	84.7	66.8	56.9
007	魚肉練製品	44	60.7	62.5	100.0	121.9	139.1	144.2
008	他の魚介加工品	61	52.5	50.9	100.0	123.3	136.3	134.1
009	生鮮肉	233	70.5	88.3	100.0	100.3	98.2	93.6
010	加工肉	77	47.2	60.4	100.0	126.6	149.2	156.7
011	牛乳	99	73.1	115.2	100.0	94.4	84.3	77.0
012	乳製品	86	27.2	73.1	100.0	136.1	176.4	194.4
013	卵	49	75.0	91.5	100.0	100.2	93.3	88.8
014	生鮮野菜	424	65.8	84.0	100.0	105.8	105.7	102.5
015	乾物・海藻	49	64.5	74.2	100.0	126.4	151.5	162.2
016	大豆加工品	72	46.1	82.3	100.0	120.3	139.2	147.3
017	他の野菜・海藻加工品	85	60.9	80.8	100.0	121.8	136.3	139.2
018	生鮮果物	262	86.1	85.7	100.0	87.7	68.1	56.5
019	果物加工品	10	28.4	53.7	100.0	145.2	200.6	226.5
020	油脂	15	43.1	77.3	100.0	136.1	173.2	189.1
021	調味料	209	32.7	60.4	100.0	139.9	185.9	209.2
022	菓子類	595	58.8	77.7	100.0	115.8	127.0	130.5
023	主食的調理食品	700	35.1	82.0	100.0	132.8	169.3	187.0
024	他の調理食品	476	32.6	58.9	100.0	146.5	201.1	229.1
025	茶類	159	24.0	59.0	100.0	129.2	156.9	172.0
026	コーヒー・ココア	144	43.5	61.2	100.0	121.1	138.9	145.3
027	他の飲料	255	52.9	77.9	100.0	115.4	125.8	128.5
028	酒類	410	61.7	81.7	100.0	109.0	111.3	108.2
029	一般外食	3,291	103.6	106.1	100.0	93.1	85.0	79.2
030	学校給食	−	−	−	−	−	−	−

第Ⅱ章 食料品アクセス問題の現状と将来

付表Ⅱ-1 家計の品目別支出額試算（指数）（続き）
(2) 単身世帯 続き

		2010 支出額	1990	2000	2010	2020	2030	2035
	1人1ヶ月当たり支出額（円，%）							
	食料支出	43,165	128.5	114.9	100.0	99.8	103.7	106.7
001	米	1,029	88.0	82.1	100.0	99.4	100.2	103.0
002	パン	1,080	88.8	95.4	100.0	113.7	130.2	139.6
003	めん類	680	77.6	112.2	100.0	107.4	116.6	121.6
004	他の穀類	110	74.4	59.4	100.0	96.6	97.8	100.9
005	生鮮魚介	1,171	128.4	117.9	100.0	90.3	81.8	77.5
006	塩干魚介	343	162.1	198.7	100.0	77.8	59.9	51.8
007	魚肉練製品	216	108.6	81.3	100.0	112.0	124.7	131.1
008	他の魚介加工品	303	93.8	66.2	100.0	113.3	122.2	121.9
009	生鮮肉	1,157	126.1	114.7	100.0	92.1	88.0	85.1
010	加工肉	380	84.4	78.5	100.0	116.3	133.8	142.5
011	牛乳	490	130.7	149.8	100.0	86.7	75.6	70.0
012	乳製品	428	48.6	95.1	100.0	125.1	158.2	176.8
013	卵	244	134.1	118.9	100.0	92.0	83.6	80.8
014	生鮮野菜	2,105	117.6	109.2	100.0	97.2	94.8	93.3
015	乾物・海藻	245	115.2	96.5	100.0	116.2	135.9	147.5
016	大豆加工品	356	82.4	107.0	100.0	110.5	124.8	134.0
017	他の野菜・海藻加工品	422	108.9	105.1	100.0	111.9	122.2	126.6
018	生鮮果物	1,303	153.9	111.4	100.0	80.5	61.1	51.4
019	果物加工品	47	50.8	69.8	100.0	133.4	179.9	206.0
020	油脂	76	77.1	100.4	100.0	125.1	155.3	171.9
021	調味料	1,036	58.5	78.6	100.0	128.6	166.7	190.2
022	菓子類	2,954	105.0	101.1	100.0	106.4	113.9	118.7
023	主食的調理食品	3,476	62.7	106.5	100.0	122.0	151.8	170.0
024	他の調理食品	2,362	58.3	76.6	100.0	134.6	180.4	208.4
025	茶類	792	42.9	76.7	100.0	118.7	140.7	156.4
026	コーヒー・ココア	716	77.7	79.5	100.0	111.2	124.6	132.1
027	他の飲料	1,265	94.6	101.3	100.0	106.0	112.8	116.8
028	酒類	2,037	110.3	106.2	100.0	100.1	99.8	98.4
029	一般外食	16,340	185.3	138.0	100.0	85.6	76.2	72.0
030	学校給食	-	-	-	-	-	-	-

註：1) 実質支出額（2010年価格）の指数である。
2) 金額は，家計調査をもとに算出したものであり，マクロ統計の食料消費支出とは大幅な乖離があるので，構成比をみるのに用いるにとどめるべきである。

付表Ⅱ－1　家計の品目別支出額試算（指数）（続き）
(3) 全世帯

		2010支出額	1990	2000	2010	2020	2030	2035
全体年間支出額（10億円，%）								
	食料支出	37,363	103.5	104.7	100.0	99.0	96.7	95.0
001	米	1,176	145.9	114.3	100.0	82.2	66.2	59.9
002	パン	1,194	86.0	96.2	100.0	105.3	108.1	108.4
003	めん類	724	94.9	100.0	100.0	97.4	92.5	89.1
004	他の穀類	188	85.3	80.6	100.0	101.5	98.1	96.4
005	生鮮魚介	1,889	133.1	128.3	100.0	74.3	55.8	47.7
006	塩干魚介	548	157.4	130.9	100.0	76.0	57.9	49.8
007	魚肉練製品	337	162.9	116.3	100.0	94.2	83.1	77.0
008	他の魚介加工品	380	149.4	111.8	100.0	91.4	81.2	74.6
009	生鮮肉	2,290	131.1	112.2	100.0	94.3	86.5	81.9
010	加工肉	608	99.6	103.0	100.0	104.8	102.8	100.9
011	牛乳	670	130.6	132.2	100.0	81.0	63.6	55.6
012	乳製品	602	54.3	90.1	100.0	131.3	152.4	162.0
013	卵	341	112.0	109.5	100.0	91.4	80.5	74.9
014	生鮮野菜	2,736	113.1	117.5	100.0	96.8	89.5	85.3
015	乾物・海藻	338	136.1	115.6	100.0	92.4	88.7	86.2
016	大豆加工品	541	101.0	105.1	100.0	95.5	91.7	89.6
017	他の野菜・海藻加工品	543	133.4	116.8	100.0	86.8	73.0	66.2
018	生鮮果物	1,296	132.1	120.1	100.0	85.6	69.6	61.5
019	果物加工品	70	84.1	88.2	100.0	111.7	111.7	110.6
020	油脂	143	75.3	91.3	100.0	111.4	122.6	127.2
021	調味料	1,442	73.6	88.1	100.0	109.5	115.8	118.2
022	菓子類	2,734	96.8	93.4	100.0	103.3	105.4	105.5
023	主食的調理食品	2,086	50.2	89.4	100.0	127.3	154.5	167.6
024	他の調理食品	2,483	87.6	96.3	100.0	107.1	113.5	116.2
025	茶類	566	39.3	78.6	100.0	108.8	114.8	117.1
026	コーヒー・ココア	444	54.8	68.4	100.0	118.4	135.0	141.8
027	他の飲料	1,128	73.5	75.6	100.0	111.8	114.1	114.6
028	酒類	1,769	98.2	100.8	100.0	93.3	85.9	80.7
029	一般外食	7,698	106.5	108.8	100.0	97.7	94.7	92.1
030	学校給食	399	134.0	103.7	100.0	88.1	70.1	66.0

第Ⅱ章　食料品アクセス問題の現状と将来

付表Ⅱ－1　家計の品目別支出額試算（指数）（続き）
(3)　全世帯　続き

		2010支出額	1990	2000	2010	2020	2030	2035
	1人1ヶ月当たり支出額（円，%）							
	食料支出	24,800	106.9	105.4	100.0	102.4	106.8	109.3
001	米	780	150.7	115.1	100.0	85.0	73.2	68.9
002	パン	793	88.8	96.8	100.0	108.9	119.3	124.8
003	めん類	480	98.0	100.6	100.0	100.8	102.1	102.5
004	他の穀類	125	88.1	81.1	100.0	105.0	108.3	110.9
005	生鮮魚介	1,254	137.5	129.2	100.0	76.8	61.7	54.9
006	塩干魚介	364	162.6	131.7	100.0	78.7	63.9	57.3
007	魚肉練製品	224	168.3	117.1	100.0	97.5	91.7	88.6
008	他の魚介加工品	252	154.3	112.5	100.0	94.6	89.7	85.9
009	生鮮肉	1,520	135.4	112.9	100.0	97.6	95.5	94.2
010	加工肉	404	102.9	103.7	100.0	108.4	113.5	116.1
011	牛乳	445	134.9	133.1	100.0	83.8	70.2	63.9
012	乳製品	400	56.1	90.7	100.0	135.9	168.3	186.4
013	卵	226	115.6	110.2	100.0	94.6	88.9	86.2
014	生鮮野菜	1,816	116.8	118.3	100.0	100.1	98.8	98.2
015	乾物・海藻	224	140.6	116.4	100.0	95.6	97.9	99.2
016	大豆加工品	359	104.3	105.8	100.0	98.8	101.2	103.2
017	他の野菜・海藻加工品	361	137.8	117.6	100.0	89.8	80.7	76.2
018	生鮮果物	860	136.5	120.8	100.0	88.5	76.9	70.8
019	果物加工品	46	86.9	88.8	100.0	115.5	123.4	127.3
020	油脂	95	77.7	91.9	100.0	115.2	135.4	146.4
021	調味料	957	76.0	88.7	100.0	113.3	127.8	136.0
022	菓子類	1,814	100.0	94.0	100.0	106.8	116.3	121.4
023	主食的調理食品	1,384	51.8	90.0	100.0	131.7	170.6	192.9
024	他の調理食品	1,648	90.5	96.9	100.0	110.8	125.3	133.7
025	茶類	376	40.6	79.1	100.0	112.6	126.8	134.7
026	コーヒー・ココア	295	56.6	68.8	100.0	122.5	149.1	163.2
027	他の飲料	749	75.9	76.1	100.0	115.7	126.0	131.9
028	酒類	1,174	101.4	101.5	100.0	96.5	94.9	92.9
029	一般外食	5,110	110.0	109.5	100.0	101.1	104.6	105.9
030	学校給食	265	138.4	104.4	100.0	91.2	77.4	76.0

註：1）　実質支出額（2010年価格）の指数である。
　　2）　金額は，家計調査をもとに算出したものであり，マクロ統計の食料消費支出とは大幅な乖離があるので，構成比をみるのに用いるにとどめるべきである。

2. 食料品店の動向と変動要因

(1) はじめに

　食料品アクセス問題が生じる要因には，食料品の小売店舗の減少という供給面の要因と，高齢化など住民自身の状況変化という需要面の要因の2つの側面がある。このうち前節でみたように，高齢化は今後とも確実に進展し，高齢世帯の支出割合は着実に増加すると見込まれるが，小売店舗の今後の動向については確たることは言えない。しかし，これまでの減少傾向が続くとすれば，高齢化の進展と相まって，食料品の買い物に不便や苦労をする人々は今後大幅に増加することになる。

　我が国の小売店舗密度は，欧米に比べて高く，1980年代にはそのことが，大型店の発展の低さとともに，我が国の小売構造の問題点とされる議論が多かった。その背景には，日本の流通構造が日米間の議論の対象となったことがある。つまり，大幅な日米間の貿易不均衡の要因の一つとして，日本の閉鎖的な取引慣行や大型店の発展度が低いことがあるとの認識がアメリカ側にあった。最終的には，1989年から1990年にかけての日米構造協議で，流通の問題が重要なテーマの一つとなり，日本側は大店法の規制緩和などを約束することとなった。しかし，我が国の小売店舗数は1980年代半ばにすでにピークとなって，その後減少を続けている。

　この節では，これまで食料品店が減少してきた要因を明らかにすることを課題とする。その場合，大規模小売店舗である総合スーパー (GMS) の立地との関係に焦点を当てることとする。これが明らかになれば，食料品アクセス問題の今後の動向を見極める上で有益なデータを提供することになる。

(2) 生鮮食料品販売店舗の動向と先行研究

1) 生鮮食料品販売店舗数の動向

　まず，これまでの生鮮食料品販売店舗数[註1]の変化を確認する。野菜・

第Ⅱ章　食料品アクセス問題の現状と将来

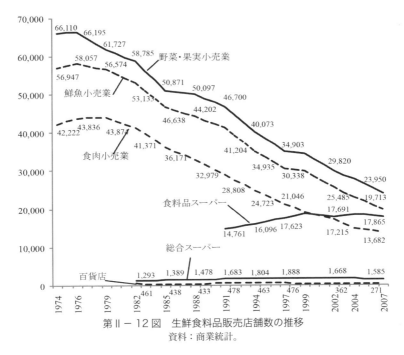

第Ⅱ-12図　生鮮食料品販売店舗数の推移
資料：商業統計。

果実小売業，鮮魚小売業，食肉小売業の店舗数（これらの全体を本節では「生鮮品専門店」と呼ぶ）は，高度成長期に増加を続け，1970年代後半をピークとして一貫して減少してきた(註2)。1997年から2007年までの10年間をみても，生鮮品専門店数は大幅に減少し，1997年の約86千店から2007年には57千店まで約3分の2に減少した（第Ⅱ-12図）。これに対し，食料品スーパーは増加しており，2007年には約18千店となっている。この間，総合スーパーや百貨店といった大規模小売店舗は大型化を伴いながら減少している。

2) 我が国の小売店舗密度に関する論点

(i) 我が国の小売店舗密度の高さに関する見解
1980年代に，我が国の小売店舗密度が欧米諸国に比べて高いことについて，田村（1986）は，「先進諸国と国際比較すれば，日本の小売商業は

ヨリ零細であり，過多であり，生業的であり，その生産性は低い。大型店の発展度ははるかに低く，卸売はヨリ多段階的である。」と性格づけた（pp.387-388）。また，他の先進諸国では経済成長とともに店舗規模が拡大し，小売店舗密度が低下しているのに，日本では60～70年代に小売店舗密度が増加してきたことを指摘し，非食品店舗密度が大きく増加する一方で食品店舗密度があまり減少しなかったことが日本の店舗密度の過多性の特徴とし（p.54），飲食料品小売業が，「過多性，零細性，生業性を象徴する業種」であるとした（p.59）。

　そして，同書で田村は，我が国で高度成長期に小売店舗密度が増加した理由として，①免許・許可制（酒，米穀，たばこ）や中小企業優遇税制などの制度的初期条件が零細小売商の残存に貢献した，②需要の急速な拡大が長期にわたって継続したことにより，「市場スラック（ゆるみ）効果」により生産性の低い中小小売店でも存続でき，中小小売商の広範な残存に貢献した，②大型店の出店規制（1973年大店法）が行われ，中小小売商の広範な残存を保証する重要な制度的装置となった，等を指摘した。また，その後の安定成長期に入ってからは，大型店の出店調整等の制度的措置によって中小小売店の存続が図られたとした。このように，当時は，流通システムの生産性向上のためには大型店の発展と生業的な中小小売店の減少が重要だと考えられていた。

　田村と異なった視点で我が国の店舗密度の高さを論じたものに成生（1994），Flath et al.（1996）がある。成生は，「小売店舗密度の効率的水準が，その国の社会・経済的環境によって規定されるとすれば，日本の小売店舗密度が環境の異なる欧米先進諸国よりも高いことは，大きな問題ではない」とし（成生1994：p.233），小売店舗の分布が，消費者の在庫費用および移動費用，小売業者の在庫費用および仕入費用を考慮して，総物流費用を最小化するように決定されるというモデルを構築して分析した。その結果，日本の高い小売店舗密度は，①日本の住居が狭いため家庭内在庫費用が高い，②日本の劣悪な道路事情や徒歩による買い物は，消費者の移動費用を高める，③日本の商用車使用台数が高く，国土も狭いため，小売業

者の仕入費用は低く，多頻度少量仕入は流通の効率性を損なわない，ことによるとした。そして，「日本の高い店舗密度は，小売業の後進性を示すものではなく，相対的に非効率な消費者から効率的な小売業者への流通課業のシフトという，経済的環境への効率的な適応」（前掲書：p.244）であるとした。Flath et al. も同じモデルにより，日本の流通構造が日本固有の文化的，歴史的，制度的要因によって決まっているわけではないとしている。これらの議論は，流通の効率性に消費者費用も考慮した点で，食料品アクセス問題に大きな関わりをもつ。しかし，このモデルには制度的な要因が含まれていないため，このモデルに従うと，大店法を廃止しても小売店舗密度は依然として高い水準を維持することになる。大店法の廃止や大型店の存在が，店舗数に影響を与えたかどうかは改めて検討する必要がある。

(ii) 小売店舗数の減少要因に関する見解

小売店舗数は，1980年代には減少に転じたが（生鮮品専門店数は1970年代後半から），田村（1998）は，1990年代以降の小売店舗数の継続的減少は，それまで小規模店の存続を支えた環境が様変わりし，市場スラック効果の消滅，大型店の出店規制の緩和によるものであるとした。

(iii) 大型店の出店が及ぼす影響

大型店の出店が地域に及ぼす影響については，アメリカにおいて，Wal-Martの出店が地域の雇用に及ぼした影響等が分析されている。Basker (2005) は，郡（County）単位のデータを用いて，Wal-Martの出店が地域の雇用に及ぼした影響を分析し，Wal-Martの参入は，小規模店舗の店舗数を減少させつつも，郡レベルでは小売業の雇用にわずかに好影響をもたらし，卸売業の雇用にわずかに悪影響をもたらしたとした。一方，Neumark et al. (2008) は，同様に郡単位のデータを用いて分析したが，Wal-Martの参入は地域の雇用を減少させたとし，Baskerとは逆の結論を得た。Neumark et al. は，このような分析では内生性処理のための操作変数として何を用いるかが重要であり，Baskerの結果との違いは，操作

変数の違いによるとしている。

　日本の状況については，趙（2007）は，小売店舗密度の低下は，店舗規模の拡大によるものであり，大店法の運用緩和・廃止による郊外への大型店の出店が飲食料品小売店の衰退を加速させた最大要因であったとした。また，Flath（2003）は，都道府県単位のデータを用いて，様々な種類の店舗の店舗密度の変化に大規模店の店舗密度の変化が及ぼした影響を分析し，店舗面積3,000㎡未満の大型店舗の増加が全体の小売店舗数を減少させたとした。さらに，Igami（2011）は，東京近郊202地区のデータから，大規模店の出店によって大・中規模のスーパーマーケットは悪影響を受けたが，小規模のスーパーマーケットはむしろ恩恵を受けたとし，その理由を，規模に応じた店舗の差別化に求めた。

　しかし，以上の分析は，都道府県単位や地域単位のデータによる分析であり，店舗周辺の空間条件を盛り込んだものではない。空間条件を考慮したものに松浦ら（2006）の研究がある。松浦らは，商業統計のメッシュデータを用いて，大規模店の参入・退出等が中小小売店の売上げに与える影響についての定量的分析を行い，大規模店の参入が既存店の販売変化率に対する影響は限定的であったとした。

　松浦らの分析は，基準地域メッシュ（1kmメッシュ）のデータを利用したものであるが，大規模店の参入・退出が同一メッシュ内の中小小売店に与える影響のみが対象となっている。概して，大規模店は自動車利用を前提とした大きな商圏設定のもとに設置されるものであり，その影響は，同一メッシュに限らず，周辺メッシュにも及ぶと考えられ，その影響を評価する必要がある。

(3)　分析の方法

　本節では，店舗間の位置関係を考慮した検討を行うこととし，そのために地域メッシュ統計を用いて分析を行う。地域メッシュ統計は，緯度・経度に基づき地域を隙間なく網の目（メッシュ）の区域に分けて，それぞれ

第Ⅱ章　食料品アクセス問題の現状と将来

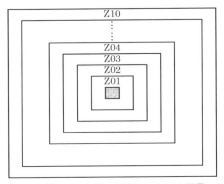

第Ⅱ－13図　周辺メッシュの記号

の区域に関する統計データを編成したものである。地域メッシュはほぼ正方形の形状であるため，距離に関連した分析を容易に行うことができる。地域メッシュには，緯度40分，経度1度の間隔からなる第1次地域区画（1辺約80km），第1次地域区画を緯線方向，経線方向に8等分してできる第2次地域区画（1辺約10km），第2次地域区画を同様に10等分してできる基準地域メッシュ（1辺約1km），基準地域メッシュを同様に2等分してできる2分の1地域メッシュ（1辺約500m）などがある。

　本節では，2分の1地域メッシュ（500mメッシュ）を用い，第Ⅱ－13図のように，対象メッシュ（斜線部）に隣接するメッシュからなる領域（ゾーン）をZ01，その外側をZ02等としてZ10まで設定して，それらにおける2002年のGMSの有無が，2002年から2007年にかけての対象メッシュの生鮮品専門店数の増減にどのような影響を及ぼしたかを検討することとする。このようにゾーンを設定した場合，GMSとの距離はZ01の場合の平均が約500m，Z02の場合約1km，Z03の場合約1.5km，そしてZ10の場合は約5kmである。

　検討には，メッシュごとの生鮮品専門店数の増減数を被説明変数とする最小二乗法（OLS）と増減を質的な被説明変数（減少＝1，不変＝2，増加＝3）とする順序ロジットモデルを用いる。説明変数は，上記のようなゾーン別GMS立地の有無の他，対象メッシュの人口，自動車保有率，生鮮品専門店数，食料品スーパー店舗数，GMS店舗数とする。

生鮮品専門店数，食料品スーパー店舗数，GMS店舗数は，そのメッシュにおける，同じ業種・業態および他の業態との間の競合関係をみるためのものである(註3)。

自動車保有率は，同じ人口規模でも，自動車保有率が高いメッシュほど当該メッシュの生鮮品専門店数は減少に働く可能性があるために加えた(註4)。

説明変数の店舗数を2002年から2007年までの変化（あるいは変化率）とせずに2002年の数値としたのは，ある時点で入手可能な情報から，将来生鮮品専門店が減少しやすいメッシュを検討することにより，今後の動向予測に寄与するためである。

分析は，2005年の国勢調査で人口が計上されているメッシュ（居住メッシュ）と2002年および2007年の商業統計で店舗数が計上されているメッシュを対象として行う(註5)。

この場合，これら全メッシュをデータとして用いた分析のほか，大規模DIDのメッシュのみ，および，その他のメッシュのみを用いた分析を行う。なぜならば，隣接したDIDの区域も広く，市場も大きい東京，大阪，名古屋などのような大都市と，DIDの区域が小さい中小都市やDIDが設定されていない農村地域とでは状況が異なると考えられるからである(註6)。

データは，店舗数の変化は商業統計による2002年から2007年までの5年間の変化，メッシュ内人口は2005年国勢調査，メッシュ内店舗数と他メッシュにおけるGMSの有無は2002年商業統計によるもので，いずれも2分の1地域メッシュ単位のデータである(註7)。

(4) 定性的分析

モデルの推計に入る前に，それぞれの変数の状況を概観しておく。

まず，対象とした487千メッシュのうち生鮮品専門店数が減少したメッシュは約22千メッシュであった。一方，増加したメッシュは半分の約12千であった。増加したメッシュも減少したメッシュもほとんどは1店舗の変化であった。(第Ⅱ-3表)。

第Ⅱ章 食料品アクセス問題の現状と将来

第Ⅱ-3表 生鮮食品専門店数変化別人口・店舗数概況

生鮮食品専門店数変化	メッシュ数(千)	平均メッシュ人口(人)	自動車保有率(%)	生鮮食品専門店数 メッシュ当たり	生鮮食品専門店数 千人当たり	食料品スーパー店舗数 メッシュ当たり	食料品スーパー店舗数 千人当たり	GMS店舗数 メッシュ当たり	GMS店舗数 千人当たり
全体									
2以上	0.9	1,355	78.1	1.04	0.77	0.36	0.27	0.063	0.047
1	11.0	911	80.8	0.39	0.42	0.17	0.19	0.017	0.019
0	453.6	194	84.1	0.04	0.23	0.02	0.10	0.002	0.009
-1	17.4	1,167	79.1	1.56	1.34	0.24	0.21	0.022	0.019
-2以下	4.3	2,170	72.3	4.70	2.17	0.56	0.26	0.064	0.030
合計	487.1	265	83.7	0.15	0.57	0.04	0.14	0.003	0.013
大規模DID									
2以上	0.3	2,491	66.9	1.53	0.61	0.49	0.20	0.079	0.032
1	2.6	2,188	68.8	0.67	0.31	0.29	0.13	0.032	0.015
0	22.3	1,507	70.9	0.31	0.20	0.13	0.09	0.014	0.009
-1	5.1	2,532	66.0	1.92	0.76	0.35	0.14	0.036	0.014
-2以下	2.1	3,354	60.5	5.17	1.54	0.68	0.20	0.074	0.022
合計	32.5	1,855	69.2	0.92	0.50	0.22	0.12	0.023	0.013
その他									
2以上	0.6	730	84.2	0.78	1.06	0.29	0.40	0.054	0.074
1	8.4	511	84.6	0.30	0.58	0.14	0.27	0.013	0.025
0	431.3	126	84.7	0.03	0.25	0.01	0.11	0.001	0.008
-1	12.3	598	84.5	1.41	2.36	0.20	0.33	0.017	0.028
-2以下	2.2	1,037	83.5	4.26	4.11	0.45	0.43	0.056	0.054
合計	454.7	151	84.7	0.10	0.63	0.02	0.16	0.002	0.013

註:生鮮食品専門店数変化は2002年から2007年までの変化。人口は2005年。店舗数は2002年。
資料:『商業統計』と『国勢調査』の地域メッシュ統計から作成。

第Ⅱ-4表　周辺メッシュにおける GMS の有無別店舗数減少メッシュ割合

(％)

周辺メッシュ	全体		大規模 DID		その他	
	あり	なし	あり	なし	あり	なし
Z01	59.2	56.3 ***	61.2	59.6	56.8	55.1
Z02	59.8	56.0 ***	61.8	59.1 **	57.1	55.0 *
Z03	59.6	55.9 ***	60.1	59.9	58.8	54.8 ***
Z04	60.1	55.7 ***	60.8	59.2	58.9	54.7 ***
Z05	60.0	55.6 ***	60.3	59.6	59.3	54.7 ***
Z06	59.7	55.7 ***	60.3	59.5	58.2	54.8 ***
Z07	59.8	55.6 ***	60.6	59.0	58.0	54.8 ***
Z08	60.0	55.4 ***	61.2	57.8 ***	57.1	55.0 *
Z09	60.2	55.3 ***	60.7	58.7 *	59.0	54.7 ***
Z10	58.9	55.8 ***	59.9	60.1	56.7	55.0

註：1)　2002年に生鮮品専門店があるメッシュ数に占める店舗数減少メッシュ数の割合である。
　　2)　*:5% 有意，**:1% 有意，***:0.1% 有意
資料：『商業統計』の地域メッシュ統計から作成。

　生鮮品専門店数が減少したメッシュは，比較的人口の多いメッシュである。しかし，これらのメッシュは同時にメッシュ当たりの生鮮品専門店数が多かったメッシュでもある。人口千人当たりでみても生鮮品専門店数が多かったメッシュであり，人口が多いメッシュでは，人口の多さ以上に生鮮品専門店数が多く，生鮮品専門店の減少が大きかったことを示している。

　また，自動車保有率が低いメッシュでは生鮮品専門店数の減少が大きかったが，これは自動車保有率の影響というよりも，自動車保有率の低いメッシュの人口が多いことによるとみられる。

　つぎに，食料品スーパー店舗数は，人口千人当たりでみると，生鮮品専門店数に比べて増加メッシュと減少メッシュの間に大きな差は無い。しかし，人口千人当たりの GMS 店舗数は，2以上増加したメッシュの方が2以上減少したメッシュより多く，GMS の存在がそのメッシュへの集客を高め，結果的に生鮮品専門店を増加させている可能性がある。以上の状況は，大規模 DID，その他別にみても同様である。

　最後に，周辺メッシュにある GMS の影響を定性的に見ておく（第Ⅱ-4表）。まずメッシュ全体でみると，2002年に生鮮品専門店が存在したメッシュ数に占める生鮮品専門店数が減少したメッシュ数の割合は，例え

ばゾーン Z09 に GMS がある場合は 60.2％，ない場合は 55.3％ であり，GMS がある場合の方が有意に高かった。この状況は，Z01 から Z10 までのすべてのゾーンにおける GMS の存在についても同様であり，周辺メッシュにおける GMS の存在は，生鮮品専門店数の減少に影響を及ぼしたとみられる。

これを大規模 DID とその他に分けてみると，その他では Z02 から Z09 までに存在する GMS の影響が認められるのに対し，大規模 DID においてはほとんどのゾーンで GMS の有無による減少メッシュ割合の差は有意ではない。これは，東京 23 区など DID が大規模に連続している地域では，対象メッシュにおける需要が大きいことによると考えられる。これにたいして，中小規模 DID や非 DID の生鮮品専門店は，対象メッシュにおける需要が小さいため，周辺メッシュの GMS の影響を受けやすいと考えられる。

(5) モデルの推計結果

以上を踏まえ，生鮮品専門店数の変化数を被説明変数にして最小二乗法 (OLS) により推定した結果は第Ⅱ-5表，生鮮品専門店数の3段階の変化を被説明変数にして順序ロジットモデルにより推定した結果は第Ⅱ-6表である[註8]。順序ロジットモデルの場合，推計された係数からは，「減少」「不変」「増加」のいずれへの影響がもっとも大きいかを解釈することはできない。このため，限界効果によって，これらへの影響度合いをみる必要がある。限界効果は，その変数値が1増加した場合に（あるいはダミー変数の場合は1に該当する場合に）それぞれの確率がどう変化するかを示すものである。

まず，当該メッシュの人口の影響をみると，両モデルともその他地域において有意であり，順序ロジットモデルの結果によれば対象メッシュの人口が多いほどメッシュ内の生鮮品専門店数が増加する確率が高まる（逆に人口が少ないほど減少の確率が高まる）という結果となっている。OLS の

第Ⅱ-5表　生鮮品専門店数の変動要因
（OLS 推計結果）

	全メッシュ	大規模 DID	その他
定数項	−0.0042	−0.0338	0.0202 ***
人口（千人）	0.0163 ***	−0.0005	0.0440 ***
自動車保有率	0.0126	0.0696	−0.0182 **
メッシュ内店舗数			
生鮮品専門店	−0.2954 ***	−0.2766 ***	−0.3107 ***
食料品スーパー	0.0706 ***	0.0751 ***	0.0598 ***
GMS	0.2060 ***	0.1966 ***	0.2046 ***
周辺メッシュにおける GMS の有無			
Z01	0.0244 ***	0.0072	0.0335 ***
Z02	−0.0004	−0.0106	0.0022
Z03	−0.0028	0.0017	−0.0082 ***
Z04	−0.0021	0.0002	−0.0058 ***
Z05	−0.0014	0.0043	−0.0056 ***
Z06	−0.0032 *	−0.0043	−0.0044 **
Z07	−0.0030 *	0.0008	−0.0051 ***
Z08	−0.0005	0.0036	−0.0025
Z09	−0.0059 ***	−0.0109	−0.0054 ***
Z10	0.0006	0.0056	−0.0008
調整済 R^2	0.3665	0.3774	0.3415
サンプル数	487,133	32,452	454,681

註：1)　被説明変数は2002年から2007年にかけての生鮮品専門店の増減数である。
　　2)　大規模 DID は，隣接する DID メッシュ全体の人口規模が上位15位以内のもの。おおよそ政令指定都市の DID メッシュに相当。
　　3)　*:5% 有意，**:1% 有意，***:0.1% 有意
資料：筆者推計による。

場合，大規模 DID で有意でない（順序ロジットモデルの場合は「不変」の確率が高まる）のは，すでに十分に人口が多いことによると考えられる。

　当該メッシュ内の店舗数の影響は，両モデルとも，大規模 DID，その他地域ともにすべて有意であり，OLS では生鮮品専門店数の係数は負，食料品スーパーと GMS の係数は正となった。また，順序ロジットモデルではいずれの地域でも生鮮品専門店数が多いと減少の確率が高まり，食料品スーパーと GMS については，大規模 DID ではこれらの店舗数が多いと不変の確率が最も高まり，その他地域では増加の確率が最も高まるという結果となった。これらのことから，同じメッシュ内における同じ業種・業態である生鮮品専門店間の競合が減少方向に影響するとともに，商圏が広い食料品スーパーや GMS との間では競合というよりもこれらの店舗が

第Ⅱ章　食料品アクセス問題の現状と将来

第Ⅱ-6表　生鮮品専門店数の変動要因（順序ロジットモデル推計結果）

	全メッシュ				大規模DID				その他			
	係数	限界効果（％ポイント）			係数	限界効果（％ポイント）			係数	限界効果（％ポイント）		
		減少	不変	増加		減少	不変	増加		減少	不変	増加
人口（千人）	-0.009	0.024	-0.005	-0.019	0.042	-0.703	0.485	0.218 ***	0.053	-0.113	0.021	0.093 ***
自動車保有率	-0.278	0.771	-0.160	-0.611 ***	0.211	-3.532	2.439	1.094	-0.129	0.274	-0.050	-0.224
メッシュ内店舗数												
生鮮品専門店	-1.024	2.839	-0.590	-2.249 ***	-0.984	16.474	-11.372	-5.102 ***	-1.033	2.202	-0.405	-1.797 ***
食料品スーパー	0.263	-0.730	0.152	0.578 ***	0.394	-6.601	4.557	2.044 ***	0.096	-0.204	0.037	0.167 ***
GMS	0.861	-2.389	0.497	1.892 ***	0.746	-12.496	8.626	3.870 ***	0.741	-1.578	0.290	1.288 ***
周辺メッシュにおけるGMSの有無												
Z01	0.116	-0.306	0.037	0.269 ***	0.026	-0.428	0.294	0.134	0.196	-0.382	0.008	0.375 ***
Z02	-0.088	0.255	-0.068	-0.187 ***	-0.022	0.364	-0.252	-0.112	-0.056	0.122	-0.027	-0.095 *
Z03	-0.078	0.223	-0.057	-0.165 ***	0.005	-0.090	0.062	0.028	-0.115	0.258	-0.068	-0.190 ***
Z04	-0.058	0.165	-0.040	-0.124 ***	0.000	-0.005	0.003	0.001	-0.072	0.159	-0.037	-0.122 **
Z05	-0.062	0.175	-0.043	-0.132 ***	-0.009	0.155	-0.107	-0.048	-0.094	0.208	-0.051	-0.156 ***
Z06	-0.055	0.156	-0.037	-0.118 ***	0.000	-0.005	0.003	0.002	-0.061	0.133	-0.030	-0.103 **
Z07	-0.079	0.225	-0.057	-0.168 ***	-0.011	0.184	-0.127	-0.057	-0.106	0.236	-0.059	-0.177 ***
Z08	-0.039	0.110	-0.025	-0.085 *	-0.033	0.558	-0.384	-0.174	-0.035	0.077	-0.016	-0.061
Z09	-0.093	0.267	-0.069	-0.198 ***	-0.028	0.464	-0.320	-0.144	-0.120	0.268	-0.069	-0.199 ***
Z10	-0.013	0.036	-0.008	-0.028	0.032	-0.529	0.366	0.163	-0.017	0.037	-0.007	-0.030
対数尤度	-117,914				-21,521				-90,690			
適合度（％）	93.6				75.0				95.1			
境界値												
γ1	-3.950				-1.906				-4.039			
γ2	3.350				2.251				3.782			
サンプル	487,133				32,452				454,681			
減少（y=1）	21,719				7,226				14,493			
不変（y=2）	453,581				22,304				431,277			
増加（y=3）	11,833				2,922				8,911			

註：1) *:5％有意、**:1％有意、***:0.1％有意
　　2) 大規模DIDは、隣接するDIDメッシュが上位15位以内のもの。およそ政令指定都市のDIDメッシュに相当。

資料：筆者推計による。

存在することによる集客効果の影響で，生鮮品専門店数が維持ないし増加方向に影響していると考えられる。

周辺メッシュにおけるGMSの影響は，いずれのモデルでも，大規模DIDでは影響が有意ではなく，それ以外の地域で多くのゾーンについて有意となった。OLSの場合，大規模DID以外の地域では，Z01は当該メッシュ内GMS店舗数と同様に係数がプラス，Z02では有意ではなく，Z03以遠で係数がマイナスとなった。順序ロジットモデルの場合も，Z01におけるGMSの存在は生鮮品専門店が増加する確率を高め，Z02以遠では減少する確率を高めるという結果となった。

このことをGMSの側からみると，その集客効果の影響は，GMSのあるメッシュに隣接しているメッシュまで（Z01から対象メッシュまで（約500m））及ぶものの，その先のメッシュまで（Z02から対象メッシュまで（約1km））は及ばず，Z02でのGMSの存在は生鮮品専門店数の変動に影響しない（OLS）か減少要因（順序ロジット）となっているといえる。Z03以遠におけるGMSの存在は，その広い商圏により当該メッシュの生鮮品専門店の減少要因となっている。

他方，大規模DIDでは周辺メッシュにおけるGMSの存在が有意でなかった。これは，当該メッシュ及び周辺メッシュの人口が多く，生鮮品専門店周辺に十分な市場が存在することによるものと考えられる。順序ロジットモデルの結果によると，大規模DIDでは，生鮮品専門店数は専ら当該メッシュ内の店舗数要因により影響を受ける度合いが高い。すなわち，当該メッシュにおける生鮮品専門店間の競合による減少に関する限界効果が16.5％ポイントと大きく，また，当該メッシュの食料品スーパー，GMS店舗数の限界効果もそれぞれ不変が4.6％ポイントおよび8.6％ポイント，増加が2.0％ポイントおよび3.9％ポイントと大きい。

(6) おわりに

野菜・果実小売業，鮮魚小売業および食肉小売業といった生鮮品専門店

数は減少を続けている。本節では，2002年と2007年の2分の1地域メッシュ単位の店舗数データをもとに，生鮮品専門店の減少要因を，周辺メッシュにおけるGMSの存在が及ぼす影響に着目しつつ分析した。

この結果，中小都市や農村部では，同一メッシュ内の生鮮品専門店間の競合に加え，商圏の広いGMSの存在が，遠隔地の生鮮品専門店の減少の要因となっていることが確認された。

このことは，大規模店が少なくとも約500m～5kmの範囲にある生鮮品専門店は，今後ともその負の影響を受ける可能性があることを示している。

一方，大規模DIDでは，遠隔地のGMSの存在が，生鮮品専門店数の変化に影響を及ぼしていない。これは，生鮮品専門店周辺の市場が大きいことによると考えられる。大規模DIDでは，むしろ同一メッシュ内の生鮮品専門店間の競合が，大きな減少要因として働いていることが確認された。

しかし，いずれの地域でも，生鮮品専門店から約500mまでのGMSの存在は，生鮮品専門店の減少要因とはなっていないことが確認された。GMS近くの生鮮品専門店は，GMSによる集客効果あるいは商店街形成の恩恵を被っている可能性がある[注9]。

なお，本節は，生鮮品専門店の動向を，周辺におけるGMS等が及ぼす影響に焦点を当てて分析したものであるが，生鮮品専門店の減少要因のうち周辺GMSの存在が最も大きな要因であったかどうかは，ここでは明らかにされていない。生鮮品専門店数は，すでに70年代後半から減少に転じている。本節では，その要因も含め，店舗規模等生鮮品専門店自身の経営構造要因は考慮しておらず，これらの影響は今後の課題として残されている。

(註1) 本節では，食料品のうち買い物頻度が高い生鮮三品に着目する。そして，これらを販売している店舗として，商業統計の野菜・果実小売業，鮮魚小売業，食肉小売業，食料品スーパー，百貨店，総合スーパーを「生鮮食料品販売店舗」とする。
(註2) 生鮮品専門店数のピークは，野菜・果実小売業と鮮魚小売業は1976年（それ

それ66千店，58千店），食肉小売業は1979年 (44千店) である。
(註3) 店舗数を人口当たりとする方法もあるが，この場合，1人当たり店舗数が比例的に影響を及ぼすことを前提にすることになる。本節では，これを暗黙の前提としなくてよいよう，店舗数と人口を別々に変数に加えた。
(註4) メッシュごとの自動車保有率は，市町村単位の自動車保有率を適用した。なお，市町村単位の自動車保有率の推計方法は本章3．の (註6) を参照のこと。
(註5) 以上の推計方法で問題になるのは，説明変数の内生性である。郡単位のデータを用いて Wal-Mart の出店が雇用に及ぼした影響を分析した Neumark et al. (2008) は，その出店がもつ内生性の処理の重要性を論じており，用いる操作変数によっては全く逆の結論になることを指摘している。確かに郡単位のデータでみれば，ある郡の雇用動向がその郡での出店に影響を与える可能性は十分ある。しかし，本節のデータは2分の1地域メッシュ単位であり，小規模な生鮮品専門店の商圏よりも狭い範囲のデータである。GMS が参入・退出を検討する際は，メッシュ単位ではなく，より広い商圏全体の市場動向を考慮すると思われる。したがって，需要の伸びが見込まれるメッシュに出店するとは限らない。例えば，GMS の場合，出店コストも考慮して市街地を離れて人口の少ない郊外のバイパス沿いに出店するケースは珍しくない。以上のことは程度の差はあれ，食料品スーパーや生鮮品専門店にも当てはまる。したがって，あるメッシュにおける市場動向がそのメッシュにおける GMS 等の出店や撤退に大きく影響するとは考えにくい。

また，説明変数である2002年の店舗数は過去における様々な時期の参入，退出の累積的結果であり，2002年から2007年にかけての市場環境の見込みがこれに及ぼす影響は限られていると考えられる。

以上から，本節では，内生性の問題は大きく軽減されていると考え，通常の方法で推計を行った。しかし，内生性がないとは言い切れない。
(註6) 大規模 DID メッシュの抽出は，都道府県や市区町村単位ではなく，DID を含むすべてのメッシュを，隣接しあうもの同士を一つのグループとするように分類することにより行った。なぜならば，都道府県のなかにも小規模な DID がある可能性があるほか，市区町村の区域を越えて広がる東京23区のような大規模な DID もあるからである。この結果全国の DID を含むメッシュ約69千が約800のグループに分類された。そして，そのように分類されたグループのなかから，グループの人口の上位15位までのメッシュを大規模 DID メッシュとした。このようにして分類された大規模 DID は，およそ政令指定都市の DID に相当する。これらの大規模 DID が関連する都市は，人口の多い DID グループ順に，東京・神奈川・埼玉・千葉，京都・大阪・神戸周辺，名古屋周辺，札幌，福岡，北九州，広島，仙台，名古屋周辺，熊本，静岡，那覇，浜松，鹿児島，奈良北部である。

DID の区域は地域メッシュ統計の区域で正確に表せる訳ではない。しかし，国勢調査の地域メッシュ統計には，2分の1地域メッシュごとに，それが DID を含むかどうかが明らかにされている。本節では，これを利用して DID を含むメッシュ

を特定した。
(註7) 基準地域メッシュのデータしか入手できない食肉小売業，鮮魚小売業，果実・野菜小売業，食料品スーパーについては，飲食料品小売業についての基準地域メッシュに占める各2分の1地域メッシュの割合をもとに按分推計した。
(註8) 説明変数間の相関係数の絶対値は，全メッシュの場合，人口，自動車保有率，生鮮品専門店および食料品スーパーの4者の間で0.4台，大規模DIDの場合，人口と自動車保有率との間で0.5台，人口と生鮮品専門店，生鮮品専門店と食料品スーパーの間で0.4台であったが，それ以外の変数間の相関係数は，その他地域の場合も含めて0.4未満であった。
(註9) この結果は，松浦ら(2006)，Igami (2011)の結果と矛盾しない。

3．食料品店への近接性の現状とこれまでの変化

(1) はじめに

　本節では，高齢化の進展，食料品店の減少の影響を受けて食料品店までの近接性（アクセシビリティ）がどのような状況にあるのかを分析する。その際，本書第Ⅲ章2．の結果を利用する。食料品アクセス問題に対しては，今後，関係各方面での取組が求められるが，食料品の買い物に不便や苦労がある人々が全国でどのくらいの規模で存在するのか，また，地域別にどう分布しているのかといった食料品店と住民の空間条件は我が国ではこれまでほとんど検討されていない。それらの端緒としては，経済産業省の研究会が公表した買い物弱者600万人という推計があるが（経済産業省2010)，その地域別内訳などに関する議論ができる性格の数字ではない[註1]。
　空間条件を検討するための一つの方法として，国勢調査と商業統計の地域メッシュ統計を利用して，店舗まで一定距離以上の人口を求めることがある。具体的には，徒歩で容易に買い物にいける距離を500mとして，生鮮食料品販売店舗までこの距離以上の人口及びその割合を明らかにする方法である。推計結果は，それを地図上に表示することにより，どこで食料品アクセス問題が発生している可能性があるかを推測するための第1段階

第Ⅱ-7表　住居から生鮮食料品販売店舗までの距離が500m以上の人口割合別メッシュ数

500m以上人口割合	2分の1地域メッシュ数	割合（％）
80％以上	356,931	74.8
60～80	21,231	4.4
40～60	35,996	7.5
20～40	15,759	3.3
20％未満	47,255	9.9
合計	477,172	100.0

註：店舗数は2007年，居住メッシュ数は2010年。
資料：筆者推計による。

の作業として有効である。

しかしながら，この500m以上の人口割合は，徒歩による買い物が主流である都市では有効な指標となり得ても，自動車による買い物が主流の農村の状況を分析するための指標としては必ずしも十分ではない。なぜなら，この方法によると，人口のある全国約48万の2分の1地域メッシュ（500mメッシュ）のうち，この割合が80％以上のメッシュが74.8％を占めるからである（第Ⅱ-7表）。このような500m以上の人口割合が100％に近いメッシュ，すなわち買い物で不便や苦労が大きいと考えられる地域については，店舗までの距離を推計するといった詳細な分析を行う必要がある。

また，農村では，生活における自動車利用が一般的であるため，店舗まで500m以上かどうかよりも，自動車が利用できるかどうかが買い物における不便や苦労の大きな要因になるとみられ，これを利用できない人々が利便性から取り残されていることが問題となっている可能性がある。

そこで，本節は，500m以上の人口の推計と，それに加えて自動車利用の状況および住民と食料店の距離を合わせて検討することにより，都市と農村の店舗への近接性（アクセシビリティ）に関する状況の違いを定量的に明らかにすることを課題とする[註2]。

用いたデータは，店舗データは平成14年または平成19年の『商業統計メッシュデータ』，人口データは平成17年または平成22年の『国勢調査地域メッシュ統計』のそれぞれ2分の1地域メッシュのデータである[註3]。

しかし，メッシュデータでは，メッシュ内のどこに店舗や住民が存在するかは不明であるため，店舗も住民もメッシュ内に一様に分布していると仮定して，人口が1人以上の居住メッシュごとに，当該居住メッシュおよび周辺メッシュにおける店舗の存在状況をもとに，最も近い店舗が一定距離以上である確率を求め，この確率をその居住メッシュにおけるその距離以上の人口割合とした。そして，これにそのメッシュの人口を乗じて，店舗までその距離以上の人口とした。詳細は本節末尾の「推計方法についての補論」を参照されたい[註4]。

(2) 本節で用いるアクセス条件等の定義

1) 買い物で不便や苦労をしていると想定される住民

本節では，買い物で不便や苦労をしていると想定される住民がどのくらいいるのか，また，それらの住民の店舗までの距離はどのくらいかを明らかにする。このため，できる限り食料品の買い物において不便や苦労があると思われる人々が抽出されるような区分を設ける[註5]。

まず，徒歩で容易に買い物に行ける距離を直線で500mと設定する。これは，過去の研究事例（岩間ら2009）でもこの距離を採用していること，第Ⅲ章2．で示すように，道路距離で1kmを超えると買い物での不便や苦労が有意になること，さらに，内閣府が行った平成21年7月の世論調査（内閣府 2009）で，普段の生活で歩いて行ける範囲として501〜1,000mが37.3％と最も多かったことを参考に設定した。

次に，買い物における自動車の利用が，不便や苦労を大きく軽減することがこれまでも指摘されていることを踏まえ，自動車の有無を重要な指標の一つとする（杉田2006，本書第Ⅲ章2．）。そこで，本節では，店舗まで500m以上の住民のうち，さらに自動車を持たない住民を分離した[註6]。

最後に，高齢化の進展を考慮して，65歳以上と65歳未満を分けて推計を行った。高齢者の方が買い物の不便や苦労が多いこと，また，店舗までの距離に対して脆弱であることは第Ⅲ章2．で明らかとなっている。

以上より，本節では，店舗まで500m以上で，自動車がない65歳以上の住民を買い物で最も不便や苦労をしている住民と想定することとした。このように店舗まで500m以上か否か，自動車を持っているか否か，65歳以上か否かを，本節では「アクセス条件」と定義する。

2) 都市と農村の区分

本節の課題は，住民の店舗に対する近接性が都市と農村でどのように異なるかを明らかにすることであるが，これらの地域をどのような条件で区分するのかは大きな問題である。本節では，DID (Densely Inhabited District（人口集中地区）) を都市的地域，非DIDを農村地域として分析する。本節のDIDは2010年国勢調査に基づくもので，DIDを含む2分の1地域メッシュをDIDとして取り扱う。DIDは，主要な地方都市には設定されており，昔ながらの旧市街地や新たに開発された新市街地などの都市的地域がこれに該当する。

都市的地域と農村地域の区分としては，市町村の行政区域に従い，市部，郡部とすることも考えられるが，近年の市町村合併により，市の行政区域の中に旧町村を多く含むようになっていることから，この区分は適当ではなくなっている。

3) 対象とする店舗

食料品店までの距離といっても，どのような店舗を食料品店とするかが重要である。本節では，日々の食生活に必要な生鮮食料品を販売している店舗までの距離が重要であると考える。ここで「生鮮食料品販売店舗」とは，商業統計における食肉小売業，鮮魚小売業，野菜・果実小売業，百貨店，総合スーパー，食料品スーパーを指す。

しかしながら，八百屋は近くにあっても，魚屋がないということもあり得る。また，本章1.で明らかにしたように，今後高齢世帯においても生鮮品から加工品，調理食品へとウェイトが移っていくとみられる。さらに，食料品の買い物に不便や苦労のある住民が抱えている問題では，近隣の店

第Ⅱ章　食料品アクセス問題の現状と将来

第Ⅱ-8表　店舗までのアクセス条件別人口

(万人, %)

地域	年齢	全体	生鮮食料品販売店舗 500m以上	うち自動車なし	食料品スーパー等 500m以上	うち自動車なし
全国	全体	12,806 (100.0)	4,632 (36.2)	854 (6.7)	7,176 (56.0)	1,507 (11.8)
全国	65歳以上	2,925 (100.0)	1,137 (38.9)	382 (13.1)	1,728 (59.1)	644 (22.0)
DID	全体	9,213 (100.0)	2,015 (21.9)	473 (5.1)	4,010 (43.5)	1,043 (11.3)
DID	65歳以上	1,935 (100.0)	408 (21.1)	181 (9.3)	845 (43.7)	399 (20.6)
非DID	全体	3,593 (100.0)	2,617 (72.8)	382 (10.6)	3,166 (88.1)	464 (12.9)
非DID	65歳以上	989 (100.0)	730 (73.8)	202 (20.4)	883 (89.2)	245 (24.8)

註：1)　店舗数は2007年商業統計，人口は2010年国勢調査を用いて推計。
　　2)　(　)内は全体に対する割合である。
資料：筆者推計による。

舗の品揃えが悪いということが指摘されており（本書第Ⅴ章1．），これらの問題を解決しようとした場合の店舗までの距離も検討しておく必要がある。このため，生鮮食料品の品揃え，さらに，加工食品も含めた幅広い品揃えが行われている食料品スーパーなども分析の対象とした。以下において「食料品スーパー等」とは百貨店，総合スーパー，食料品スーパーを指す。

(3)　店舗までのアクセス条件別人口

　まず，店舗までのアクセス条件別人口の推計結果が第Ⅱ-8表である。これは，2007年商業統計による店舗数と2010年国勢調査による人口をもとに推計したものである。
　生鮮食料品販売店舗まで500m以上の人口は，全国で4,632万人（全人口の36.2％）と推計される。このうちDIDが2,015万人，非DIDが2,617万人となっており，圧倒的に非DIDの方が多い。なぜなら，DID人口は全人口の約7割を占めるものの，その約8割が500m以内だからである。逆に，非DIDでは，その人口の72.8％が500m以上となっている。

さらに、500m以上の人口のうち、自動車を持たない人口は、全国で854万人（全人口の6.7％）と推計される。自動車を持たない人口になると逆にDIDの方が多く、非DIDの382万人に対しDIDは473万人となっている。非DIDでは、距離が遠い反面、高い自動車所有率が買い物を支えている状況が想定される。

このうち、最も買い物で不便や苦労をすると考えられる、店舗まで500m以上で自動車を持たない65歳以上の高齢者は、全国で382万人（全65歳以上人口の13.1％）となっている。うち非DIDは202万人で、DIDの181万人よりも多く、非DIDの65歳以上の20.4％という高い割合を占める。このことは、買い物で一般的に自動車が利用される農村地域においても、自動車利用から取り残されている高齢者が多いことを示している。

食料品スーパー等についてみると、全国で500m以上の人口は7,176万人（全人口の56.0％）、うちDIDに4,010万人、非DIDに3,166万人となっており、生鮮食料品販売店舗と異なり、DIDにおける人口の方が多い。これは、生鮮食料品販売店舗の多くが旧市街地に立地しているのに対し、食料品スーパー等が自動車利用を前提としたより広い商圏設定のもとに、旧市街地以外にも多く立地していることによるものと考えられる。

このうち自動車を持たない人口は、全国で1,507万人（全人口の11.8％）、うちDIDが1,043万人、非DIDが464万人となっており、DID内の住民が全体の約3分の2を占める。さらに、このうち65歳以上は644万人、うちDIDが399万人、非DIDが245万人で、DID内が全体の約6割を占めている。このように食料品スーパー等についてみると、アクセス条件が悪い住民はDID居住者が多く占めている。また、65歳以上の住民のうち500m以上で自動車を持たない人口割合は、DIDが20.6％、非DIDが24.8％となっており、生鮮食料品販売店舗の場合と異なり、DIDにおいても割合が高い。

生鮮食料品販売店舗までのアクセスについては、これらの計算の基礎となった2分の1地域メッシュ単位での500m以上の人口割合と人口の全国地図を巻頭カラー頁の付図Ⅱ-1とⅡ-2に示した。付図Ⅱ-1をみると、

500m以上人口割合が20％未満のアクセス条件の良いメッシュは，各県の県庁所在地等の都市部に限られ，農山村に散在している多くのメッシュでは，この割合が80％以上となっていることがみてとれる。また，付図Ⅱ-2では，メッシュ当たり500m以上人口が多いのは，大都市の周辺部であることがわかる。大都市の中心部では，500m以上人口割合が低いことにより，農山村ではメッシュ当たりの人口が少ないことにより，この人口は少なくなっている。

(4) 店舗までの距離別人口分布

500m以上の人口割合は，店舗への近接性の状況を示す一つの指標ではあるが，その割合が高い場合にどの程度の距離になるのかは明らかではない。このため，以下で距離別の人口分布を検討する。まず，我が国における生鮮食料品販売店舗までの距離別人口分布を第Ⅱ-14図に示す。

全国の平均距離は632mであり，最頻値は250mである[註7]。一見してわかるように分布は，左に大きく偏っており，距離の大きい方に大きな裾を引いている。人口の中央50％（中央値±25％）は250～650mと最頻値より遠いところに偏っている[註8]。言い換えれば，最頻値までの人口割合は最大25％しかなく，最頻値を距離分布の代表値とするのは，判断を誤る可能性が高い。

また，全国の人口分布はDIDにおけるものに非常に近い。これは，DIDの人口ウェイトが大きく，日本全国の距離別人口分布はその影響を強く受けていることを意味する。非DIDについてみると，平均距離は1,305mとDIDに比べてかなり大きくなる。最頻値は350mでDIDと大きく違わないが，その分布は右の方に大きく裾を引いているため，非DID人口の中央50％は450～1,550mとかなり広範囲に分布している。このことから，距離別人口分布を日本全体でしか見ない場合もまた，判断を誤る可能性が高い。

食料品スーパー等までの距離は，全国平均で1,069m，DIDでは516m，非DIDでは2,405mであり，生鮮食料品販売店舗までの距離と比べると，

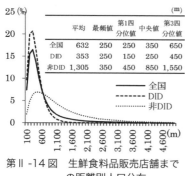
第Ⅱ-14図　生鮮食料品販売店舗までの距離別人口分布
資料：筆者推計による。

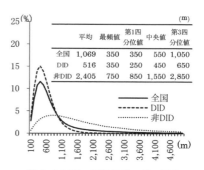
第Ⅱ-15図　食料品スーパー等までの距離別人口分布
資料：筆者推計による。

DIDでは1.5倍なのに対し，非DIDでは1.8倍と大きな開きがみられる（第Ⅱ-15図）。非DIDでは，人口の中央50％は850〜2,850mと非常に広い範囲に分布しており，農村地域で一定の品揃えを求めようとすると店舗への近接性の問題が極めて厳しいことを示している。

　以上のように，店舗への距離別人口分布は，大きく左に偏っていること，非DIDでは極めてばらつきが大きいことに留意して，都道府県別の生鮮食料品販売店舗までの距離を検討する。まず，都道府県別の平均距離と四分位値をみたものが第Ⅱ-16図である。東京，神奈川，大阪など平均距離が短い大都市の都府県がある反面，岩手，岐阜，島根など平均距離が1,000mを超える県がある。全国の平均距離はまた，店舗への距離が極めて近く人口の構成割合の高い三大都市圏の影響を強く受けているに過ぎないことがわかる。さらに，都道府県間の距離別人口分布のばらつきをみると，第1四分位値はどの県でもそれほど大きな差はみられない。これは，店舗は基本的に住民の多いところに立地するため，平均距離が大きい県でも第1四分位値は小さいことによる。しかし，第3四分位値は県により大きくばらついており，概して平均距離が大きい県ほど分布のばらつきが大きいという結果になっている。

　しかしながら，非DIDについてみればどの県でも平均距離は大きい（第Ⅱ-17図）。しかも，非DIDにおける平均距離の変動係数は，全地域の場

第Ⅱ章　食料品アクセス問題の現状と将来

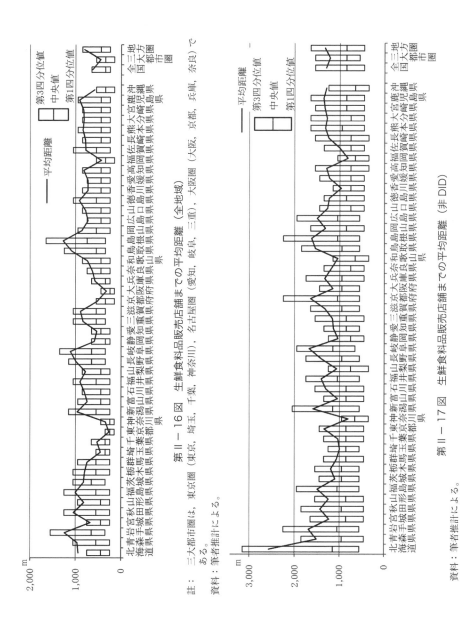

第Ⅱ-16図　生鮮食料品販売店舗までの平均距離（全地域）

註：三大都市圏は、東京圏（東京、埼玉、千葉、神奈川）、名古屋圏（愛知、岐阜、三重）、大阪圏（大阪、京都、兵庫、奈良）である。
資料：筆者推計による。

第Ⅱ-17図　生鮮食料品販売店舗までの平均距離（非DID）

資料：筆者推計による。

81

第Ⅱ-9表　店舗までのアクセス条件別平均距離

(万人，%)

地域	年齢	生鮮食料品販売店舗			食料品スーパー等		
		全体	500m以上		全体	500m以上	
				うち自動車なし			うち自動車なし
全国	全体	632	1,283	1,187	1,069	1,663	1,432
	65歳未満	602	1,220	1,051	1,001	1,561	1,231
	65歳以上	750	1,508	1,398	1,341	2,042	1,768
DID	全体	353	727	712	516	805	774
	65歳未満	355	727	712	517	805	769
	65歳以上	342	724	714	516	809	785
非DID	全体	1,305	1,678	1,727	2,405	2,682	2,811
	65歳未満	1,250	1,610	1,553	2,274	2,544	2,469
	65歳以上	1,474	1,881	1,919	2,804	3,092	3,190

註：店舗数は2007年商業統計，人口は2010年国勢調査を用いて推計
資料：筆者推計による。

合に比べて小さい[註9]。つまり，全地域でみた都道府県間での大きなばらつきは，DIDへの人口集中度の差が最も大きな要因であるといえる[註10]。また，ここでも全地域と同様，これら平均距離の大きな都道府県で分布のばらつきが大きいことが示されている。

(5) 店舗までのアクセス条件別平均距離

　第Ⅱ-9表は，アクセス条件別に整理した店舗までの平均距離である。上述のように，平均距離が大きいということは，また，距離別人口のばらつきも大きいと解釈できる。

　特徴的なのは，DIDの生鮮食料品販売店舗については，65歳以上の住民が65歳未満の住民より店舗の近くに住んでいるということである。これは，地方都市などの旧市街地の高齢化率が高いこと，昔ながらの生鮮食料品販売店は旧市街地に多く立地していることによるものと考えられる。これに対して，食料品スーパー等では年齢間の差はほとんど無い。

　一方，非DIDでは高齢者ほど，店舗から遠くに住んでいるという結果になっている。この格差は生鮮食料品販売店舗よりも食料品スーパー等の

方が大きい。最も格差が大きいのは500m以上で自動車のない場合で，生鮮食料品販売店舗の場合1.2倍（=1,919m/1,553m），食料品スーパー等の場合1.3倍（=3,190m/2,469m）となっており，一定の品揃えの店舗を求める場合のアクセスの厳しさが高齢者に大きくしわよせされていることを示している。

生鮮食料品販売店舗まで500m以上の住民についての平均距離は1,283mであり，優に1kmを超えている。食料品スーパー等の場合はさらに大きく1,663mである。このように500m以上の住民の平均距離が大きい理由は，非DIDのみならずDIDに住む住民にとっても距離が大きいことによる。非DIDでは，生鮮食料品販売店舗の場合で1,678m，食料品スーパー等の場合で2,682mとなっており，ここでも農村地域における店舗への近接性の問題が浮き彫りにされている。

最も平均距離が大きいのは，非DIDに住む，店舗まで500m以上で自動車がない65歳以上の住民であり，生鮮食料品販売店舗の場合1,919m，食料品スーパー等の場合3,190mとなっている。これらの住民は，距離が遠いこと，自動車がないこと，高齢であることの3つの要因が重なって買い物での不便や苦労が増していると想像できる。

ここで，先の店舗へのアクセス条件別の人口を振り返ると，食料品スーパー等に関しては，非DIDよりもDIDの方が500m以上・自動車なし・65歳以上人口は上回った。これだけをみるとDIDの住民の方が大きな負担を負っているということになるが，その平均距離をみると785mでしかない。一方の非DIDでの距離は3,190mであるから，DIDと比べると，平均距離は4.1倍となっている。500m以上の人口に加え，距離の分析を加えることによって，500m以上人口だけでは見えなかった非DIDにおける近接性の問題が大きく浮かび上がってくることになる。これに対し，生鮮食料品販売店舗の場合は，これらの条件に該当する非DIDの住民はDIDの住民の1.3倍で，かつ，距離は約2.7倍であり，人口，距離ともにDIDを上回っている。

このような住民と店舗の間の距離は，何らかの方法で食料を運搬しなけ

ればならない距離である。その手段は，まずは住民が店舗に出向くことが考えられるが，そのための手段としては，他の人の自動車に乗せてもらう，バスなどの公共交通機関を利用するなどの方法がある。しかし，自ら出向く以外に，他の人に買ってきてもらう，店舗からの配達を利用する，店舗からの移動販売を利用するなど様々な方法もある。現在，おそらく，住民は多くの不便や苦労を伴いながらもこれらの方法のいずれかで食料を入手していると思われる。今後，持続的に不便や苦労を軽減していくためには，地域住民，事業者，行政等が連携して，いずれかの手段を強化するか新しい手段に取り組むことが必要である。このような取組みに際して，現在の近接性の状況が地図上に表されているならば，これらの取組を支援することになるであろう。

　以上のような人口と距離は，すべて2分の1地域メッシュ単位で算出されているので，これを地図上に表すことが可能である。巻頭に，南関東地域を対象にした，生鮮食料品販売店舗まで500m以上・自動車なし・65歳以上の人口（第Ⅱ-18図）と店舗までの平均距離（第Ⅱ-19図）についての図を示した。人口をみると，東京23区の周辺地区（多摩地区，埼玉県南部，神奈川県，千葉県西部）で人口の大きなメッシュが目立つ。一方，平均距離については，千葉県，茨城県など都心から離れたところで距離が大きいメッシュが目立つ。これら2つの地図を比べると，東京23区など距離が近いためにこの基準に該当する人口の少ないところがある一方で，千葉県東部，茨城県南部など該当する人口が少なくても距離が遠いところがあることが明らかである。

(6)　店舗数変化要因と人口動態要因

　次に，以上に示した店舗まで500m以上の住民の人口が過去5年間にどのように変化したかをみよう。補論の第Ⅱ-21図に示したように，この人口は，居住メッシュごとの500m以上人口割合と人口の積を全国に集計したものである。そして，居住メッシュごとの500m以上人口割合は，周辺

メッシュにおける店舗数によってきまる。これは食料品アクセス問題の供給要因を構成する。一方，居住メッシュの総人口や65歳以上人口は需要要因を構成する。過去5年間の500m以上人口の変化において，これらの供給要因，需要要因がどのように影響したかを明らかにすることは，この問題の今後を考える上で重要な論点である。

　ここでは，これを次のような方法で明らかにする。供給要因（店舗数変化要因）による変化は，2002年と2007年の商業統計メッシュデータを用いた結果を比較することにより把握する。このときに用いる国勢調査のメッシュデータは2005年のものとする。そして，需要要因（人口動態要因）による変化は，2005年と2010年の国勢調査のメッシュデータを用いて推計した結果を比較することにより把握する。このときに用いる商業統計のメッシュデータは2007年のものとする。供給要因と需要要因の総合効果は，2002年商業統計と2005年国勢調査を用いた結果（以下「A」という。）と，2007年商業統計と2010年国勢調査を用いた結果（以下「C」という。）の差となる。

　第Ⅱ-10表と第Ⅱ-11表は，それぞれ生鮮食料品販売店舗と食料品スーパー等に関するこれら要因ごとの，店舗まで500m以上で自動車を持たない人口の変化である。第Ⅱ-10表をみると，AからCにかけての5年間で生鮮食料品販売店舗まで500m以上で自動車を持たない人口は，72.7万人増加した。そのうち73.9万人が店舗数変化要因であり，人口動態要因は，1.1万人の減少に働いた。人口動態要因がマイナスだったのは，2005年から2010年にかけて，店舗へのアクセスの良い都市部の人口が増えて，農村部の人口が減少したことによる。つまり，増加のほとんどは店舗数変化要因であった。

　しかし，65歳以上についてみるとこの間の全変化74.4万人のうち，店舗数変化要因は26.9万人であるのに対し，人口動態要因は47.5万人と63.9％を占めた。このことは，高齢者については，今後とも人口動態要因によって，500m以上で自動車を持たない人口が増加し続ける可能性があることを意味する。この傾向はDIDでも非DIDでも同様であった。

第Ⅱ-10表　店舗数変化要因と人口動態要因（生鮮食料品販売店舗）

(万人，％)

	店舗数 人口	店舗まで500m以上で 自動車なしの人口			全変化		店舗数変化要因		人口動態要因	
		2002 2005 A	2007 2005 B	2007 2010 C	C-A	(C-A) /A(%)	B-A	(B-A) /A(%)	C-B	(C-B) /B(%)
全国	全体	781.6	855.5	854.4	72.7 (100.0)	9.3	73.9 (101.6)	9.5	-1.1 (-1.6)	-0.1
	65歳以上	308.0	334.9	382.5	74.4 (100.0)	24.2	26.9 (36.1)	8.7	47.5 (63.9)	14.2
DID	全体	391.6	455.7	472.7	81.1 (100.0)	20.7	64.1 (79.1)	16.4	16.9 (20.9)	3.7
	65歳以上	123.1	144.9	180.7	57.7 (100.0)	46.9	21.8 (37.8)	17.7	35.8 (62.2)	24.7
非DID	全体	390.0	399.8	381.7	-8.3 (100.0)	-2.1	9.7 (-117.0)	2.5	-18.1 (217.0)	-4.5
	65歳以上	185.0	190.1	201.8	16.8 (100.0)	9.1	5.1 (30.2)	2.7	11.7 (69.8)	6.2

註：( )内は，全変化に占める店舗数変化要因と人口変化要因の構成比である。
資料：筆者推計による。

第Ⅱ-11表　店舗数変化要因と人口動態要因（食料品スーパー等）

(万人，％)

	店舗数 人口	店舗まで500m以上で 自動車なしの人口			全変化		店舗数変化要因		人口動態要因	
		2002 2005 A	2007 2005 B	2007 2010 C	C-A	(C-A) /A(%)	B-A	(B-A) /A(%)	C-B	(C-B) /B(%)
全国	全体	1,523.6	1,502.6	1,506.6	-17.1 (100.0)	-1.1	-21.1 (123.5)	-1.4	4.0 (-23.5)	0.3
	65歳以上	566.0	562.9	644.1	78.1 (100.0)	13.8	-3.1 (-4.0)	-0.6	81.2 (104.0)	14.4
DID	全体	1,037.5	1,017.1	1,042.7	5.3 (100.0)	0.5	-20.4 (-386.9)	-2.0	25.6 (486.9)	2.5
	65歳以上	336.0	332.8	399.0	63.0 (100.0)	18.8	-3.2 (-5.1)	-1.0	66.2 (105.1)	19.9
非DID	全体	486.2	485.5	463.8	-22.3 (100.0)	-4.6	-0.7 (3.1)	-0.1	-21.6 (96.9)	-4.5
	65歳以上	230.0	230.1	245.1	15.1 (100.0)	6.6	0.1 (0.6)	0.0	15.0 (99.4)	6.5

註：( )内は，全変化に占める店舗数変化要因と人口変化要因の構成比である。
資料：筆者推計による。

DIDと非DIDを比べると，店舗数変化要因も人口動態要因もDIDにおける変化の方が大きい（非DIDでは人口減少の影響で，むしろ全体は減少している）。特に，DIDの65歳以上の店舗まで500m以上で自動車なしの人口は，人口動態要因によって5年間で24.7％と大幅な増加となっている。このように近年は都市部の高齢化が大きな影響を持つようになっている。

　次に，食料品スーパー等へのアクセス（第Ⅱ-11表）である。この5年間に食料品スーパーの店舗数は増えているので，店舗数変化要因は概してマイナスである。特に，DIDではこの要因で20.4万人減少している。しかし，65歳以上についてみると3.2万人の減少でしかない。つまり，高齢者が多く居住している地区ではあまり店舗数は増加していないことを意味する。65歳以上については，生鮮食料品販売店舗へのアクセスの場合と同様に，人口動態要因が大きく増加方向に働いており，DIDの場合，66.2万人と大幅な増加（19.9％増）となっている。

　次に，2002年から2007年にかけての店舗数変化が平均距離に与えた影響をみよう。生鮮食料品販売店舗へのアクセスでは（第Ⅱ-12表），この5年間に全平均で604mから632mへと4.5％平均距離が増加した。特にDIDの65歳以上については320mから342mへと6.8％の増加となった。店舗まで500m以上で自動車無しの場合に限るとあまり変化がないため，平均距離の増加は主として500m以上自動車なしの人口割合の増加と考えられる。食料品スーパー等へのアクセスでは（第Ⅱ-13表），全体平均で1,077mから1,069mへ0.7％とわずかに減少した。DIDと非DIDを比較すると，非DIDの方が減少率は大きかった。DIDの65歳以上については，0.3％とごくわずかに増加した。

(7) 分析結果のまとめと今後の取組みへの含意

　本節では，住民と店舗の近接性を，都市と農村の比較に焦点を当てながら明らかにした。このため，これまでの研究成果等をもとに，最も食料品

第Ⅱ－12表　店舗までの平均距離の変化（2002 → 2007）
（生鮮食料品販売店舗）

(m)

		全体			500m以上自動車無し		
		2002	2007	変化率(%)	2002	2007	変化率(%)
全国	全体	604	632	4.5	1,210	1,187	-2.0
	65歳以上	717	750	4.6	1,424	1,398	-1.8
DID	全体	332	353	6.2	709	712	0.5
	65歳以上	320	342	6.8	709	714	0.7
非DID	全体	1,261	1,305	3.5	1,714	1,727	0.8
	65歳以上	1,421	1,474	3.7	1,900	1,919	1.0

註：人口はいずれも2005年。
資料：筆者推計による。

第Ⅱ－13表　店舗までの平均距離の変化（2002 → 2007）
（食料品スーパー等）

(m)

		全体			500m以上自動車無し		
		2002	2007	変化率(%)	2002	2007	変化率(%)
全国	全体	1,077	1,069	-0.7	1,446	1,432	-1.0
	65歳以上	1,352	1,341	-0.8	1,794	1,768	-1.5
DID	全体	517	516	-0.1	776	774	-0.3
	65歳以上	514	516	0.3	785	785	-0.1
非DID	全体	2,429	2,405	-1.0	2,877	2,811	-2.3
	65歳以上	2,837	2,804	-1.2	3,269	3,190	-2.4

註：人口はいずれも2005年。
資料：筆者推計による。

の買い物に不便や苦労をしているとみられる住民として，店舗までの距離が500m以上で自動車を持たない65歳以上という基準を設定し，これに該当する人々の人口と平均距離を都市的地域（DID）・農村地域（非DID）別に分析した。店舗としては，毎日の食生活に必要な生鮮食料品販売店舗と一定の充実した品揃えを前提とした食料品スーパー等へのアクセスの2通りを想定した。

　この基準に該当する人口は，生鮮食料品販売店舗の場合では約380万人，食料品スーパー等の場合では約640万人と推計された。この人口は，生鮮食料品販売店舗の場合は非DIDの方が多かったものの，食料品スーパー等の場合はDIDが上回っていた。しかし，距離は非DIDの方が生鮮食料品販売店舗の場合でDIDの2.7倍，食料品スーパー等の場合に至っては4.1倍遠く，農村地域では，特に一定の品揃えの店舗を利用しようと

すれば都市的地域に比べ大きな不利を負っているといえる。

　また，この人口の過去5年間の変化をみると，特にDIDでの増加が大きかった。この変化の要因を店舗数変化による部分と人口動態による部分に分けてみると，生鮮食料品販売店舗へのアクセスについては，全年齢については店舗数変化による部分が大きかったが，65歳以上に限ると，特にDIDにおいて人口動態による増加部分が大きかった。食料品スーパー等へのアクセスについては，店舗数の増加もあって，店舗数要因は減少に働いたが，DIDの65歳以上については，人口動態による部分により，大幅に増加した。今後，人口動態により，特に都市部において，店舗まで500m以上で自動車を持たない高齢者が大幅に増加する可能性がある。

　しかし，食料品アクセス問題はこのような空間条件のみから成っている訳ではない。農村地域では，米や野菜は自給できる場合が多いが，肉類や加工食品，さらに漁村以外では魚介類も買い物に依存しなければならない。また，農村地域の買い物で主流の自動車利用については，現在自動車を買い物に利用できるからといって問題がないというわけではない。高齢者は将来自分が運転できなくなることへの不安を感じていることも示されている（杉田 2006）。一方，農村地域では都市的地域に比べて人と人のつながりが維持されている場合が多く，相互扶助によって買い物の困難が軽減されている場合があろう。

　逆に，店舗までの距離が近い都市的地域においても，問題がないわけではない。例えば，大都市のベッドタウンの事例では，店舗に近いにもかかわらず高齢者の孤立化や引きこもり等により高齢者の食品摂取状況がよくないことが報告されている（岩間編 2013）。

　このように，食料品アクセス問題には，本節で述べた店舗への近接性だけでは規定できない様々な問題が絡んでくるため，この問題の解決に向けては，これらも総合的に考慮に入れた上で，地域住民，事業者，行政等地域の様々な関係者が連携して取り組む必要がある。しかし，本節で明らかにした店舗への近接性は，食料品の買い物の不便や苦労に大きな影響を及ぼすものであるため，これに関する人口や平均距離を地図上に表示して空

間要因を可視化することにより，問題の規模と深刻度の第1段階での把握が可能であり，これをもとに地域でさらに検討を深めることにより，問題解決に向けての第一歩を踏み出すことができよう。

　例えば，市町村等の地域で対策を検討しようとするとき，まず，本節の推計結果により，店舗まで500m以上の人口の多い地域や直線距離が遠い地域を特定した上で，例えばこれに道路距離の状況やバス停への距離とバス運行の頻度等に関する詳細な情報を付加することにより，さらに詳細な近接性の実態を把握することができる。同時に，それらの地区でのヒヤリング，アンケートおよび住民同士の話し合いなどにより，買い物における不便や苦労の内容の詳細な把握とその解決策の検討が可能となる。

　なお，本節では，近接性を直線距離でとらえた。これは，直線距離であれば，地図上で容易に把握できるというメリットがあり，上述のように地域での詳細な検討を行う際の基礎的な資料を提供することができるからである。一方，近接性を時間距離でとらえる考え方もある[注11]。しかし，時間距離は直接把握することが困難であるため，道路距離を計測し，交通の状況を把握し，さらに交通手段に関する仮定を置くなどにより推計する必要があるが，バス停の状況や，バス運行の頻度等の交通の状況に関する全国的なデータは現在のところ整備されていない。これらのデータがあれば時間距離の推計まで至らなくても近接性の内容を充実させることができる。今後これらのデータが全国的に整備されることを期待したい。

推計方法に関する補論

　店舗までの距離別人口とその分布の推計方法は以下の通りである。

1) 一定距離以上の人口割合算出

　店舗まで500m以上の場合を例にしてこの方法を説明する。第Ⅱ-20図のメッシュ22が居住メッシュである。このメッシュ内のkという位置に

第Ⅱ章　食料品アクセス問題の現状と将来

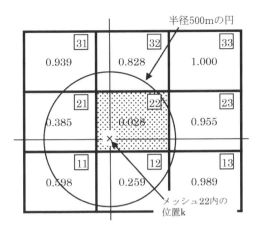

図Ⅱ—20図　各メッシュにおける500m以上の確率
資料：筆者作成による。

住む住民にとって，最も近い店舗が500m以上の確率を求めるため，kを中心として半径500mの円を描き，当該および周辺のメッシュi（i=11〜33）におけるこの円の外側の面積割合を求める。これがkに住む住民にとって，メッシュiにおいて，1つの店舗への距離が500m以上である確率であり，これをq_{ki}とする。例えばメッシュ21では0.385である。メッシュiにおける店舗数をc_iとし，メッシュ内における店舗の立地が独立であると仮定すると，kに住む住民にとって，メッシュiにおけるすべての店舗への距離が500m以上である確率は$(q_{ki})^{c_i}$となる。ただし，この確率は$q_{ki}=0$かつ$c_i=0$のときには1であると定義する。

さらに，kに住む住民にとってすべての店舗への距離が500m以上である確率$P_k=0$は，すべてのメッシュにおいて店舗への距離が500m以上である確率であるから，

$$P_k = \prod_i (q_{ki})^{c_i} \quad \cdots\cdots ①$$

となる。

一方，メッシュデータでは住民についてもメッシュ内の合計人口しか把握できないため，住民がメッシュ内に一様に分布しているとの仮定の下に推計を行う。すなわち，k をメッシュ22を $n \times n$ に区切ったものの一つの番号であるとすると（$k=1, 2, ..., n^2$），メッシュ22に住む住民にとって，最も近い店舗が500m以上である確率の期待値は，n^2 個の P_k の単純平均，すなわち，

$$\frac{1}{n^2}\sum_k P_k = \frac{1}{n^2}\sum_k \left[\prod_i (q_{ki})^{c_i}\right] \quad \cdots\cdots ②$$

となる。この期待値を，最も近い店舗までの距離が500m以上の人口割合とし，この割合をメッシュ内の人口に乗じてそのメッシュにおける店舗まで500m以上の人口とする。

ところで，メッシュの横の長さが緯度によって異なることに応じて，q_{ki} も緯度によって異なる。このため，適当な縦横の長さの区分毎に q_{ki} を求めて利用した。なお，確率 q_{ki} の計算には，農林水産研究情報総合センターのベクトル型スーパーコンピュータを使用した。

以上の推計手順のフローは第Ⅱ-21図の通りである。

2) 推計結果の検証と推計方法の改善

上記の推計の特徴は，店舗がメッシュ内のどこにあるかわからない状況で，確率を用いて店舗まで500m以上の割合を求めたことである。この方法によれば，メッシュ単位では実際との差がどうしても避けられないが，より広い範囲の複数メッシュをとらえれば差が小さくなることが期待される。その影響を，メッシュ内に1店舗しかない場合と複数店舗存在する場合の2つのケースについて，店舗の実際の位置に基づいた場合と比較することによって検討する。前者のケースとしては，農村部の事例を，後者のケースとしては都市部の事例を取りあげる。以下で取りあげいずれの事例も両者にありふれた事例と考えられる。後者のケースでは，特に，複数店舗の立地が独立であるとの仮定をおいたことの影響とともに，それが満

第Ⅱ章　食料品アクセス問題の現状と将来

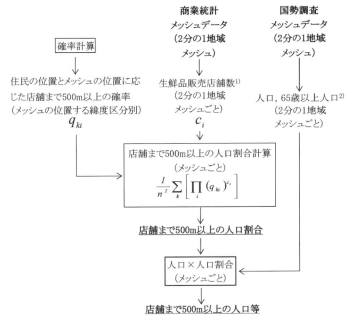

第Ⅱ－21図　店舗までの距離が500m以上の人口・世帯数の推計手順フロー
註：1）　基準地域メッシュしかデータが公表されていない食肉小売業，鮮魚小売業，果実・野菜小売業，食料品スーパーについては，公表されている飲食料品小売業についての基準地域メッシュに占める各2分の1地域メッシュの割合をもとに，2分の1地域メッシュに按分推計。
　　　2）　秘匿された人口は，基準地域メッシュデータから按分推計。
資料：筆者作成。

たされない場合の影響の最大限度も併せて検討する。

(i) 検証の方法

　比較は，生鮮食料品販売店舗までの距離が500m以上の人口の割合について行う。それぞれの事例について，実際の店舗の位置から半径500m外にいる住民の割合を求め，本節の推計結果と比較する。住民はメッシュの中に一様に分布しているものと仮定し，店舗から500m外のエリアの面積割合を住民の割合とする。メッシュの中の店舗数は，本節で推計に用いた店舗数と一致しているため，結果に違いがあるとすれば，店舗の位置に確率を用いたか，特定したかの違いによることになる。

第Ⅱ−22図　メッシュごとの結果比較（1メッシュ1店舗の事例）
資料：筆者作成。

　比較は，4×4の16メッシュの地区について行い，メッシュごとの比較，2×2の4メッシュに集計した単位（例えば第Ⅱ−22図で{①，②，⑤，⑥}等に集計。全部で9通り）での比較，3×3の9メッシュに集計した単位（{①，②，③，⑤，⑥，⑦，⑨，⑩，⑪}等に集計，全部で4通り）での比較，16メッシュ全体に集計したものの比較を行う。集計は，各メッシュの人口をウェイトとして500m以上割合の加重平均を求めることにより行う。

(ii) 1メッシュ1店舗の事例

　第Ⅱ−22図は，中国地方の山間部の1地区の事例である。この付近の店舗は⑥と⑫のメッシュに1店舗ずつの2店舗である。図で影を付けた円内がこれらの店舗から500m以内である。各メッシュには，上から，確率利用による500m以上割合（本節推計），店舗位置特定による500m以上割合，それらの差を表示している。ただし，③，④については，人口がないので，本節の方法では計算していない。

第Ⅱ章　食料品アクセス問題の現状と将来

第Ⅱ－14表　集計単位を大きくした場合の比較
（1メッシュ1店舗の事例）

集計の単位	ケース数	500m以上割合平均		差の絶対値の平均（%ポイント）	相対誤差の平均（%）
		確率利用（%）	店舗位置特定（%）		
	m	$\frac{1}{m}\sum a_i$	$\frac{1}{m}\sum b_i$	$\frac{1}{m}\sum |a_i - b_i|$	$\frac{1}{m}\sum \frac{|a_i - b_i|}{b_i}$
1メッシュ	16	62.3	61.5	18.7	189.4
4メッシュ	9	50.1	51.5	18.4	49.9
9メッシュ	4	46.7	43.5	9.6	21.4
16メッシュ	1	46.4	40.9	5.5	13.5

註：1）　4メッシュは，隣接し，矩形をなす4つのメッシュ単位（例えばメッシュ①，②，⑤，⑥）で集計した結果（9通り）の平均．9メッシュも同様（9つのメッシュで4通りの平均）。
　　2）　1メッシュの場合の平均は，③，④を除いた平均。
資料：筆者作成。

　概して確率利用による推計結果は，店舗位置特定による推計結果に近いが，⑯では51.7%ポイントの差がある。これは，⑫内の店舗がメッシュの中心から大きく北に外れていることによる。このため，⑯では差がプラス，⑧では差がマイナスとなっている。⑥内の店舗も北西に偏っているため，東西のメッシュで見ると⑤では差がプラス，⑦では差がマイナス，南北のメッシュで見ると⑩では差がプラス，②では差がマイナスとなっている。

　このことは，個々のメッシュでは差が大きくても周辺のメッシュとあわせて集計すれば，差は小さくなる可能性を示しており，実際，集計単位を大きくすることによって，両者の差の絶対値の平均及び相対誤差の平均が小さくなる（第Ⅱ–14表）。このことは，本節の推計手法によって，市町村，県，全国といった大きな単位で集計するにつれて誤差が小さくなる可能性を示唆している。

(iii) 1メッシュ複数店舗の事例

　第Ⅱ–23図は，東京都西部の1地区の事例である。この地区の500m以上割合は，これら16メッシュ内の店舗以外に，隣接する周辺メッシュ内の店舗の影響も受ける。メッシュごとにみると確率利用による推計結果は，概して現状に合っているように見える。差の最大は⑭の-37.7%ポイ

第Ⅱ-23図　メッシュごとの結果比較（1メッシュ複数店舗の事例）
資料：筆者作成。

第Ⅱ-15表　集計単位を大きくした場合の比較
（1メッシュ複数店舗の事例）

集計の単位	ケース数	500m以上割合平均		差の絶対値の平均 （%ポイント）	相対誤差の平均 （%）
		確率利用 （%）	店舗位置特定 （%）		
	m	$\frac{1}{m}\sum a_i$	$\frac{1}{m}\sum b_i$	$\frac{1}{m}\sum |a_i - b_i|$	$\frac{1}{m}\sum \frac{|a_i - b_i|}{b_i}$
1メッシュ	16	8.5	13.4	7.2	60.2
4メッシュ	9	5.6	11.0	5.4	58.1
9メッシュ	4	4.5	8.9	4.4	57.1
16メッシュ	1	5.2	9.1	3.9	42.6

註：Ⅱ-14表註1）と同じ。
資料：筆者作成。

ントである。

　この事例についても，集計単位を大きくすることによって両者の推計値の差がどのように変化するかを第Ⅱ-15表に示した。これによると，差の絶対値の平均，相対誤差の平均とも集計単位が大きくなるにつれて小さくなるが，相対誤差の平均については，小さくはなるもののその値は16メッシュの集計でも42.6％とかなり大きなものとなっている。

　その理由は，確率利用の場合と店舗の位置特定の場合の割合に差がある

ほとんどのメッシュで本節の推計の方が過小となっていることである。このような状況が起こるのは，確率利用の場合は，1つのメッシュの中に複数の店舗がある場合の商業集積の影響を考慮していないことによるものであると考えられる。

メッシュ内に複数の店舗がある場合，それらの店舗の位値は，互いに独立ではなく，実際には第Ⅱ-23図のようにある程度近接している。このように近接していると，分散している場合と比べて，半径500mの円で覆われる範囲が小さくなる。このような実態を考慮すると，店舗が独立に立地していると仮定することは，特に複数店舗が集積している都市部では過小推計となる可能性が高い。

(iv) 商業集積の影響の最大値

商業集積の状況を完全に反映させた推計は，現時点では困難であるが，仮に商業集積を考慮することによって，最大どのくらい本節の推計値よりも大きくなるかを推測することは可能である。

現実にはあり得ないことであるが，商業集積の極端なケースを考える。それは，あるメッシュに2以上の店舗がある場合，それが全て同じ場所に立地するという特殊なケースである。このようなケースにおける店舗までの距離が500m以上の確率は②式において，

メッシュ内の店舗数が1以上のとき $c_i = 1$
メッシュ内に店舗がないとき $c_i = 0$

として計算すればよい。つまり，そのメッシュに店舗が2以上あれば，何店舗あろうとも1店舗の場合と同じと考える。

このような方法により，商業集積の影響を最大限見積もった「究極の」商業集積の場合の結果が独立立地の場合に比べてどの程度の割合で増加するかを試算すると，人口総数の場合，全国で11.0％であるが，三大都市圏で17.5％，東京圏では23.3％増加という結果となった（第Ⅱ-16表）。

第Ⅱ-16表　商業集積の影響の最大値

(%)

地域区分	人口総数	65歳以上
全国	+11.0	+9.2
三大都市圏	+17.5	+16.0
東京圏	+23.3	+21.7
名古屋圏	+8.4	+7.7
大阪圏	+19.3	+17.3
地方圏	+7.4	+6.2

註：生鮮食料品販売店舗までの距離が500m以上の人口について、複数店舗が独立立地の場合に対する完全集積の場合の増加率である。
資料：筆者推計による。

(ⅴ) 推計方法の改善

1メッシュに複数店舗がある場合、実際は独立立地のケースと完全集積のケースの間のどこかにあると考えられる。しかし、それがどこなのかはデータの不足により不明である。そこで、本節の推計では、以上の完全独立のケースと完全集積のケースの2つのケースについて推計した上で、それらの中央値をとることにより商業集積の状況を一部反映させることとした。

これにより前出の1メッシュ複数店舗の事例を再計算した結果を第Ⅱ-24図と第Ⅱ-17表に示す。相対誤差の平均が1メッシュの平均で60.2％から42.8％に、地区全体（16メッシュ）で42.6％から22.4％に大きく改善していることがわかる。

3) 店舗までの距離別人口分布の算出

以上に述べた方法によれば、対応した q_{ki} のセットを求めることにより、様々な距離に対応できる。したがって、100m以上、200m以上、300m以上……等細かな区切りによる人口割合を算出することにより、距離区分毎の人口割合を求めることが可能である。この場合、例えば、200m以上の人口割合から300m以上の人口割合を差し引いたものが200m以上300m未満の人口割合となる。

第Ⅱ章 食料品アクセス問題の現状と将来

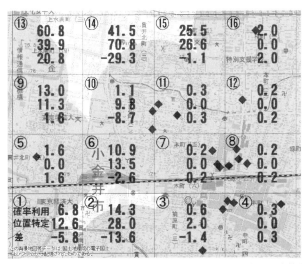

第Ⅱ－24図 メッシュごとの結果比較（1メッシュ複数店舗の事例－改善後）
資料：筆者作成。

第Ⅱ－17表 集計単位を大きくした場合の比較
（1メッシュ複数店舗の事例－改善後）

集計の単位	ケース数	500m以上割合平均		差の絶対値の平均 （％ポイント）	相対誤差の平均 （％）
		確率利用 （％）	店舗位置特定 （％）		
	m	$\frac{1}{m}\sum a_i$	$\frac{1}{m}\sum b_i$	$\frac{1}{m}\sum |a_i - b_i|$	$\frac{1}{m}\sum \frac{|a_i - b_i|}{b_i}$
1メッシュ	16	11.2	13.4	5.6	42.8
4メッシュ	9	7.7	11.0	3.4	32.1
9メッシュ	4	6.4	8.9	2.6	34.4
16メッシュ	1	7.1	9.1	2.0	22.4

註：Ⅱ－14表註1）と同じ。
資料：筆者作成。

　そこで，本節では，以下のような区切りで居住メッシュ毎に人口割合を求めた。すなわち，2kmまで100m刻み（20区分），2kmから20kmまで1km刻み（18区分），20kmから70kmまで10km刻み（5区分），そして70km以上であり，合計44区分である。
　このような距離区分毎の人口割合が推計されれば，最頻値，第1四分位値，中央値（第2四分位値），第3四分位値，平均値といった分布の代表値を求めることができる。ただし，平均距離については，70kmまでの平均

とし，各階級の中央値を人口割合によって加重平均して算出した。70km を超える地域は，東京都，鹿児島県，沖縄県の一部離島に限られるからであり，その人口割合は，生鮮食料品販売店舗の場合で0.0027％，食料品スーパー等の場合で0.0057％である。もっとも，70kmまででも離島のケースは排除されていない。

(註1) この推計は，60歳以上の男女を対象とした平成17年度の内閣府『高齢者の住宅と生活環境に関する意識調査』において，地域の不便な点として「日常の買い物」を回答した割合16.6％に平成21年の60歳以上人口推計3,717万人を乗じたものである。

(註2) 近接性の分析手法としては，消費者が商店を選択する確率を商店の魅力と商店までの距離で説明するハフモデルなどがある。しかし，これらのモデルは，消費者の店舗選択等の分析には有用であるが，最も近い店舗でも距離が遠い消費者の買い物における不便や苦労が捨象されたモデルであり，本節の分析には適さないと考えられる。本節では，まずは，これらのモデルも説明変数に用いている住民と店舗との距離に焦点をあて，これを明らかにすることとする。

(註3) 以下本節(6)で明らかにするように，2010年の500m以上人口（C）を推計する場合には，平成19年の商業統計と平成22年の国勢調査を用いる。2007年の店舗までの平均距離の推計および2005年の500m以上人口（B）の推計には，平成19年の商業統計と平成17年の国勢調査を用いる。また，2002年の店舗までの平均距離の推計および2002年店舗数での500m以上人口（A）の推計には，平成14年の商業統計と平成17年の国勢調査を用いる。500m以上人口の変化のうち，C−Bが，店舗数（2007年）を一定とした人口動態（2005年→2010年）によるものであり，B−Aが，人口（2005年）を一定とした店舗数変化（2002年→2007年）によるものである。

(註4) 初出（薬師寺・髙橋2013）では，2007年店舗数，2005年人口を用いて推計したが，本節では2007年店舗数，2010年人口による推計を2010年値としているほか，過去との比較のために，2002年店舗数，2005年人口による推計を2005年値としている。

(註5) これによって，買い物に不便や苦労のある人々の条件を完全に規定できるわけではないが，一定の条件を設定することによって，地域間比較などが可能になる。

(註6) 自動車の利用状況に関する統計は必ずしも十分ではない。自動車の登録台数とそれを世帯数で割った自動車の普及率の統計は市町村別に利用できるが，1世帯に2台以上所有している世帯があるために，普及率は1を超えることがある。本節の分析では，ある世帯が，自動車を所有しているかどうかが重要であるが，これに関する統計は『平成15年住宅・土地統計調査』で都道府県別にしか把握できない。こ

のため，この統計から得られる都道府県別の自動車を所有していない世帯の割合を利用して，自動車普及率から自動車を所有していない世帯の割合を推計する推計式を求め，これに市町村別の自動車普及率を与えて市町村別の自動車を所有していない世帯の割合を求めた。そして，これを当該市町村の2分の1地域メッシュに適用した。なお，自動車を所有しない割合は世帯の割合であるが，本節ではこれを人口の割合に利用した。

用いた推計式は，自動車を所有していない世帯割合を y，自動車普及率（自家用乗用車の世帯当たり普及台数）を x として，

$$\ln(y) = -0.05216 - 1.2916x$$
$$(-0.820)\ (-26.758)$$
$$修正済 R^2 = 0.9396$$

である。

さらに，65歳以上と未満によって，自動車利用の比率は異なると考えられる。年齢別の所有状況に関する統計はないため，内閣府の『小売店舗等に関する世論調査（平成17年5月）』をもとに，買い物に自動車を利用しない率の65歳以上と未満の格差（比率）を推計し，この格差に基づき，65歳以上の自動車を所有しない率を市町村単位で推計した上で，それを当該市町村の2分の1地域メッシュに適用した。

(註7) 200～300mの階級内にあるということを，簡潔に階級の中央値250mで示す。以下同様である。

(註8) 通常，分布のばらつきは標準偏差で示すが，距離別人口分布は，上述のように，左右非対称で大きく左に偏った分布になっているので，本節では第1四分位値と第3四分位値の幅，すなわち人口を距離の短い方から並べた場合の25％点と75％点の幅で示す。この範囲は，中央値（50％点）±25％の範囲（分布の中央部50％の範囲）でもある。

(註9) 生鮮食料品販売店舗の平均距離の都道府県間の変動係数は，DIDと非DIDの両方を含む全体については0.279，非DIDに限ってみると0.218である。非DIDで飛び抜けて遠い北海道を除いて変動係数をとると，全体で0.281，非DIDに限ると0.169である。

(註10) 都道府県全体の平均距離，同DIDの平均距離，同非DIDの平均距離，非DID人口比率の4つの変数の間の偏相関係数をとると，都道府県における平均距離と最も相関が高いのが非DID人口比率（偏相関係数0.9486），次いで非DID平均距離（同0.8638），そしてDID平均距離（同0.5318）であった。

(註11) 時間距離は道路距離と交通手段の双方の要素を含むものであり，消費者費用（機会費用や肉体的苦痛など）に密接に関連し，買い物における不便や苦労との関係がより深いと考えられる。このため，時間距離の計測は，今後の重要な研究発展の方向となりうる。

4．食料品店への近接性の将来推計

(1) 推計手法

これまでの分析を踏まえて，食料品店までのアクセス状況が将来どのように変化するのかを推計してみよう。推計年次は，あまり遠くない将来，およそ10年後の2025年とする。ただし，ここでの推計は関係者の問題解決への取組は考慮せず，これまでの趨勢が今後も続くとどうなるかを示すものである。将来について，前節と同様の方法で店舗まで500m以上の人口や平均距離を予測するためには，予測時点における2分の1地域メッシュ単位の人口と店舗数のデータが必要である(註1)。

まず，人口については，2013年3月に国立社会保障人口問題研究所（2013b）が公表した都道府県別，市町村別の将来推計人口を利用し，2010年から2025年までの市町村別人口の変化率を2010年におけるそれぞれの市町村内の2分の1地域メッシュ単位の人口に乗じて2分の1地域メッシュごとの2025年の人口とする。ただし，同将来推計人口では，福島県については，東日本大震災に伴う福島第1原子力発電所の事故の影響で市町村別の人口の推移を見通すことが困難なため，県全体しか推計されていない。このため，本稿での推計も，福島県については県単位までの推計しか示さないこととする(註2)。

次に，店舗数については，生鮮品専門店（食肉小売業，鮮魚小売業，野菜・果実小売業）と食料品スーパーについて市町村別に，1997年，2002年，2007年の3時点の趨勢から2022年の店舗数を推計し，それをもとに2分の1地域メッシュ単位のデータを作成した(註3)。具体的な方法は次の通りである。なお，百貨店と総合スーパーについては，2007年の店舗数のまま変わらないと仮定した。

　1) 市町村別店舗数趨勢値の想定
まず，3時点の店舗密度（人口千人当たり店舗数）を求め，その趨勢に

第Ⅱ章　食料品アクセス問題の現状と将来

第Ⅱ－18表　店舗数想定値（全国計）

(店舗/千人，千人，％)

	実績値			想定値			変化年率	
	1997	2002	2007	2012	2017	2022	1997→2007	2007→2022
生鮮品専門店								
店舗密度	0.6798	0.5676	0.4478	0.3756	0.3197	0.2755	-4.1	-3.2
店舗数	86,287	72,520	57,345	47,553	39,678	33,244	-4.0	-3.6
食料品スーパー								
店舗密度	0.1388	0.1385	0.1395	0.1410	0.1422	0.1437	0.0	0.2
店舗数	17,623	17,691	17,865	17,846	17,651	17,339	0.1	-0.2
(参考)								
（年）	(2000)	(2005)	(2010)	(2015)	(2020)	(2025)		
人口	126,926	127,768	128,057	126,597	124,100	120,659	0.1	-0.4

資料：店舗数は筆者推計，人口は国立社会保障・人口問題研究所推計による。

より2022年の店舗密度を求めた(註4)。この場合，人口は，それぞれ2000年，2005年，2010年の人口を用いた。そして，推計した2022年の店舗密度に2025年の人口を乗じて市町村ごとの店舗数の想定値とした。

このような方法で求めた市町村別の店舗数想定値を全国で積み上げた結果は第Ⅱ－18表の通りである。生鮮品専門店については，店舗密度，店舗数とも減少を想定している。これを都道府県別にみると，東京，神奈川，大阪等の大都市での減少が大きい。一方，食料品スーパーについては，店舗密度は増加を想定しているが，人口減少により店舗数はわずかに減少している。都道府県別にみると，多くの県で減少しているが，大都市ではわずかに増加している。

2) 2分の1地域メッシュ単位の店舗数想定

店舗は1つのメッシュ内に1ないし2店舗の場合がほとんどである。このような場合，人口の場合のように，市町村単位での変化率を市町村内のメッシュに適用すると丸め誤差が大きくなる。例えば，当該市町村での店舗数減少率が20％の場合，これをすべてのメッシュに適用すると，1ないし2店舗のメッシュでは0.8ないし1.6となり，四捨五入しても変わらない。したがって，例えば店舗数が同じ1のメッシュについて1のままとするメッシュと0にするメッシュを設けなければならない。

第Ⅱ-19表 2025年のアクセス条件別人口

(万人, %)

地域	年齢	全体	生鮮食料品販売店舗 500m以上	うち自動車なし	食料品スーパー等 500m以上	うち自動車なし
全国	全体	12,066 (100.0)	5,156 (42.7)	1,035 (8.6)	6,736 (55.8)	1,433 (11.9)
	65歳以上	3,657 (100.0)	1,650 (45.1)	598 (16.4)	2,152 (58.8)	814 (22.3)
DID	全体	8,878 (100.0)	2,704 (30.5)	678 (7.6)	3,891 (43.8)	1,017 (11.5)
	65歳以上	2,498 (100.0)	750 (30.0)	349 (14.0)	1,105 (44.3)	523 (20.9)
非DID	全体	3,188 (100.0)	2,451 (76.9)	357 (11.2)	2,846 (89.3)	416 (13.1)
	65歳以上	1,160 (100.0)	900 (77.6)	249 (21.5)	1,047 (90.3)	291 (25.1)

註：1) 店舗数は2022年推計値，人口は2025年推計値を用いて推計。
　　2) （ ）内は全体に対する割合である。
資料：筆者推計による。

このため，上記で得られた市町村単位での店舗の減少数（または増加数）を本章2．で明らかにした店舗数変化の要因分析結果（第Ⅱ-6表）をもとに各メッシュに配分するという方法をとった。すなわち，減少確率（または増加確率）の高いメッシュから順に，市町村単位での減少数（増加数）になるまで1つずつ引いていく（足していく）ことにより，メッシュ単位の店舗数を求めた(註5)。

(2) 推計結果

以上により求められた2分の1地域メッシュ別の2025年の人口と2022年の店舗数をもとに本章3．の手法により2025年のアクセス条件別人口を示したのが第Ⅱ-19表である。まず，生鮮食料品販売店舗についてみると，店舗数の減少と高齢化の進展で，店舗まで500m以上で自動車がない人口は1,035万人と推計され，全人口に対する割合は2010年の6.7％から8.6％に上昇する。このうち65歳以上の人口は598万人で65歳以上人口に対する割合は2010年の13.1％から16.4％に増加する。

これをDIDと非DIDに分けてみると，65歳以上の人口は，DID349万人，非DID249万人でDIDの方が人口は多くなり，2010年と比較して大小関係が逆転している。それだけDIDにおける増加が大きかったということであり，この点は後に詳しくみることとする。

食料品スーパー等については，店舗数の減少を小さく想定していたこともあり，店舗まで500m以上で自動車がない人口は全体で1,433万人と推計され，全人口に対する割合は2010年の11.8％から2025年の11.9％とほとんど変化がない。このうち65歳以上の人口は，814万人であり，65歳以上人口に対する割合も2010年の22.0％から2025年の22.3％とわずかにしか上昇しない。生鮮品専門店の大きな減少に対して食料品スーパーはわずかしか減少しないことにより，2010年に比べて生鮮食料品販売店舗まで500m以上と食料品スーパー等まで500m以上の人口の差が小さくなっている。

食料品スーパー等までのアクセスをDIDと非DIDに分けてみると，65歳以上の人口はDIDが523万人，非DIDが291万人と圧倒的にDIDが多くなっている。

次に，これらの人口について，2010年（店舗数は2007年）と2025年（店舗数は2022年）の差をより詳しくみてみよう。そのため，変化を店舗数変化による部分（供給要因）と人口動態による部分（需要要因）に分けてみる。これは，人口データは2010年のままで店舗数だけ2022年のデータを用いたものを中間的に推計することにより行うことができる。第Ⅱ–20表と第Ⅱ–21表をみると，生鮮食料品販売店舗，食料品スーパー等いずれのアクセスについても2010年から2025年までの15年間で，65歳以上の人口が大幅に増加している（それぞれ56.4％，26.4％）。その増加の多くはDIDにおけるものであり，そこでは生鮮食料品販売店舗については93.1％増とほぼ倍に，食料品スーパー等についても31.1％と大きな増加になっている。このDIDにおける65歳以上の人口の変化を店舗数の変化による部分と人口動態による部分に分けると，生鮮食料品販売店舗については全体で168.2万人の増加のうち店舗数変化要因によるものが85.5万

第Ⅱ－20表　2025年までの変化の要因分解（生鮮食料品販売店舗）

(万人,%)

	店舗数人口	店舗まで500m以上で自動車なしの人口			全変化		店舗数変化要因		人口動態要因	
		2007 2010 A	2022 2010 B	2022 2025 C	C-A	(C-A)/A(%)	B-A	(B-A)/A(%)	C-B	(C-B)/B(%)
全国	全体	854.4	1102.2	1035.2	180.8 (100.0)	21.2	247.8 (137.1)	29.0	-67.0 (-37.1)	-6.1
	65歳以上	382.5	478.4	598.3	215.8 (100.0)	56.4	96.0 (44.5)	25.1	119.8 (55.5)	25.0
DID	全体	472.7	699.6	677.9	205.2 (100.0)	43.4	226.9 (110.6)	48.0	-21.7 (-10.6)	-3.1
	65歳以上	180.7	266.2	348.9	168.2 (100.0)	93.1	85.5 (50.9)	47.3	82.6 (49.1)	31.0
非DID	全体	381.7	402.6	357.3	-24.4 (100.0)	-6.4	20.9 (-85.7)	5.5	-45.3 (185.7)	-11.3
	65歳以上	201.8	212.2	249.4	47.6 (100.0)	23.6	10.5 (21.9)	5.2	37.2 (78.1)	17.5

註：( )内は，全変化に占める店舗数変化要因と人口変化要因の構成比である。
資料：筆者推計による。

第Ⅱ－21表　2025年までの変化の要因分解（食料品スーパー等）

(万人,%)

	店舗数人口	店舗まで500m以上で自動車なしの人口			全変化		店舗数変化要因		人口動態要因	
		2007 2010 A	2022 2010 B	2022 2025 C	C-A	(C-A)/A(%)	B-A	(B-A)/A(%)	C-B	(C-B)/B(%)
全国	全体	1,506.6	1,520.8	1,433.2	-73.4 (100.0)	-4.9	14.2 (-19.3)	0.9	-87.6 (119.3)	-5.8
	65歳以上	644.1	651.3	814.3	170.2 (100.0)	26.4	7.2 (4.2)	1.1	163.0 (95.8)	25.0
DID	全体	1,042.7	1,050.3	1,016.9	-25.9 (100.0)	-2.5	7.6 (-29.5)	0.7	-33.5 (129.5)	-3.2
	65歳以上	399.0	403.0	523.3	124.2 (100.0)	31.1	4.0 (3.2)	1.0	120.2 (96.8)	29.8
非DID	全体	463.8	470.4	416.3	-47.5 (100.0)	-10.2	6.6 (-13.8)	1.4	-54.1 (113.8)	-11.5
	65歳以上	245.1	248.3	291.0	45.9 (100.0)	18.7	3.2 (7.0)	1.3	42.7 (93.0)	17.2

註：( )内は，全変化に占める店舗数変化要因と人口変化要因の構成比である。
資料：筆者推計による。

人，人口動態要因によるものが82.6万人とそれぞれ約半々になっている。これは，今後は特に都市部で高齢化が進むことに加え，生鮮食料品販売店舗数の想定値の減少が都市部で大きくなっていることを反映している。これに対して，食料品スーパー等については，店舗数に大きな変化が想定されないことから，専ら人口動態要因によって増加している。

　以上から，今後，都市部での高齢化の進展と，生鮮食料品販売店舗については都市部での大きな店舗数減少を反映して，店舗まで500m以上で自動車を持たない高齢者が都市部を中心に大幅に増加する可能性が指摘できるが，これを具体的な地域でみるとどうなるであろうか。付図II－3と付図II－4は，それぞれ生鮮食料品販売店舗と食料品スーパー等について，市町村単位で，店舗まで500m以上で自動車がない65歳以上人口の2010年から2025年にかけての変化率で区分して地図上に示したものである。図では，第1四分位値と第3四分位値で区切って示してあり，この2つの四分位の間が中央50％に入る市町村であり，濃いグレーで表示されている。これを超える最も増加率が高い市町村が黒い部分であり，東京周辺などの大都市圏や各県の県庁所在地などで人口増加率が高いことが示されている。ただし，食料品スーパー等については，東京都区部や阪神地区などの大都市中心部では店舗数の増加もあり，人口増加率があまり高くないことが特徴となっている。

　また，これらを都道府県単位で整理したものを付表II－2に掲げた。都道府県別にみると東京圏などの三大都市圏を中心に増加率が高く，特に生鮮食料品販売店舗までの65歳以上については東京都と神奈川県では2倍以上になるという結果になっている。また，いずれにおいても，人口動態を反映して65歳以上のなかでも75歳以上人口の増加率が高い。

　このように，今後三大都市圏でアクセス条件の悪い高齢者が増加すると見込まれるが，地方圏でも，特に都市的地域（DID）においてこの人口の増加率が高い（第II－22表）。付図II－3および付図II－4で示した市町村の内部においても，そのうちの都市的な地区での人口増加が大きいと見込まれる。

第Ⅱ-22表 店舗まで500m以上で自動車がない65歳以上人口（都市圏・地方圏、DID・非DID別）

(万人、%)

	2010年			2025年			変化率		
	全地域	都市的地域(DID)	農村地域(非DID)	全地域	都市的地域(DID)	農村地域(非DID)	全地域	都市的地域(DID)	農村地域(非DID)
生鮮食料品販売店舗									
全国計	382	181	202	598	349	249	56.4	93.1	23.6
三大都市圏	163	115	48	294	231	63	80.1	100.5	30.8
東京圏	76	58	18	156	131	25	105.4	126.3	38.6
名古屋圏	29	15	14	43	26	18	51.3	73.1	28.2
大阪圏	58	43	16	94	75	20	61.4	75.1	24.2
地方圏	219	65	154	305	118	187	38.8	79.9	21.4
食料品スーパー等									
全国計	644	399	245	814	523	291	26.4	31.1	18.7
三大都市圏	325	267	57	420	348	72	29.5	30.3	25.7
東京圏	177	155	22	233	204	29	31.9	31.9	31.8
名古屋圏	42	26	16	54	34	20	27.2	30.4	22.3
大阪圏	106	87	19	133	111	23	26.4	27.4	21.4
地方圏	320	132	188	394	175	219	23.3	32.8	16.6

註：東京圏は、東京、埼玉、千葉、神奈川、名古屋圏は、愛知、岐阜、三重、大阪圏は、大阪、京都、兵庫、奈良である。
資料：筆者推計による。

第Ⅱ章　食料品アクセス問題の現状と将来

第Ⅱ－23表　店舗までの平均距離の変化（2007 → 2022）

(m)

			全体			500m以上自動車無し		
			2007	2022	変化率（％）	2007	2022	変化率（％）
生鮮食料品販売店舗								
	全国	全体	632	696	10.2	1,187	1,132	-4.6
		65歳以上	750	794	5.9	1,398	1,279	-8.5
	DID	全体	353	421	19.2	712	748	5.1
		65歳以上	342	418	22.4	714	757	6.1
	非DID	全体	1,305	1,465	12.2	1,727	1,859	7.6
		65歳以上	1,474	1,605	8.9	1,919	2,009	4.6
食料品スーパー等								
	全国	全体	1,069	1,055	-1.3	1,432	1,406	-1.8
		65歳以上	1,341	1,268	-5.5	1,768	1,663	-5.9
	DID	全体	516	528	2.3	774	792	2.3
		65歳以上	516	534	3.5	785	809	3.0
	非DID	全体	2,405	2,523	4.9	2,811	2,906	3.4
		65歳以上	2,804	2,849	1.6	3,190	3,199	0.3

註：店舗数2007年の人口は2005年，店舗数2022年（推計）の人口は2025年（推計）
資料：筆者推計による。

　最後に，第Ⅱ-23表により，2007年から2022年にかけての店舗までの平均距離の変化をみておく。生鮮食料品販売店舗については，全体で632mから696mに10.2％の増加となる。しかし，この全体平均には，距離の近いDIDの人口ウェイトが高まることにより平均距離を引き下げる効果も含まれている。DIDでは353mから421mに19.2％，非DIDでは1,305mから1,465mに12.2％の増加となる。食料品スーパー等への平均距離は，店舗数の変化も小さいので大きな変化はない。しかし，DIDでは516mから528mに2.3％，非DIDでは2,405mから2,523mに4.9％の増加となる。

　最も買い物に苦労するとみられる店舗まで500m以上で自動車がない65歳以上の住民の平均距離は，生鮮食料品販売店舗までの距離ではDIDで757m（6.1％増），非DIDでは2kmを超えて2,009m（4.6％増）となる。食料品スーパー等までの距離ではDIDで809m（3.0％増），非DIDで3,199m（0.3％増）となる。

(3) 結果のまとめと今後の取組みへの含意

　以上のように，店舗数についてこれまでの趨勢から2022年の想定値を作成し，一方，人口については国立社会保障人口問題研究所による2025年の推計値を用いると，生鮮食料品販売店舗については，店舗数変化と人口動態により，アクセス条件の良くない都市部の高齢者が大幅に増加すると見通される。また，食料品スーパー等についても，主として人口動態により同様の結果が見通される。

　このことから，食料品アクセス問題は，今後都市部でより一層の対策が必要になると考えられる。ただし，食料品の買い物での不便や苦労には，本節でとらえた店舗までの距離と自動車利用可能性のみならず，公共交通機関の利用可能性やコミュニティの状況等社会的条件など様々な要素が関係してくる。対策を検討するためには，これらの条件をも含む地域の現状を踏まえた上で対策を講じる必要がある。例えば，都市部では，公共交通機関の利用可能性は農村部に比べて良好と考えられるが，コミュニティの状況は一般に農村部に比べて良くないとみられ，都市における良好なコミュニティ作りが今後の大きな課題となろう。

　今後，都市で大きな問題になるといっても，農村部の問題もまた軽視することはできない。アクセス条件が良くないと想定される人口が都市部で急増するということであって，農村部が店舗へのアクセスに大きな不利を抱えていることに変わりはない。農村部では生鮮食料品販売店舗までの平均距離が約2km，食料品スーパー等までの平均距離も約3kmであり，アクセス条件は都市部に比べて格段に悪い。そこでは，都市部とは逆に，公共交通機関も不十分な場合が多いうえに，縮小したケースもある。一方で，地域コミュニティが保たれている場合も多いと考えられる。また，農家であれば，野菜など一部の食料は自給することも可能である。

　このような，地域ごとの問題の特徴や対策の方向については，後の章で深く掘り下げることとしたい。

第Ⅱ章　食料品アクセス問題の現状と将来

(註1) このほか自動車を持たない割合のデータも必要であるが，これについては2010年と変わらないと仮定した。
(註2) ただし，その場合でも，県単位の推計には2分の1地域メッシュ単位の人口データが必要である。このため，2013年3月公表の県単位の予測値を，2008年12月公表の市町村別推計人口による市町村別シェアで市町村に按分したものをここでの市町村別推計人口として用いることにより，2分の1地域メッシュ単位のデータを作成した。
(註3) 商業統計表では，すべての市町村の店舗数が公表されているわけではないので，メッシュ統計を積み上げることにより3時点の市町村別データを作成した。その全国計は，商業統計表の数値を一致している。
(註4) 趨勢値を求めるに当たっては，1997年から2007年までの変化を次の5つのパターンに分類して推計した。すなわち，1997年から2002年までの店舗密度の変化量を d1, 変化率（比率）を r1, 2002年から2007までの店舗密度の変化量を d2, 変化率を r2 として，次により趨勢値を求め，店舗密度の想定値とした。このような趨勢の算出方法は，今後の変化を控えめに見積もることになる。
　A　$d1>0$, $d2>0$, $d1 \leq d2$ の場合
　　　d1 と d2 の平均を5年間の変化量として将来に延長
　B　$d1>0$, $d2>0$, $d1>d2$ の場合
　　　d2 を5年間の変化量として将来に延長
　C　$d1<0$, $d2<0$, $d1 \leq d2$ の場合
　　　r2 を5年間の変化率として将来に延長
　　　（減少の場合には漸近線をゼロとし，負となるのを避けるため変化率を用いる。）
　D　$d1<0$, $d2<0$, $d1>d2$ の場合
　　　r1 と r2 の幾何平均を5年間の変化率として将来に延長
　E　A～D以外の場合
　　　傾向が一定しないので，将来にわたって，2007年の店舗密度を固定
　　ただし，東日本大震災で津波被害の大きかった市町村については，店舗密度の変化に連続性が想定できないので，上記分類とは関係なく2007年の店舗密度で固定した。
(註5) この場合，2. の生鮮品専門店の変動要因（要因ごとの限界効果）と同様の方法で食料品スーパーについても変動要因を求めた。

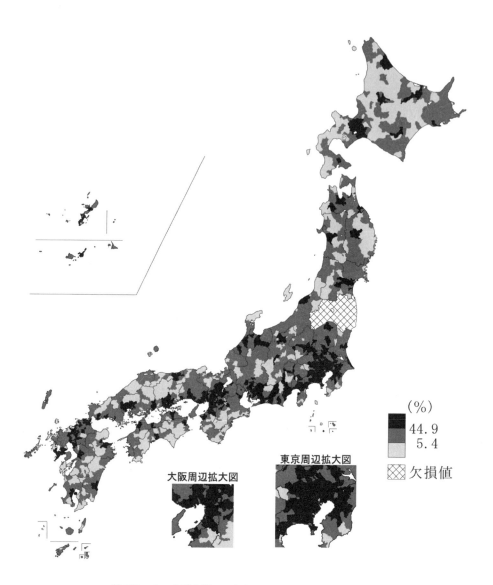

付図Ⅱ-3　生鮮食料品販売店舗まで500m以上で自動車がない
65歳以上人口の変化率（2010年→2025年）

註：1)　5.4％は第1四分位値，44.9％は第3四分位値。
　　2)　市区町村単位の集計値の変化率。
　　3)　生鮮食料品販売店舗は，食肉小売業，鮮魚小売業，野菜・果実小売業，百貨店，総
　　　　合スーパー，食料品スーパー。
資料：筆者推計による。

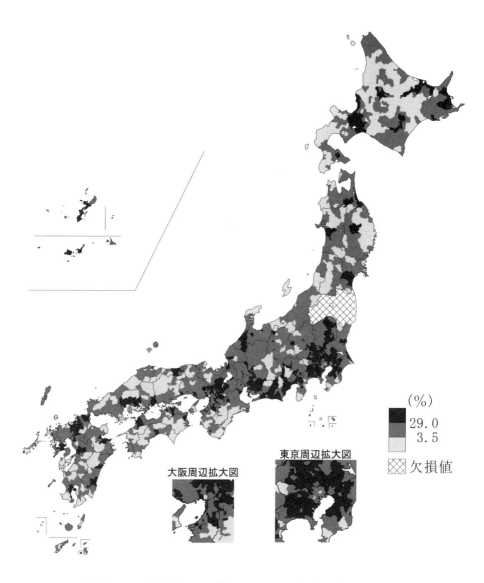

付図Ⅱ－4　食料品スーパー等まで500m以上で自動車がない
65歳以上人口の変化率（2010年→2025年）

註：1)　3.5％は第1四分位値，29.0％は第3四分位値。
　　2)　市区町村単位の集計値の変化率。
　　3)　食料品スーパー等は，百貨店，総合スーパー，食料品スーパー。
資料：筆者推計による。

付表Ⅱ－2　店舗まで 500m 以上で自動車なしの人口将来推計

(1) 全年齢　　　　　　　　　　　　　　　　　　　　　　　　　　　　　　　　（千人, %）

都道府県	生鮮食料品販売店舗まで					食料品スーパー等まで				
	人口			変化率			人口			変化率	
	2005年	2010年	2025年	2005→2010	2010→2025	(左の5年当たり)	2005年	2010年	2025年	2005→2010	2010→2025 (左の5年当たり)
全国計	7,816	8,544	10,352	9.3	21.2	(6.6)	15,236	15,066	14,332	-1.1	-4.9 (-1.7)
北海道	505	522	561	3.4	7.4	(2.4)	721	727	684	0.8	-5.9 (-2.0)
青森県	113	113	111	0.0	-2.3	(-0.8)	168	164	142	-2.6	-13.4 (-4.7)
岩手県	119	116	106	-2.1	-8.9	(-3.1)	152	149	128	-2.4	-14.0 (-4.9)
宮城県	146	155	184	6.3	18.2	(5.7)	251	255	242	1.5	-5.0 (-1.7)
秋田県	88	88	83	0.0	-5.0	(-1.7)	127	123	103	-3.5	-16.3 (-5.8)
山形県	53	54	54	2.3	-1.0	(-0.3)	86	84	73	-2.7	-12.8 (-4.4)
福島県	137	139	138	0.8	-0.6	(-0.2)	200	192	168	-4.1	-12.3 (-4.3)
茨城県	168	180	191	7.4	5.8	(1.9)	240	245	233	2.2	-4.8 (-1.6)
栃木県	112	115	123	2.8	6.7	(2.2)	160	159	148	-0.7	-6.7 (-2.3)
群馬県	102	106	112	3.2	6.3	(2.0)	152	148	138	-2.6	-7.1 (-2.4)
埼玉県	379	440	599	16.1	36.1	(10.8)	753	772	764	2.5	-1.1 (-0.4)
千葉県	373	439	556	17.5	26.8	(8.2)	725	741	706	2.3	-4.7 (-1.6)
東京都	355	506	1,005	42.5	98.5	(25.7)	2,009	2,004	1,978	-0.3	-1.3 (-0.4)
神奈川県	469	582	936	23.9	60.9	(17.2)	1,338	1,355	1,351	1.3	-0.3 (-0.1)
新潟県	163	168	165	2.9	-1.9	(-0.7)	230	229	204	-0.5	-10.6 (-3.7)
富山県	53	58	62	8.9	7.0	(2.3)	84	86	79	2.4	-7.6 (-2.6)
石川県	79	78	79	-0.5	1.3	(0.4)	114	110	103	-3.6	-6.7 (-2.3)
福井県	46	48	47	4.9	-1.3	(-0.4)	68	68	63	-0.3	-6.4 (-2.2)
山梨県	53	54	52	3.6	-4.1	(-1.4)	86	82	74	-3.8	-10.6 (-3.7)
長野県	131	132	132	0.3	0.0	(-0.0)	173	171	155	-1.6	-9.3 (-3.2)
岐阜県	136	145	144	6.5	-1.0	(-0.3)	172	174	162	1.1	-7.0 (-2.4)
静岡県	179	189	227	6.0	19.8	(6.2)	311	313	302	0.6	-3.6 (-1.2)
愛知県	389	446	566	14.7	26.7	(8.2)	687	701	705	2.1	0.5 (0.2)
三重県	130	140	145	7.4	3.4	(1.1)	190	190	176	-0.1	-7.2 (-2.4)
滋賀県	99	106	114	7.6	7.6	(2.5)	132	132	130	-0.4	-1.5 (-0.5)
京都府	178	195	230	9.4	18.3	(5.8)	381	392	374	2.8	-4.5 (-1.5)
大阪府	465	533	746	14.6	39.9	(11.8)	1,253	1,141	1,093	-9.0	-4.2 (-1.4)
兵庫県	436	462	509	6.1	10.2	(3.3)	750	725	669	-3.4	-7.6 (-2.6)
奈良県	95	108	118	13.1	9.9	(3.2)	152	153	147	1.1	-4.2 (-1.4)
和歌山県	84	88	88	4.8	0.3	(0.1)	138	140	121	1.5	-13.2 (-4.6)
鳥取県	49	48	47	-2.7	-2.3	(-0.8)	62	60	54	-3.6	-9.4 (-3.2)
島根県	62	63	56	1.7	-11.1	(-3.8)	81	79	68	-2.6	-13.7 (-4.8)
岡山県	169	168	183	-0.5	8.6	(2.8)	243	228	212	-5.8	-7.0 (-2.4)
広島県	247	253	271	2.1	7.3	(2.4)	365	346	323	-5.3	-6.7 (-2.3)
山口県	121	123	128	1.7	4.1	(1.3)	195	184	163	-5.3	-11.6 (-4.0)
徳島県	65	69	69	5.5	-0.3	(-0.1)	93	93	81	0.0	-13.1 (-4.6)
香川県	79	79	80	0.7	1.5	(0.5)	115	110	100	-4.8	-9.4 (-3.2)
愛媛県	112	119	124	6.1	4.3	(1.4)	182	168	148	-7.8	-12.1 (-4.2)
高知県	75	72	67	-4.0	-7.7	(-2.6)	112	108	93	-4.0	-13.7 (-4.8)
福岡県	270	301	373	11.4	24.1	(7.5)	611	624	624	2.3	-0.1 (-0.0)
佐賀県	53	57	62	7.5	7.9	(2.6)	84	81	75	-4.0	-7.4 (-2.5)
長崎県	141	146	144	3.9	-1.4	(-0.5)	246	233	200	-5.5	-14.0 (-4.9)
熊本県	140	144	157	2.6	9.2	(3.0)	228	224	207	-1.7	-7.5 (-2.6)
大分県	90	92	104	2.0	13.1	(4.2)	141	151	154	7.1	1.9 (0.6)
宮崎県	79	74	71	-6.6	-3.3	(-1.1)	116	111	101	-4.4	-9.1 (-3.1)
鹿児島県	165	167	164	1.0	-1.7	(-0.6)	246	231	204	-6.2	-11.7 (-4.1)
沖縄県	61	64	70	4.4	11.0	(3.5)	113	112	111	-1.1	-1.2 (-0.4)

註：1) 2005年については，2005年人口と2002年店舗数，2010年については，2010年人口と2007年店舗数，2025年については，2025年の人口推計と2022年の店舗数推計に基づくもの。
2) 生鮮食料品販売店舗は，食肉小売業，鮮魚小売業，野菜・果実小売業，百貨店，総合スーパー，食料品スーパー。食料品スーパー等は，百貨店，総合スーパー，食料品スーパー。
3) ( ) 内は，過去との比較のため，2010年から2025年にかけての15年間の変化率を5年間の変化率に換算したもの。
資料：筆者推計による。

第Ⅱ章　食料品アクセス問題の現状と将来

付表Ⅱ－2　店舗まで500m以上で自動車なしの人口将来推計（続き）
(2) 65歳以上　　　　　　　　　　　　　　　　　　　　　　　　　　　　　　　（千人, %）

都道府県	生鮮食料品販売店舗まで						食料品スーパー等まで					
	人口			変化率			人口			変化率		
	2005年	2010年	2025年	2005→2010	2010→2025	（左の5年当たり）	2005年	2010年	2025年	2005→2010	2010→2025	（左の5年当たり）
全国計	3,080	3,825	5,983	24.2	56.4	(16.1)	5,660	6,441	8,143	13.8	26.4	(8.1)
北海道	207	248	367	19.9	48.2	(14.0)	292	341	446	16.5	31.0	(9.4)
青森県	48	55	74	13.3	34.3	(10.3)	71	79	95	11.1	20.3	(6.3)
岩手県	56	61	72	7.8	18.9	(5.9)	72	77	87	7.8	12.9	(4.1)
宮城県	61	73	119	20.7	62.9	(17.7)	102	118	157	15.3	33.3	(10.1)
秋田県	45	49	62	9.7	25.1	(7.8)	65	69	77	6.2	12.1	(3.9)
山形県	26	29	36	8.6	27.2	(8.4)	42	44	50	4.7	13.2	(4.2)
福島県	61	66	90	9.4	35.7	(10.7)	87	91	111	5.2	21.8	(6.8)
茨城県	61	76	113	24.7	48.4	(14.1)	88	104	139	18.7	33.2	(10.0)
栃木県	40	47	70	15.8	50.2	(14.5)	58	65	85	11.9	32.2	(9.7)
群馬県	38	45	64	17.9	41.9	(12.4)	57	64	79	11.9	24.4	(7.5)
埼玉県	122	178	330	45.2	85.9	(23.0)	234	304	419	29.8	37.7	(11.3)
千葉県	134	190	337	41.0	77.5	(21.1)	252	317	430	25.5	35.6	(10.7)
東京都	106	172	422	62.4	145.7	(34.9)	567	633	794	11.7	25.5	(7.9)
神奈川県	144	220	471	52.9	113.7	(28.8)	417	514	689	23.1	34.0	(10.3)
新潟県	75	83	105	10.3	26.5	(8.2)	104	112	131	8.0	16.5	(5.2)
富山県	22	26	37	20.0	38.4	(11.5)	35	40	48	13.9	19.2	(6.0)
石川県	31	35	46	11.9	32.1	(9.7)	45	50	61	9.6	23.1	(7.2)
福井県	19	22	28	13.8	28.6	(8.7)	28	31	38	10.3	23.0	(7.2)
山梨県	21	24	31	15.2	27.9	(8.5)	34	37	44	8.2	18.6	(5.8)
長野県	58	65	81	12.1	24.5	(7.6)	76	84	95	10.0	13.9	(4.4)
岐阜県	50	62	80	23.7	29.7	(9.1)	64	75	92	17.2	21.7	(6.8)
静岡県	68	85	132	23.7	55.8	(15.9)	119	139	178	17.1	27.6	(8.5)
愛知県	120	164	274	37.4	66.6	(18.6)	219	262	345	19.5	31.7	(9.6)
三重県	50	61	80	21.9	31.9	(9.7)	75	84	100	11.7	18.3	(5.8)
滋賀県	34	42	61	22.8	45.0	(13.2)	46	52	70	14.6	33.9	(10.2)
京都府	74	93	141	25.9	51.7	(14.9)	148	175	223	17.7	27.6	(8.5)
大阪府	161	228	418	41.9	83.2	(22.4)	430	481	614	11.8	27.7	(8.5)
兵庫県	170	213	308	25.3	45.0	(13.2)	293	330	405	12.8	22.8	(7.1)
奈良県	37	50	75	35.9	49.5	(14.3)	58	70	92	21.0	31.3	(9.5)
和歌山県	37	43	55	16.0	29.0	(8.9)	61	69	78	14.4	11.7	(3.8)
鳥取県	22	23	30	5.9	28.2	(8.6)	28	29	35	5.3	19.5	(6.1)
島根県	33	35	40	7.7	12.0	(3.8)	42	44	48	3.7	8.9	(2.9)
岡山県	74	83	110	11.6	33.6	(10.1)	103	110	129	6.9	17.1	(5.4)
広島県	101	120	168	18.2	40.6	(12.0)	149	164	202	9.9	23.3	(7.2)
山口県	59	66	86	13.2	29.0	(8.9)	92	97	109	5.6	12.0	(3.9)
徳島県	31	35	47	13.7	31.8	(9.6)	43	47	55	9.6	16.2	(5.1)
香川県	34	38	51	11.6	35.0	(10.5)	50	52	63	5.4	21.0	(6.6)
愛媛県	55	63	84	15.3	34.1	(10.3)	84	87	100	2.9	15.3	(4.9)
高知県	39	41	47	5.1	16.5	(5.2)	56	59	65	6.1	10.4	(3.4)
福岡県	116	146	242	25.5	65.9	(18.4)	250	290	397	15.9	36.7	(11.0)
佐賀県	23	26	37	11.7	41.7	(12.3)	36	37	46	2.2	22.1	(6.9)
長崎県	65	74	98	14.2	31.8	(9.6)	111	116	135	4.0	16.9	(5.3)
熊本県	68	74	103	9.6	38.8	(11.6)	105	111	135	5.9	21.5	(6.7)
大分県	44	49	69	10.1	40.5	(12.0)	66	77	99	16.6	28.8	(8.8)
宮崎県	37	38	48	2.7	27.1	(8.2)	52	54	66	5.0	21.4	(6.7)
鹿児島県	84	88	109	4.8	24.2	(7.5)	118	118	135	-0.3	14.4	(4.6)
沖縄県	20	22	35	11.0	58.8	(16.7)	36	38	54	5.9	42.5	(12.5)

註：1)　2005年については，2005年人口と2002年店舗数，2010年については，2010年人口と2007年店舗数，2025年については，2025年の人口推計と2022年店舗数推計に基づくもの。
　　2)　生鮮食料品販売店舗は，食肉小売業，鮮魚小売業，野菜・果実小売業，百貨店，総合スーパー，食料品スーパー。食料品スーパー等は，百貨店，総合スーパー，食料品スーパー。
　　3)　( )内は，過去との比較のため，2010年から2025年にかけての15年間の変化率を5年間の変化率に換算したもの。
資料：筆者推計による。

付表Ⅱ-2　店舗まで500m以上で自動車なしの人口将来推計（続き）
(3) 75歳以上

(千人, %)

都道府県	生鮮食料品販売店舗まで					食料品スーパー等まで				
	人口			変化率		人口			変化率	
	2005年	2010年	2025年	2005→2010	2010→2025（左の5年当たり）	2005年	2010年	2025年	2005→2010	2010→2025（左の5年当たり）
全国計	1,847	2,398	4,541	29.8	89.4 (23.7)	3,229	3,912	6,163	21.2	57.5 (16.4)
北海道	122	158	278	30.3	75.7 (20.7)	170	215	338	26.8	56.7 (16.2)
青森県	28	36	54	29.0	48.1 (14.0)	41	52	69	26.9	34.3 (10.3)
岩手県	34	42	53	21.7	28.3 (8.7)	43	53	65	21.2	22.9 (7.1)
宮城県	38	49	88	29.7	79.8 (21.6)	62	77	117	25.3	50.9 (14.7)
秋田県	28	35	46	25.0	32.1 (9.7)	40	48	57	21.2	19.8 (6.2)
山形県	17	21	27	20.2	30.1 (9.2)	27	31	37	15.7	17.2 (5.4)
福島県	39	47	65	20.5	39.3 (11.7)	54	63	80	15.9	27.1 (8.3)
茨城県	37	46	83	25.7	80.4 (21.7)	52	63	103	20.7	63.6 (17.8)
栃木県	25	30	50	19.6	69.9 (19.3)	35	41	61	16.4	51.6 (14.9)
群馬県	24	29	48	20.2	67.3 (18.7)	35	40	59	15.8	48.5 (14.1)
埼玉県	66	95	257	44.5	171.1 (39.4)	118	159	327	34.0	105.9 (27.2)
千葉県	76	107	270	41.3	152.3 (36.1)	135	175	345	30.0	97.1 (25.4)
東京都	55	93	300	70.4	220.7 (47.5)	273	334	550	22.2	64.5 (18.1)
神奈川県	74	119	355	60.5	197.8 (43.9)	214	282	527	31.7	87.1 (23.2)
新潟県	49	58	80	19.1	36.8 (11.0)	66	78	99	16.8	27.3 (8.4)
富山県	14	18	29	24.6	64.5 (18.0)	22	26	38	19.0	43.2 (12.7)
石川県	20	24	36	16.8	53.3 (15.3)	28	33	47	15.1	44.7 (13.1)
福井県	12	15	21	20.0	40.6 (12.0)	18	21	29	17.7	35.8 (10.7)
山梨県	14	16	23	18.3	42.0 (12.4)	22	25	33	13.0	33.1 (10.0)
長野県	38	44	62	16.4	40.8 (12.1)	49	57	73	15.0	29.4 (9.0)
岐阜県	29	38	60	29.4	59.1 (16.7)	38	46	70	22.3	49.7 (14.4)
静岡県	41	53	100	27.0	89.7 (23.8)	70	86	135	22.3	58.2 (16.5)
愛知県	63	90	207	41.9	130.7 (32.1)	116	145	262	25.0	81.4 (22.0)
三重県	30	38	60	28.9	56.6 (16.1)	45	53	75	19.0	41.5 (12.3)
滋賀県	21	26	46	25.5	74.6 (20.4)	27	32	53	18.3	62.2 (17.5)
京都府	47	60	115	27.6	92.8 (24.5)	89	107	181	20.9	68.4 (19.0)
大阪府	83	120	321	44.8	168.1 (38.9)	209	249	469	18.8	88.8 (23.6)
兵庫県	101	131	242	30.3	84.6 (22.7)	169	202	320	19.4	58.4 (16.6)
奈良県	22	30	59	39.2	95.5 (25.0)	33	42	72	24.4	73.2 (20.1)
和歌山県	23	28	42	22.2	49.2 (14.3)	38	46	60	21.6	31.3 (9.5)
鳥取県	14	16	22	14.7	33.7 (10.2)	18	21	26	13.7	25.7 (7.9)
島根県	22	26	31	17.5	17.7 (5.6)	28	32	36	13.5	14.7 (4.7)
岡山県	47	55	85	17.5	54.2 (15.5)	64	73	100	13.4	37.4 (11.2)
広島県	64	77	130	20.5	69.3 (19.2)	93	105	157	13.2	50.3 (14.5)
山口県	37	45	67	19.8	50.5 (14.6)	57	65	85	12.5	31.7 (9.6)
徳島県	20	25	35	24.5	41.6 (12.3)	27	33	42	20.5	26.4 (8.1)
香川県	22	25	39	18.3	52.2 (15.0)	31	35	48	11.9	37.5 (11.2)
愛媛県	35	43	65	23.6	49.1 (14.2)	53	59	76	10.8	29.5 (9.0)
高知県	26	29	38	14.1	28.1 (8.6)	37	42	51	14.8	22.2 (6.9)
福岡県	72	95	185	31.9	94.0 (24.7)	151	185	301	22.4	62.7 (17.6)
佐賀県	15	18	27	24.1	48.5 (14.1)	23	26	34	14.4	28.0 (8.6)
長崎県	41	52	72	26.3	38.4 (11.5)	69	80	99	15.0	24.2 (7.5)
熊本県	44	53	76	20.8	43.9 (12.9)	67	78	100	16.1	28.2 (8.6)
大分県	29	34	52	19.9	52.0 (15.0)	41	52	75	26.6	42.2 (12.5)
宮崎県	23	27	36	15.9	34.4 (10.4)	32	37	49	17.5	29.8 (9.1)
鹿児島県	55	65	78	16.9	21.4 (6.7)	77	85	96	11.1	13.1 (4.2)
沖縄県	12	15	23	20.3	54.0 (15.5)	21	25	35	17.3	40.9 (12.1)

註：1) 2005年については, 2005年人口と2002年店舗数, 2010年については, 2010年人口と2007年店舗数, 2025年については, 2025年の人口推計と2022年の店舗数推計に基づくもの。
　　2) 生鮮食料品販売店舗は, 食肉小売業, 鮮魚小売業, 野菜・果実小売業, 百貨店, 総合スーパー, 食料品スーパー。食料品スーパー等は, 百貨店, 総合スーパー, 食料品スーパー。
　　3) ( )内は, 過去との比較のため, 2010年から2025年にかけての15年間の変化率を5年間の変化率に換算したもの。
資料：筆者推計による。

第Ⅲ章　住民からみた食料品アクセス問題

　本章では，住民の視点から食料品アクセス問題をみるため，いくつかの地域において行った意識調査の結果をもとに，それぞれの地域の住民が抱えている食料品の買い物における不便や苦労の現状分析を行う。まず，1．では，行った意識調査の概要と地域でどれくらいの割合の住民が不便や苦労を感じているかをみる。これが，いわばそれぞれの地域での問題の深刻度を示すことになる。次に，2．では，その要因を分析し，どのような住民が不便や苦労を感じているのかを明らかにする。補論として，逆にこの問題を食料品の買い物で不便や苦労がない住民の側からみて，そのような住民はなぜ不便や苦労がないのかを検討する。最後に，3．では，不便や苦労の過去からの変化についての認識を分析する。

1．食料品の買い物での不便や苦労の深刻度とその地域性

(1) 手法

　第Ⅰ章の3．でみたように，食料品アクセス問題についてはわが国では地理学等の先行研究がみられるものの，これまで経済学的視点からの研究事例はない。欧米での経済学視点からの分析としては，ERS/USDA (2009) が行っているが，消費者費用あるいは買い物の苦労に焦点をあてたものではない[註1]。

　一方，岩間編 (2013) の研究は，大都市郊外団地，地方都市，農山村によって食料品へのアクセスの状況が異なることを明らかにしており，この

ように異なるタイプの地域別に分析することは，それぞれの問題の特徴を明らかにする上で重要である。しかし，店舗への近接性と食品摂取の間に存在するはずの買い物という行為における困難さ（あるいは容易さ）が明示的に取り扱われていない。近接性が買い物における困難さに及ぼす影響と，買い物における困難さが食品摂取に及ぼす影響を分けて考える方が，供給要因，需要要因の影響をより詳細に把握できると考えられる。

また，杉田（2006）の分析は，買い物に焦点を絞り，これをめぐる高齢者の実態を描き，重要な論点を提示している。杉田が行った調査は，買い物における消費者費用を「苦労の有無」という形で問うていることに他ならない。しかし，定性的な分析にとどまっており，例えば「どの程度の距離になると苦労が増すのか」などは不明であるほか，地域別の特徴も明らかではない。

さらに，岩間らや杉田の分析は対象を高齢者に限定しており，食料品アクセス問題を高齢者の問題として限定的にとらえている。しかし，諸外国のフードデザートでは社会的弱者が年齢にかかわらず専ら低所得者層であるように，わが国でも非高齢者が問題を抱えている可能性は否定できない。非高齢者を分析に加え，高齢者の現状をこれと対比させることによって，高齢者の現状がより明確に把握できると考えられる。また，岩間らが明らかにしたように，地域によってアクセスの状況が異なるということは，買い物の不便や苦労の要因も地域により様々である可能性を示唆している。

以上を踏まえて，本書の分析でも住民意識調査を実施することとしたが，その際，次の3点に留意した。①食料品アクセス問題における高齢者の位置づけを相対的に明らかにするため，非高齢者を含め全年齢を対象とすること，②食料品アクセス問題の複雑さを考慮し，大都市郊外団地，地方都市中心市街地，農山村の各地域で調査を行い，様々な要因の影響度合いの比較を可能とすること，および③地理情報システム（GIS）を用いた自宅と店舗との距離の計測により，距離が買い物の不便や苦労に与える影響を数量的に明らかにすることである[註2]。

第Ⅲ章　住民からみた食料品アクセス問題

第Ⅲ-1表　調査地域の概要

地域		地域の概要	時期等
A団地	位置：	東京都西部，JR中央線の駅から南約2km。	調査時期 2010年7～8月
	概況：	UR都市機構の賃貸の団地。駅からは，バスが日中10分間隔で運行。丘陵地のため団地内に坂が多い。駐車場は団地の縁辺部に配置。	配布数 2,354 返送数 906
	人口等：	約2,800戸のうち約2,300世帯が入居。高齢化率は約26％と推定。	回収率 38.5％
	食料品店：	団地の中央に中規模の食料品スーパー，魚屋，パン屋，そば屋，居酒屋がそれぞれ1店舗。団地周辺や駅周辺にいくつかの総合スーパー。	
B市	位置：	福島県南部の城下町。調査対象は中心市街地活性化事業地域。	調査時期 2010年9～10月
	概況：	郊外の国道沿いに量販店が多く出店。旧市街は空洞化が進行。中心市街地活性化事業実施中。	配布数 2,002 返送数 886
	人口等：	地区の人口は約3,000人，高齢化率33.8％。市全域より高齢化が進行。	回収率 44.3％
	食料品店：	調査対象地区内には，生協が1店舗。個人商店は散見される程度。	
C町	位置：	鳥取県南部，中国山地内。調査対象は町全域。	調査時期 2010年10～11月
	概況：	9割が森林の山村。米子まで道路距離で約40km。	配布数 2,313 返送数 1,200
	人口等：	人口約5,500人，高齢化率48.0％。全国で高齢化率が最も高い町村の一つ。	回収率 51.9％
	食料品店：	役場の近くに食料品スーパーが1店舗。そのほかに小規模な個人商店がいくつか。	

註：1)　調査は郵送質問紙調査によった。
　　2)　A団地の高齢化率は，この団地にかかる2005年国勢調査の地域メッシュ統計（2分の1メッシュ）から推定したものである。
　　3)　B市では，調査時点で食料品スーパーが出店予定であり，その後2011年6月下旬に出店。
資料：筆者作成。

(2)　住民意識調査の実施

　住民意識調査においては，大都市郊外団地としては東京都西部の大都市郊外A団地（以下「A団地」）を対象とした（第Ⅲ-1表）。東京都内には，他にも高齢化の進んだ団地があるが，非高齢者との比較も目的の一つであるため，比較的非高齢者の居住者の多いA団地とした。地方都市は福島県南部のB市中心市街地（以下「B市」）とした。量販店の郊外進出により旧市街地の食料品供給体制が崩壊しつつある地域であり，全国の市のなかでは中位の人口規模である。最後に，農山村は鳥取県南部のC町全域とした。C町は典型的な農山村であり，全国の町のなかでは人口規模は下位で高齢化率は上位にある。

(3) 調査結果の概観

1) 回答者の属性等

調査では，世帯のなかで，普段食料品の買い物をする人に回答を依頼した。回答者の年齢をみると，何れの地域でも65歳以上の高齢者が多くを占め，B市で約5割，他の地域では約6割となっている（第Ⅲ-2表）。性別では，B市では女性が75％，他の地域では64〜66％となっている。世帯類型では，A団地では単身世帯が半数近くを占めているが，他の地域では単身世帯は4分の1程度に過ぎない。生計維持者については，何れの地域も年金生活者が最も多いが，A団地では非正規の給与所得者が，B市では自営業者が他の地域より多くなっている。なお，C町の自営業者の多くは農業で占められている。

3地域の特徴を端的に示すものは店舗までの距離と交通手段である（第Ⅲ-3表）[註3]。店舗までの距離を見ると，A団地では回答に500m未満と2〜5kmの2つの山があり，それぞれ約4割である。前者は団地内店舗での買い物であり，後者は団地外の総合スーパーなどでの買い物である。一方，B市では1〜2kmが最も多く，C町では10km以上が5割以上を占める。これらの傾向は高齢者か否かで大差はないが，B市では高齢者の方がより近くの店舗を利用する傾向にある。

交通手段は，A団地では徒歩，次いでバスが大きな割合を占める。B市やC町では自分で運転する自動車かバイクが最も多い。いずれの地域でも高齢者は自動車利用の割合が低く，その代わりにA団地とC町ではバスが利用され，B市では徒歩や自転車でより近くの店舗での買い物を行っている。

2) 年齢階層，家族類型と買い物での不便や苦労

まず，いくつかの切り口から食料品の買い物の深刻度について概観しておく。調査において，「食料品の買い物で不便や苦労がある」と回答した割合は，A団地では45.3％，B市では40.2％，C町では46.1％であった[註

第Ⅲ章　住民からみた食料品アクセス問題

第Ⅲ－2表　回答者の属性

(人, %)

	A団地		B市		C町	
全体	906		886		1,200	
年齢別						
40歳未満	49	(5.6)	65	(7.6)	43	(3.7)
40～49歳	58	(6.7)	81	(9.5)	70	(6.0)
50～59歳	119	(13.6)	152	(17.8)	202	(17.3)
60～64歳	117	(13.4)	135	(15.8)	145	(12.4)
65～69歳	154	(17.7)	109	(12.8)	120	(10.3)
70～74歳	136	(15.6)	101	(11.8)	174	(14.9)
75歳以上	239	(27.4)	211	(24.7)	414	(35.4)
65歳以上 (再掲)	529	(60.7)	421	(49.3)	708	(60.6)
不明	34	－	32	－	32	－
不明を除く	872	(100.0)	854	(100.0)	1,168	(100.0)
男女別						
男	299	(34.1)	211	(24.6)	424	(36.1)
女	577	(65.9)	645	(75.4)	750	(63.9)
不明	30	－	30	－	26	－
不明を除く	876	(100.0)	856	(100.0)	1,174	(100.0)
世帯類型						
高齢単身世帯	292	(33.7)	110	(12.9)	225	(19.3)
その他単身世帯	130	(15.0)	89	(10.4)	64	(5.5)
高齢夫婦世帯	185	(21.4)	185	(21.6)	305	(26.1)
その他2人世帯	112	(12.9)	149	(17.4)	125	(10.7)
3人以上世帯	147	(17.0)	322	(37.7)	448	(38.4)
不明	40	－	31	－	33	－
不明を除く	866	(100.0)	855	(100.0)	1,167	(100.0)
近くに別居する家族 (子, 兄弟姉妹) の有無						
いる	304	(34.8)	417	(49.2)	443	(38.7)
いない	569	(65.2)	430	(50.8)	701	(61.3)
不明	33	－	39	－	56	－
不明を除く	873	(100.0)	847	(100.0)	1,144	(100.0)
世帯に要介護認定者の有無						
いる	101	(11.6)	152	(17.4)	259	(22.3)
いない	773	(88.4)	722	(82.6)	903	(77.7)
不明	32	－	12	－	38	－
不明を除く	874	(100.0)	874	(100.0)	1162	(100.0)
生計維持者						
給与所得者 (正規)	196	(22.0)	215	(24.7)	254	(21.6)
給与所得者 (非正規)	103	(11.6)	58	(6.7)	56	(4.8)
自営業者	30	(3.4)	168	(19.3)	142	(12.1)
年金生活者	510	(57.4)	397	(45.6)	690	(58.6)
その他	50	(5.6)	32	(3.7)	35	(3.0)
不明	17	－	16	－	23	－
不明を除く	889	(100.0)	870	(100.0)	1,177	(100.0)

註：(　)内は, 不明を除く合計に対する割合。
資料：筆者ら調査による。

第Ⅲ－3表　道路距離および交通手段別構成比

(人、%)

	A団地		B市		C町	
	65歳未満	65歳以上	65歳未満	65歳以上	65歳未満	65歳以上
全体	343	529	433	421	460	708
店舗までの道路距離						
～250m	26 (9.4)	42 (10.3)	12 (2.9)	25 (6.3)	－	－
250～500m	90 (32.5)	116 (28.4)	54 (13.1)	74 (18.6)	4 (0.9)	5 (0.8)
500m～1km	25 (9.0)	28 (6.8)	56 (13.6)	65 (16.4)	42 (9.8)	39 (6.2)
1～2km	30 (10.8)	54 (13.2)	183 (44.3)	149 (37.5)	8 (1.9)	27 (4.3)
2～5km	104 (37.5)	163 (39.9)	108 (26.2)	84 (21.2)	82 (19.1)	96 (15.4)
5～10km	2 (0.7)	6 (1.5)	－	－	80 (18.6)	106 (17.0)
10km以上	－	－	－	－	213 (49.7)	352 (56.3)
不明	66	120	20	24	31	83
不明を除く合計	277 (100.0)	409 (100.0)	413 (100.0)	397 (100.0)	429 (100.0)	625 (100.0)
店舗までの交通手段						
徒歩	143 (44.0)	207 (40.9)	48 (11.2)	128 (30.9)	25 (5.6)	51 (8.1)
自転車	19 (5.8)	22 (4.3)	58 (13.6)	92 (22.2)	11 (2.4)	24 (3.8)
自身が運転する自動車かバイク	68 (20.9)	32 (6.3)	277 (64.7)	112 (27.1)	365 (81.1)	309 (48.8)
同居する家族が運転する自動車	17 (5.2)	22 (4.3)	38 (8.9)	53 (12.8)	27 (6.0)	100 (15.8)
他の世帯の人が運転する自動車	0 (0.0)	2 (0.4)	2 (0.5)	17 (4.1)	6 (1.3)	45 (7.1)
バス	72 (22.2)	201 (39.7)	3 (0.7)	3 (0.7)	11 (2.4)	94 (14.8)
その他	6 (1.8)	20 (4.0)	2 (0.5)	9 (2.2)	5 (1.1)	10 (1.6)
不明	18	23	5	7	10	75
不明を除く合計	325 (100.0)	506 (100.0)	428 (100.0)	414 (100.0)	450 (100.0)	633 (100.0)

註：1) 最もよく利用する店舗までのものである。
　　2) （ ）内は、不明を除く合計に対する割合である。
資料：筆者ら調査による。

第Ⅲ-4表 「食料品の買い物で不便や苦労がある」と回答した割合
（年齢階層別，世帯類型別）

(%)

		A団地	B市	C町
全体		45.3	40.2	46.1
年齢階層別	50歳未満	48.1	24.8	35.4
	50－64歳	40.9	35.7	36.8
	65－74歳	46.3	47.1	46.1
	75歳以上	47.1	50.5	56.8
	65歳以上	46.7	48.8	52.3
世帯類型別	高齢単身世帯	46.3	49.5	56.0
	その他単身世帯	37.5	31.4	42.2
	高齢夫婦世帯	47.2	42.1	51.2
	その他2人世帯	45.9	43.9	45.5
	3人以上世帯	46.5	36.6	38.4

資料：筆者ら調査による。

[4]（第Ⅲ-4表）。これを65歳以上で比較すると，A団地が46.7％，B市が48.8％，C町が52.3％となっている[注5]。

また，この割合を年齢階層別，世帯類型別にみると，B市，C町では年齢が高くなるほど高くなっており，特に「50歳未満」と「65歳以上」とには大きな差がある[注6]。また，「高齢単身世帯」における割合が高く，「3人以上世帯」との間に大きな差がある。しかし，A団地では，「50歳未満」と「65歳以上」の間に大きな差はない。また，65歳以上の高齢者や「高齢単身世帯」，「高齢夫婦世帯」とともに「その他2人世帯」や「3人以上世帯」も高い割合となっている。

A団地の3人以上世帯のほとんどは親と子の世帯であり，いわば子育て世代と考えられる。そこで，年齢50歳未満のうち，まだ子供が小さい40歳未満について，子の有無でこの割合がどう異なるかをみると，A団地では，子がいる世帯の場合76.5％が買い物に不便や苦労があると回答しており，子がいない世帯の46.9％に比べて有意に高くなっている（第Ⅲ-5表）。また，40歳未満で子がいる世帯におけるこの割合は，B市の場合21.4％，C町の場合25.9％であり，地域間の多重比較[注7]をすると，A団地はB市およびC町に比べても有意に高くなっており，A団地においては，高齢者だけでなく，子育て世代も食料品へのアクセスにおいて不便や

第Ⅲ-5表　「食料品の買い物で不便や苦労がある」と回答した割合
（子育て世代）

(%)

年齢	子の有無	A団地	B市	C町	A対B	B対C	C対A
40歳未満	子がいる	76.5	21.4	25.9	***		**
	子がいない	46.9	27.8	37.5			
	「いる」対「いない」	*					
40～50歳	子がいる	37.9	27.9	33.3			
	子がいない	41.4	21.1	48.0			
	「いる」対「いない」						

註：*：5％有意，**：1％有意，***：0.1％有意
資料：筆者ら調査による。

苦労を多く抱えていることが示唆される[註8]。

3) 時間，道路距離，交通手段と買い物での不便や苦労

第Ⅲ-6表は「食料品の買い物で不便や苦労がある」と回答した割合を，最もよく利用する店舗までの時間，道路距離，交通手段別にみたものである[註9]。

店舗までの時間は，近接性の状況を最も簡潔に表す指標であると考えられる。第Ⅰ章2．(3)で述べたように，食料品の買い物における不便や苦労は，買い物における消費者費用を反映していると考えられるが，その構成要素の多く（②買い物のために使用された時間と③心理的・肉体的費用）は時間に比例すると考えられるからである。

店舗までの時間は，いずれの地域でも，時間が長くなるほど不便や苦労があると回答した割合が高くなっている。時間は，距離と交通手段の双方の効果を総合的にとらえたものであり，DEFRA (2010) のように，これを食料品アクセスの評価指標として用いるのは合理的である[註10]。しかし，対策が求められる地域の条件を明らかにするためには，店舗までの時間よりも，距離と交通手段に分けて検討しておいた方が有効である。なぜならば，距離であれば，GIS等を用いることにより，店舗から一定距離以上の地域を容易に把握できるからである。

自動車の利用割合が高いB市とC町では，道路距離が遠くなるほど不便

第Ⅲ－6表 「食料品の買い物で不便や苦労がある」と回答した割合
（時間，道路距離，交通手段別）

(％)

	A団地		B市		C町	
	65歳以上	65歳未満	65歳以上	65歳未満	65歳以上	65歳未満
全体	46.7	43.2	48.8	32.0	52.3	36.5
店舗までの時間						
15分以内	38.1	41.4	42.2	27.6	34.2	26.2
15～30分	53.3	46.0	62.9	59.4	55.0	37.8
30分以上	58.3	55.6	100.0	100.0	68.2	54.3
店舗までの道路距離						
～250m	32.5	38.5	25.0	16.7	－	－
250～500m	45.5	45.5	37.0	18.9	20.0	50.0
500m～1km	39.3	48.0	42.6	14.8	29.7	16.7
1～2km	52.8	36.7	57.4	30.2	48.0	25.0
2～5km	49.4	41.6	54.2	45.4	40.9	28.0
5～10km	50.0	0.0	－	－	48.0	25.6
10km以上	－	－	－	－	58.3	48.3
店舗までの交通手段						
徒歩	43.3	46.8	45.9	30.4	40.4	16.0
自転車	36.4	52.6	48.9	34.5	54.2	36.4
自動車かバイク（自身の運転による）	31.3	34.3	39.1	26.9	38.2	34.6
自動車（同居家族による）	36.4	29.4	60.4	50.0	57.7	44.4
自動車（他世帯の人による）	50.0	－	76.5	50.0	68.2	66.7
バス	55.2	46.5	66.7	100.0	83.1	90.0
その他	33.3	20.0	77.8	100.0	37.5	60.0

註： 最もよく利用する店舗までのものである。
資料：筆者ら調査による。

や苦労がある割合は高くなるが，様々な交通手段が利用可能なA団地ではこの割合と距離との関係を見出しにくい。ただし，どの地域でも自分が自動車を運転して買い物に行く場合は，不便や苦労があると回答した割合が他の手段に比べて概して低いことが示されている。

4) 高齢者の健康状態と買い物での不便や苦労

最後に，65歳以上の高齢者について，健康状態別に買い物における不便や苦労の割合を確認しておく。高齢者が地域社会で独力で生活を営むためには，「高次生活機能」と呼ばれる①手段的自立，②知的能動性，③社会的役割が求められる。これらの能力は「老研式活動能力指標」により数値化が可能である[註11]。

Ⅲ-7表 年齢階層別老研式活動能力指標平均値

	A団地	B市	C町
65～69歳	11.4	12.3	12.1
70～74歳	11.4	12.2	12.1
75～79歳	11.3	11.9	11.9
80～84歳	10.5	11.4	11.0
85歳以上	8.6	11.5	9.9

資料：筆者ら調査による。

第Ⅲ-8表 「食料品の買い物で不便や苦労がある」と回答した割合
（老研式活動能力指標別）

（％）

	A団地	B市	C町
全体	46.7 (100.0)	48.8 (100.0)	52.3 (100.0)
10点以下	50.3 (31.3)	57.1 (15.4)	70.5 (20.0)
11～12点	44.3 (38.2)	53.8 (25.2)	46.0 (28.8)
13点	40.3 (30.5)	44.3 (59.3)	46.5 (51.2)

註：1） 65歳以上についてのものである。
　　2） （ ）内は，構成比である。
資料：筆者ら調査による。

　第Ⅲ-7表は，この指標値を年齢階層別にみたものである。高齢者の高次生活機能は，加齢によってすぐに低下するわけではない。3地域とも，75～79歳までの老研式活動能力指標の平均は，65～69歳の平均と有意な差はなく，80歳以上で有意に低下する[註12]。このことは，70歳代までは，社会的弱者という面とともに，社会で高齢者がその能力を発揮できる可能性を示している。

　第Ⅲ-8表は，この老研式活動能力指標値別の構成比と「買い物で不便や苦労がある」と回答した割合を示している。指標値10点以下の高齢者の割合は，A団地で31.3％，次いでC町で20.0％，B市で15.4％となっているが，A団地の割合と他の2地域の割合との差は有意であり，この3地域の中ではA団地が最も高齢者の自立度が低いことを示している[註13]。そして，各地域とも10点以下の自立度の場合は，13点の場合に比べて「買い物で不便や苦労がある」と回答した割合が有意に高く，高次生活機能の自立度が買い物における不便や苦労に影響していることが予想できる。なお，A団地におけるこの割合は10点以下の場合50.3％で，C町の70.5％

第Ⅲ章　住民からみた食料品アクセス問題

を大きく下回る。したがって，A団地では，C町に比べて自立度は低いものの買い物の苦労度も低いといえる。

(註1) 同書は，SNAP (Supplemental Nutrition Assistance Program: 従来のフードスタンプ制度が，2008年10月に切り替わったもの。) の参加者について，スーパーマーケットへのアクセスに応じて，購入する食品がどう変わるかを計量分析している。これは，食料消費への影響の分析の参考となろう。しかし，アクセスとしてスーパーマーケット利用の頻度を用いており，本節の課題とは切り口が異なる (pp.61-69)。

(註2) 本章では，買い物における消費者費用を構成する買い物の困難さに限定し，食料消費，さらには食品摂取の状況は対象としない。食品摂取への影響は第Ⅳ章で取り扱う。

(註3) 道路距離の算出は，地理情報システム (GIS) を用いて行った。(註9) 参照。

(註4) 意識調査では，「あなたは普段，食料品の買い物で不便や苦労がありますか。」という問に，「1．不便や苦労がある」「2．不便や苦労を感じることがある」「3．不便や苦労はあまりない」「4．不便や苦労は全くない」「5．その他」という5つの選択肢から一つを選ぶことにより答えてもらい，このうち，1と2を「不便や苦労がある」，3と4を「不便や苦労がない」として整理した。

(註5) 65歳以上について調査した杉田 (2006) の結果では，「苦労あり層」49.1％となっているが，以上の結果はこれと大差はない。

(註6) この年齢区分は，第Ⅲ-2表の区分を，子育て世代（国民生活白書）(50歳未満)，高齢者 (65歳以上)，後期高齢者 (75歳以上) の区分を残しつつまとめたものである。

(註7) 多重比較は Ryan (1960) の方法によって行った。3群以上の多重比較では，含まれるすべての対について，2群の場合の比率の差の検定結果が例えばすべて5％有意であったとしても，全体として5％の有意水準は保証されない。このため，それぞれの対の比較では有意水準を調整しなければならない。Ryan の方法はその一つである。

(註8) 『国民生活白書』では，50歳未満を子育て世代としている。40歳未満はその中でも小さい子供を抱える世代である。

(註9) 時間については調査における回答そのままであるが，道路距離は地理情報システム (GIS) を用いて計測した。無記名式の意識調査であり自宅の詳細な住所を把握することができないため，A団地は住棟，B市とC町は居住地区をもとに計測した。

(註10) ただし，DEFRA (2010) では最も近い食料品店への時間であり，本節はより実態を反映させるため，最も利用する店舗への時間としている。

(註11) 「高次生活機能」および「老研式活動能力指標」については第Ⅳ章1．を参照。

なお，第Ⅳ章では，これらを含め高齢者の健康をめぐる問題を取り扱う。
(註12) ここにおける5群の平均値の比較は Ryan (1960) の方法によって行った。
(註13) A団地でこの指標値が低い理由は，高次生活機能のうち社会的役割の点数が他地域と比較して極端に低いことによるものであり，A団地の高齢者は他の住民との交流が少ないことを示している。

2．買い物での不便や苦労の要因とその地域性

(1) 課題と分析手法

わが国において，食料品アクセス問題への対策を検討するに当たっては，どのような地域，どのような人々を対象にした取組みが必要なのかを明らかにする必要がある。そこで，本節では，1．で述べた食料品アクセス問題に関する住民意識の調査結果をもとに食料品の買い物における不便や苦労をもたらす要因を明らかにすることとする。食料品へのアクセスに関して住民の置かれたどのような条件が，食料品の買い物における不便や苦労にどう影響するかが明らかになれば，そのうち統計的に把握可能な条件を用いて，すでに第Ⅱ章3．および4．で明らかにしたように，対策が求められる対象者の現状および地域分布を推定することができるからである。

その際，石原（2011）のように，この問題に影響を与える要因を，供給要因と需要要因に整理して考える。供給要因は個々の住民の事情に直接影響されない要因であり，店舗の閉店や公共交通機関の廃止などが含まれる。一方，需要要因は，自動車の利用可能性，年齢，性別，家族構成，収入，健康状態などからなる住民側の事情である。このうち供給側の要因である店舗の開店・閉店は，店舗までの距離および時間といった空間条件に反映される。分析には二値の変数を被説明変数とするロジットモデルを用いる。これにより得られた様々な要因に関する係数の推定値から限界効果を算出して，「不便や苦労がある」と回答する確率の変化を把握することに

より，それらの要因が買い物における不便や苦労に及ぼす影響度合いを明らかにできる[註1]。

(2) 買い物における不便や苦労の要因分析

1．における予備的な検討を踏まえて，どのような要因が買い物の不便や苦労にどの程度影響しているのかを明らかにするために「不便や苦労がある」と回答した人を1，「不便や苦労がない」と回答した人を0とする変数を被説明変数とするロジットモデルを用いて分析する。

分析は，全年齢，65歳以上，65歳未満のデータを用いた3つの場合，およびそれぞれ全地域のデータをプールした場合と地域別のデータを用いた場合について行う。

1) 説明変数の構成

説明変数としては，まず，住民と店舗の空間条件を示す変数として最も利用する店舗までの時間および距離，そして時間に影響を与える変数として交通手段を取り上げる。時間，距離および交通手段のうち，距離は供給要因，交通手段は手段によって供給要因と需要要因の両方があり，時間はこれらの複合的要因である[註2]。そして，需要要因として，さらに，年齢・性別，家族構成，生計維持者の状況，地域活動参加の状況，老研式活動能力指標を取り上げる[註3]。

(i) 時間，距離および交通手段

1．でみたように，店舗まで時間がかかるほど，不便や苦労があると回答する確率は高まると予想される。この店舗までの時間を変数に用いたものをモデルⅠとする。そして，店舗までの時間の代わりに，道路距離と交通手段を変数としたものをモデルⅡとする。したがって，モデルⅡでは，買い物における苦労が，店舗への距離や交通手段によって大きく影響を受けることを確認しつつ，どのくらいの距離で，どの程度買い物において不便

や苦労があると回答する確率が高まるのかを数量的に検討することになる。

データは，時間については，「15分以内」を基準とするダミー変数，道路距離は「250m未満」を基準とするダミー変数とした。ただし，地域別データの分析では，データが極端に少ない区分が生じるので，適宜区分を統合し，C町については，基準を「1km未満」とした。交通手段は「徒歩」を基準とし，「自転車」「自動車かバイク（自身の運転）」「自動車（同居家族，他世帯の人による）」「バス」「その他」のダミー変数とした。

(ii) 年齢・性別

年齢については，65歳未満を基準として，65歳以上のダミー変数とすることにより，高齢者と非高齢者で買い物の不便や苦労に差があるかどうかを明らかにする。性別は女性を基準として，男性のダミー変数とする。

(iii) 家族構成

家族構成としては，世帯員数，近くに別居する家族の有無，要介護認定者の有無を取り上げた。世帯員数は，数値変数（単位：人）とした。一般的には，世帯員数が多いほど買い物を分担することができて苦労が少ないと考えられるが，A団地のように子育て世代の問題もあり，一概には予想できない。近くに別居する家族の有無と要介護認定者の有無は，いずれも「いない」を基準として「いる」のダミー変数とした。近くに別居する家族がいれば買い物の手助けが可能であり，苦労は軽減されると予想される。逆に，家族に要介護認定者がいると買い物の手助けが大きく制約されるため，苦労は大きいと予想される。近くに別居する家族の有無と要介護認定者の有無の状況は第Ⅲ－2表の通りである。

(iv) 生計維持者の状況

食料品の買い物における不便や苦労には，収入などの経済的な要因も関与すると考えられる。例えば，買い物に自家用車やバスを利用している人には，自動車のローン支払いやガソリン代など自動車を所有することに

よる支出やバス代などの経済的負担が生じているはずであるし，その金銭的負担が大きいほど買い物の不便や苦労は増すであろう。しかし，本節の意識調査では，収入や家計費を直接把握していないため，世帯における生計維持者の就業状況により間接的に世帯の経済状況を把握する（第Ⅲ-2表）。変数は，「年金生活者」を基準として，「給与所得者（正規）」「給与所得者（非正規）」「自営業者」「その他」のダミー変数である。

世帯の収入は，これらの区分によって大きく変わると考えられる。家計調査等から算出した1人当たり消費支出でみると，年金生活者（無職）に対して，自営業者（個人営業）および非正規給与所得者の生活費は大きく下回っている[注4]。さらに，非正規の給与所得者においては，雇用の不安定という要因もある。以上から，年金生活者を基準とした自営業者や非正規の給与所得者の収入水準は低く，買い物における不便や苦労が年金生活者に比べて高いという結果になるのではないかと予想される。

(ⅴ) 地域活動への参加状況

石原（2011）は，食料品アクセス問題の背景に地域コミュニティの低下があることを指摘しており，住民の買い物の不便や苦労に地域活動への参加状況が影響している可能性がある。そこで，住民の地域活動への参加状況について「参加していない」を基準とし「参加している」のダミー変数を設けた。参加している割合はA団地24.6％，B市53.3％，C町67.0％と，農村になるほど有意に高くなっている。

(ⅵ) 老研式活動能力指標

65歳以上のデータを用いた場合は，これらに加えて老研式活動能力指標値も変数とした。高次生活機能の自立度の高い高齢者ほど，買い物の不便や苦労は低いと考えられる。

(ⅶ) 地域ダミー

全地域のデータを用いた場合については，B市を基準とし，A団地とC

町を示すダミー変数を設定し，この変数により，他の変数には表れない地域固有の状況を吸収することとした。

2) 全地域データによる結果

まず，全地域のデータを用いて係数および限界効果を推計した結果が第Ⅲ-9表である[註5]。ここに示した限界効果の数値が高いほど，買い物で不便や苦労があると回答する確率が高まる。店舗までの時間を変数としたモデルⅠの結果によれば，有意水準および限界効果の大きさから，食料品の買い物における不便や苦労には店舗までの時間が他の変数に比べて大きな影響を有していることがわかる。店舗までの時間は，全年齢層データの場合，15分以上で0.1％有意となり，15～30分の場合よりも30分以上の方が「不便や苦労がある」と答える確率は高まる。また，65歳以上か否かを問わず15分以上で有意となっている。時間の増加は，高齢者にとっては心理的・身体的苦痛の増加を通じて，非高齢者にとっても機会費用の増加を通じて，買い物の不便や苦労に影響を及ぼすと考えられる。

空間条件を距離でみたモデルⅡの結果によれば，店舗までの距離と自動車の利用が，「食料品の買い物で不便や苦労がある」と回答する確率に大きく影響していることがわかる。全年齢層データについてみると，距離については，1km以上になると0.1％有意となり，さらに，店舗までの距離が長くなるほど限界効果が高くなっていることから，店舗までの距離が遠いほど食料品の買い物における不便や苦労が大きくなるといえる。距離1kmは徒歩で約15分に相当することから，この結果は，店舗までの時間を変数としたモデルⅠの結果と整合的である。交通手段については，自分で自動車を運転する場合のみ0.1％有意で負であり，徒歩の場合と比べて不便や苦労があると回答する確率は大きく低下する。

これらについて，65歳以上と65歳未満の結果を比較すると，店舗までの距離は，65歳以上の場合1km以上で0.1％有意となる一方，65歳未満は10km以上でしか0.1％有意とならない。すなわち，距離は非高齢者よりも高齢者において影響が大きく，高齢者は距離に対して脆弱であるとい

第Ⅲ章　住民からみた食料品アクセス問題

第Ⅲ-9表　食料品の買い物における不便や苦労の要因（全地域データ）

説明変数	モデルⅠ						モデルⅡ					
	全年齢		65歳以上		65歳未満		全年齢		65歳以上		65歳未満	
	係数	限界効果	係数	限界効果	係数	限界効果	係数	限界効果	係数	限界効果	係数	限界効果
定数項	-0.413		2.678 ***		-0.661		-0.610		2.100 ***	0.379 ***	-0.621	-0.149
店舗までの時間												
15分～30分	0.685 ***	0.168 ***	0.812 ***	0.200 ***	0.514	0.121 **		-0.151				
30分以上	1.161 ***	0.281 ***	1.103 ***	0.264 ***	1.167 ***	0.283 ***						
店舗までの道路距離												
250m～500m未満	-	-	-	-	-	-	0.440	0.109	0.727 *	0.178 *	0.159	0.036
500m～1km	-	-	-	-	-	-	0.398	0.098	0.665	0.163	-0.083	-0.018
1～2km	-	-	-	-	-	-	1.049 ***	0.256 ***	1.425 ***	0.331 ***	0.504	0.117
2～5km	-	-	-	-	-	-	1.214 ***	0.295 ***	1.350 ***	0.320 ***	1.009 *	0.237 *
5～10km	-	-	-	-	-	-	1.414 ***	0.334 ***	1.719 ***	0.371 ***	0.748	0.179
10km以上	-	-	-	-	-	-	2.142 ***	0.482 ***	2.309 ***	0.493 ***	1.765 ***	0.413 ***
店舗までの交通手段												
自転車	-	-	-	-	-	-	-0.186	-0.045	-0.179	-0.045	-0.151	-0.033
自動車又はバイク（自身の運転）	-	-	-	-	-	-	-1.101 ***	-0.259 ***	-0.937 ***	-0.227 ***	-0.895 **	-0.204 **
自動車（同居家族、他世帯の人による）	-	-	-	-	-	-	-0.240	-0.057	-0.256	-0.063	-0.360	-0.076
バス	-	-	-	-	-	-	0.143	0.035	0.130	0.033	0.102	0.023
その他	-	-	-	-	-	-	0.768 *	0.169 *	0.937	0.215	0.135	0.031
65歳以上	0.405 ***	0.098 ***					0.326 ***	0.079 ***				
男性	-0.322 ***	-0.078 ***	-0.760 ***	-0.186 ***	0.086	0.020	-0.149	-0.036	-0.600 ***	-0.148 ***	0.166	0.038
世帯員数（数値）	-0.089 **	-0.022 **	-0.025	-0.006	-0.069	-0.016	-0.079	-0.019	-0.055	-0.014	-0.049	-0.011
近くに別居している家族有り	-0.282 **	-0.068 **	-0.230	-0.057	-0.311	-0.070 *	-0.326 ***	-0.079 ***	-0.320 *	-0.080 *	-0.289 *	-0.064 *
世帯に要介護認定者有り	0.387 ***	0.096 ***	0.241	0.060	0.535 *	0.127 *	0.485 ***	0.120 ***	0.354	0.088 *	0.571 *	0.134 *
生計維持者の状況												
給与所得者（正規）	-0.033	-0.008	0.139	0.035	-0.072	-0.016	0.046	0.011	0.187	0.047	-0.019	-0.004
給与所得者（非正規）	0.322	0.080	-0.198	-0.049	0.390	0.092	0.445 *	0.110 *	0.107	0.027	0.483 *	0.113 *
自営業者	0.222	0.055	0.267	0.067	0.254	0.059	0.220	0.054	0.128	0.032	0.260	0.060
その他	0.099	0.024	-0.363	-0.089	0.128	0.030	0.314	0.078	0.045	0.011	0.273	0.063
地域のサークルやイベントに参加	-0.123	-0.030	0.183	0.046	-0.203	-0.046	-0.157	-0.038	0.111	0.028	-0.284	-0.064
老研式活動能力指標（数値）	-0.072	-0.017	-0.228	-0.057	0.391 *	0.091 *	-0.274	-0.066	-0.214 ***	-0.053 ***	0.068	0.015
A団地	-0.508 **	-0.125 **					-0.590 **	-0.145 **				
C町	-0.175	-0.043	-0.304	-0.076	-0.128	-0.029	-0.406 *	-0.098 *	-0.565 *	-0.140 *	-0.284	-0.063
サンプル数	2,433		1,169		1,131		2,346		1,134		1,077	
従属変数＝0	1,399		614		725		1,348		589		697	
従属変数＝1（不便や苦労あり）	1,034		555		406		998		545		380	
対数尤度	-1569.9		-746.0		-702.4		-1476.7		-713.2		-651.3	
適合度（％）	63.0		64.9		66.0		64.3		64.8		66.5	

註：1) *：5%有意、**：1%有意、***：0.1%有意。
　　2) 「-」は、変数として用いていないことを示す。
　　3) 「店舗」は、最も利用する店舗である。

資料：筆者推計による。

える。一方で，自分で自動車を運転する場合は，いずれにおいても有意に負であり，しかも限界効果が大きいことから，不便や苦労が大幅に軽減されていることが示されている。

年齢（65歳以上）は，モデルⅠ，モデルⅡとも有意に正となっており，全地域でみると，高齢者の方が不便や苦労が大きいといえる。このことは，これまで食料品アクセス問題で高齢者に焦点があてられてきたことの妥当性を裏付けている。

性別については，何れのモデルでも，65歳以上の場合において，男性の場合に0.1％有意で不便や苦労が軽減されるという結果となった。

世帯員数については，65歳以上と65歳未満のデータでは有意とならなかった。世帯員数が多くてもA団地の子育て世代のように，かえって不便や苦労が多くなる場合もあるためと考えられる。

近くに別居している家族の存在は，モデルⅡでみると65歳以上・65歳未満ともに有意に負となっており，高齢者および非高齢者を通じ，買い物支援者の存在が買い物の不便や苦労を軽減することを示している。逆に，世帯に要介護認定者がいると買い物での不便や苦労は有意に増すことが何れのモデルでも示されている。特に，要介護認定者の存在は，65歳未満の場合に有意水準，限界効果ともに高いため，非高齢者の買い物において大きな負担となっていることが示されている。

生計維持者の状況は，モデルⅡの65歳未満の場合に，非正規の給与所得者の係数が有意に正となっている。非高齢者において非正規雇用の低い給与水準や不安定な雇用関係が，食料品の買い物における負担を高めているものと思われる。

最後に，65歳以上の場合，高次生活機能の自立度（老研式活動能力指標値）は0.1％の有意水準で不便や苦労の軽減の方向に影響した。

3) 地域別データによる結果

地域別のデータによる結果を第Ⅲ-10表に示した[註6]。ただし，ここではモデルⅡによる結果のみを示した。

第Ⅲ-10表 食料品の買い物における不便や苦労の要因 (地域別データ)

説明変数	全年齢 A団地 係数	限界効果	B市 係数	限界効果	C町 係数	限界効果	65歳以上 A団地 係数	限界効果	B市 係数	限界効果	C町 係数	限界効果	65歳未満 A団地 係数	限界効果	B市 係数	限界効果	C町 係数	限界効果
定数項	-0.321	-0.080	-1.791	-0.408 ***	-0.913	-0.222 *	1.314	0.266	0.690	0.164	2.175	0.405	-0.181	-0.045	-0.755	-0.171	-1.579	-0.374 *
店舗までの時間																		
250m~500m未満	0.416	0.103	0.553	0.134	—	—	0.621	0.154	1.020	0.246	—	—	0.174	0.043	-0.115	-0.022	—	—
500m~1km	0.518	0.128	0.781	0.190	—	—	0.595	0.148	1.058	0.253	—	—	0.090	0.022	0.003	0.001	0.390	0.092
1~2km	—	—	1.610	0.370 ***	1.089	0.261 *	—	—	1.955	0.451 **	1.851	0.369 **	—	—	1.003	0.202	0.610	0.144
2~5km	—	—	—	—	0.468	0.116	—	—	—	—	0.522	0.128	—	—	—	—	0.395	0.092
5~10km	0.933	0.228 *	1.842	0.430 ***	0.812	0.200 **	1.035	0.252	1.734	0.393 *	1.232	0.285 **	0.801	0.195	1.660	0.365	1.462	0.319 **
10km以上	—	—	—	—	1.552	0.363 ***	—	—	—	—	1.796	0.421 **	—	—	—	—	—	—
店舗までの交通手段																		
自転車	-0.012	-0.003	-0.132	-0.030	0.895	0.218	-0.197	-0.048	-0.077	-0.019	1.305	0.287	0.023	0.006	-0.526	-0.095	1.273	0.308
自動車又はバイク(自身の運転)	-1.100	-0.242 **	-0.798	-0.184 **	-0.577	-0.142	-1.023	-0.224	-0.510	-0.126	-0.342	-0.085	-1.112	-0.245 *	-1.001	-0.210 *	-0.117	-0.027
自動車(同居家族、他世帯の人による)	-1.377	-0.280 *	0.006	0.001	0.595	0.148	-1.103	-0.237	0.085	0.021	0.612	0.150	-1.347	-0.267	-0.393	-0.072	0.523	0.12-
バス	0.028	0.007	0.704	0.173	1.666	0.378 **	0.001	0.000	-0.249	-0.062	1.488	0.330	-0.045	-0.011	—	—	2.489	0.526
その他	-1.698	-0.320 *	2.028	0.448	-0.309	-0.074	-1.593	-0.310	0.589	0.144	-0.200	-0.050	—	—	—	—	1.041	0.25-
65歳以上	0.048	0.012	0.931	0.215 ***	-0.041	-0.010												
男性	-0.707	-0.169 ***	-0.317	-0.072	0.369	0.091 *	-0.725	-0.174 **	-0.822	-0.200 **	-0.385	-0.096	-0.903	-0.209 **	0.221	0.045	0.787	0.185 **
世帯員数(数値)	-0.015	-0.004	-0.104	-0.024	-0.049	-0.012	0.065	0.016	-0.021	-0.005	-0.048	-0.012	-0.074	-0.018	-0.105	-0.021	0.009	0.002
近く(に別居している家族有り)	-0.486	-0.118 *	-0.239	-0.056	-0.317	-0.077 *	-0.210	-0.052	-0.295	-0.074	-0.501	-0.125 *	-0.866	-0.203 *	-0.098	-0.019	-0.100	-0.022
世帯に要介護認定者有り	0.514	0.128	0.899	0.218 ***	0.152	0.038	0.075	0.018	0.986	0.238 *	0.050	0.012	1.700	0.384 *	0.672	0.145 *	0.280	0.064
生計維持者の状況																		
給与所得者(正規)	0.082	0.020	0.233	0.055	-0.159	-0.039	0.227	0.056	0.879	0.211	-0.333	-0.083	0.456	0.111	-0.312	-0.061	-0.077	-0.017
給与所得者(非正規)	0.279	0.069	0.901	0.221 **	0.108	0.027	-0.720	-0.166	1.238	0.281	0.977	0.225	0.954	0.234 *	0.533	0.114	-0.006	-0.001
自営業者	-0.099	-0.024	0.685	0.166 **	-0.271	-0.066	-0.317	-0.076	0.801	0.195 *	-0.881	-0.211 *	0.168	0.041	0.318	0.065	-0.006	-0.001
その他	0.479	0.119	0.129	0.031	0.056	0.014	0.540	0.134	0.035	0.009	-0.053	-0.013	0.508	0.126	-0.376	-0.068	0.477	0.113
地域のサークルやイベントに参加	-0.131	-0.032	-0.129	-0.030	-0.198	-0.049	0.010	0.002	0.046	0.012	0.238	0.059	-0.085	-0.020	-0.274	-0.054	-0.421	-0.097
老研式活動能力指標(数値)							-0.168	-0.041 *	-0.170	-0.042	-0.282	-0.071 ***						
サンプル数	625		777		944		332		339		463		265		401		411	
従属変数=0	347		476		525		183		175		231		152		281		264	
従属変数=1(不便や苦労あり)	278		301		419		149		164		232		113		120		147	
対数尤度	-401.2		-457.1		-571.0		-212.1		-207.4		-268.1		-164.7		-220.2		-240.3	
適合度(%)	62.6		68.7		66.6		64.8		65.5		69.1		64.2		73.8		69.8	

註:1) *:5%有意, **:1%有意, ***:0.1%有意。
2) 「一」は、変数として用いていないことを示す。
3) 「店舗」は、最も利用する店舗である。

資料:筆者推計による。

距離については，A団地では2km以上，B市およびC町では1km以上で有意となった。年齢階層別にみると，B市とC町では65歳以上は1km以上で有意となったが，65歳未満はC町の10km以上の場合のみ有意であった。地域別にみても，B市とC町では高齢者は非高齢者より距離の影響を強く受けていることが確認できる。

　店舗までの交通手段として，自分で自動車を運転することは，A団地およびB市で有意に不便や苦労の軽減に影響している。特に，65歳未満の場合にその影響は有意である。

　年齢については，B市のみで有意であった。A団地で年齢が有意とならなかったことは，子育て世代の買い物の問題が存在するのと整合的である。

　性別については，A団地およびB市の65歳以上とA団地の65歳未満で有意に負であり，地域別にみても概して男性の方が苦労が軽減されているが，C町の65歳未満では有意に正となった[註7]。

　近くに別居している家族の存在は，A団地の65歳未満とC町の65歳以上で有意に負となった。すなわち，大都市の非高齢者と農村地域の高齢者にとって，別居している家族による買い物支援が，買い物の苦労を大きく軽減する効果を持っていると考えられる。一方，要介護認定者の存在は，B市の65歳以上・65歳未満，A団地の65歳未満で有意に正であった。これはC町では有意ではなく，要介護認定者の存在は，都市部の住民にとって，買い物の不便や苦労の大きな要因となっている。特に，A団地の65歳未満での正の限界効果は，近くに別居している家族の存在の負の限界効果を大きく上回っており，要介護認定者のいるA団地の非高齢者は，買い物が大きな制約を受けていると考えられる。

　生計維持者の状況は，B市の65歳以上の自営業者およびA団地の65歳未満の非正規給与所得者が有意に正であった。両者は，基準となる年金生活者と比較して1人当たり消費支出が低いとみられ，このことが不便や苦労を増す方向に働いていると考えられる。A団地における非正規給与所得者の限界効果は，自分で自動車を運転することによる軽減の効果を打ち

消してしまうほどに大きいものであった。なお，C町では65歳以上の自営業者が有意に負となっている。これは，C町の自営業者には農業が含まれており，米や野菜の多くは，買い物によることなく，自給によってまかなっていることの表れと解釈できる。

65歳以上についての老研式活動能力指標については，A団地とC町で有意に負であり，特にC町では0.1％有意で限界効果も大きい。

(3) 分析結果のまとめと今後の取組みへの含意

本節では，食料品アクセス問題に関する住民意識の調査結果に基づき，食料品の買い物における不便や苦労に，最も利用する店舗までの距離などの供給要因，自動車の利用，年齢，性別，家族構成，就業状況などの需要要因が及ぼす影響を明らかにした。

食料品の買い物における不便や苦労に最も大きな影響を及ぼしているのは，店舗までの時間または距離といった空間条件および交通手段であり，店舗までの時間が15分以上で有意に不便や苦労に影響している。また，距離については，徒歩の場合，道路距離で1km以上で有意に不便や苦労に影響するとともに，高齢者にとって，距離は非高齢者よりも大きな障害になる。一方，交通手段は，自分自身で自動車を利用できる場合は不便や苦労が大きく軽減される。また，65歳以上の高齢者は，65歳未満よりも有意に買い物の不便や苦労が大きいことが確認された。

以上の結果は，近隣の店舗の相次ぐ閉店という供給要因の変化がもたらす店舗への距離の増加という空間条件の変化が，これに脆弱な自動車を持たない高齢者にとって，食料品の買い物における不便や苦労を一層増大させることを裏付けている。

今後，食料品アクセス問題に取り組むにあたって，食料品の買い物に最も不便や苦労をしている住民として，道路距離1km以上，自動車なし，65歳以上という3つの条件をもとに，問題の起こりやすい地域や人口を推定することが考えられる。しかし，これはあくまでも第1段階の作業に

第Ⅲ-11表　不便や苦労の要因の地域別特徴

	A団地 (大都市郊外団地)		B市 (地方都市中心市街地)		C町 (農山村)	
	65歳以上	65歳未満	65歳以上	65歳未満	65歳以上	65歳未満
供給要因			・距離1km以上(+)		・距離1km以上(+)	・距離10km以上(+)
需要要因	(65歳以上・未満で有意差なし)		・65歳以上(+)		(65歳以上・未満で有意差なし)	
	・自立度(-)	・自動車利用(-) ・近くに別居家族有(-) ・要介護認定者有(+) ・非正規給与所得者(+)	・要介護認定者有(+) ・自営業者(+)	・自動車利用(-) ・要介護認定者有(+)	・近くに別居家族有(-) ・自営業者(農業)(-) ・自立度(-)	

註：1) 要因に付している＋または－は，買い物の不便や苦労を有意に増加または減少させることを示す。
　　2) 性別の影響は記載していない。
　　3) 第Ⅲ-10表から作成。
資料：筆者作成。

過ぎず，地域ごとにみると以下のような様々な状況にあるため，実際に地域での取組みを検討する場合には，改めて状況を精査する必要がある（第Ⅲ-11表）。

　まず，多くの地方都市と同様，郊外への量販店出店で中心市街地が空洞化しているB市では，徒歩での買い物が多い高齢者は，店舗への距離が1km以上の場合に不便や苦労に直面するが，自動車の利用が多い65歳未満は買い物の不便や苦労が大きく軽減されている。自動車利用以外の需要要因としては，高齢者であることが不便や苦労に大きな影響を与えており，これまでの多くの研究事例が高齢者に限定して分析してきたことには，このような典型的な地方都市のケースでは妥当性がある。また，家族に要介護認定者がいる場合や，65歳以上については生計維持者が自営業者の場合に不便や苦労が大きくなっている。このようにB市では供給要因，需要要因の両方が買い物の不便や苦労に影響を及ぼしている。

　次に，他の地域と比べて店舗への距離が近く公共交通の便がいいA団地の場合，距離の及ぼす影響はB市よりも小さい一方，非高齢者にとっては自動車利用が不便や苦労を大きく軽減させている。自動車利用以外の需要

要因のうち，年齢については，子育て世代も買い物に苦労していることを反映して高齢者との差が認められない。また，非高齢者の場合は，近くに別居している家族の存在による不便や苦労の軽減，要介護認定者がいる場合，および生計維持者が非正規給与所得者の場合の不便や苦労の増加が認められた。このようにＡ団地の特徴としては，非高齢者も買い物に不便や苦労をしていること，および特に非高齢者の場合，供給要因よりも多くの需要要因が買い物の不便や苦労に影響を及ぼしていることが挙げられる。

最後に，店舗への距離が他の地域よりも極端に遠いＣ町の場合，高齢者は店舗までの距離が1km以上で買い物の不便や苦労に影響する一方，非高齢者は10km以上の場合のみ不便や苦労への影響が認められた。しかし，自動車利用については影響が認められなかった[注8]。自動車利用以外の需要要因のうち，年齢については影響が認められず，非高齢者も高齢者と同様買い物に不便や苦労をしていることを示している。また，Ａ団地やＢ市と異なり，65歳以上・65歳未満にかかわらず，要介護認定者の有無の影響は認められなかった。他方，買い物の不便や苦労を軽減する要因として近くに別居家族がいることや高齢者の健康があり，Ｃ町の高齢者にとっては，自立度を維持することによる軽減効果が他の地域よりも大きい。さらに，農家の場合は多くの食料を自給できることにより不便や苦労が軽減されていると考えられる。このように，Ｃ町では店舗への距離という供給要因が買い物の不便や苦労に強い影響を及ぼし，需要要因のうち自動車の利用は不便や苦労の軽減につながらない一方で，高齢者にとっては，近くの別居家族の存在，自立度，生計維持者の状況といった需要要因が，不便や苦労を軽減する要因となっている。

なお，一般的に自動車利用が買い物の不便や苦労を大きく軽減するとしても，高齢者にとっていつまでも自動車を運転できる訳ではない。住民の意識調査の自由回答欄の記述では，現在自動車を自分で運転している高齢者も，将来運転できなくなるときのことを不安に思っている住民が多いことが示されている。このような住民は，将来自動車を運転しない高齢者の予備軍であり，今後の取組みの対象にはこれらの人々も含めて考えること

が必要となる。

　また，食料品アクセス問題の解決のためには，商品の配達サービスや移動販売などによる流通サービス水準の向上，中心市街地・商店街の活性化，地域公共交通の改善，コミュニティの活性化，高齢者の健康問題など多様な課題に取り組むことが必要となる。同時に，取組みにあたっては市町村を含む地域の様々な分野の関係者が連携することが重要である。

　例えば，本節で得られた高齢者の健康が買い物の不便や苦労を有意に軽減するという結果は，老化を遅延させ，できるだけ長く自立した生活を送れるようにすることも，高齢者の食料品アクセス問題を改善する道筋の一つであることを示唆している。このような医療・福祉関係者による健康問題への取組みとも連携することにより，食料品アクセス問題への効果的な取組みが可能となろう。特に，相対的に自立度が低いA団地などの大都市近郊や，自立度の低い高齢者の買い物の不便や苦労が大きいC町のような農村で，高齢者の健康維持がもたらす効果は大きいと考えられる。

　さらに，本節の分析では，地域によっては，生計維持者が1人当たりの消費支出が低いとみられる非正規の給与所得者や自営業者の場合には，買い物の不便や苦労に大きな正の影響を及ぼしていることが明らかになった。わが国では，今のところ，欧米のフードデザート問題のように貧困層の買い物の問題は大きな問題とはなっていない。しかし，近年，生活保護世帯が増加するなど所得格差が拡大しており，所得が食料品アクセス問題に及ぼす影響については今後とも注視していく必要がある。

　最後に，本節では，店舗の状況等の供給条件と住民の食品摂取の間にある買い物に着目して，その不便や苦労の要因を明らかにした。しかし，食料品アクセス問題への取組みが，わが国における食料の安定供給のなかに位置づけられるものである限り，必要な食品摂取水準の維持との関連はさらに検討を深める必要がある。この問題は，第Ⅳ章で取り扱う。

補論　買い物での不便や苦労がない理由

1）回答割合の多い理由

　この補論では、視点を変えて、「食料品の買い物に不便や苦労はあまりない」あるいは「不便や苦労は全くない」と回答した住民（以下「不便や苦労がない」と回答した住民とする）について、その理由を検討することとする。本書の多くの部分は、食料品の買い物に不便や苦労がある住民に焦点を当てて分析しているが、不便や苦労がないと回答した住民も半数近く存在する（65歳以上についてみると、A団地で53.3％、B市で51.2％、C町で47.7％）。これらの住民が、なぜ不便や苦労がないのかを明らかにすることは、不便や苦労の解消に向けての対策に示唆を与えることになるであろう。

　まず、地域別、年齢階層別に不便や苦労がない理由として回答割合の多いものをみてみよう（第Ⅲ-12表）。どの地域、どの年齢階層でも最も多いのは「自分で買い物に行ける」であるが、重要なのはなぜそれが可能かであるので、この回答は除いて考えることとする。C町の65歳未満を除き、次に多い回答は「近くに商店がある」で、65歳以上についてみると、比較的店舗が近いA団地で36.0％、B市で34.3％、店舗が遠いC町でも19.3％の住民がこれをあげている。このことは、やはり店舗への近接性が最も重要な要素であることを示している。

　65歳未満について次に多いのは、「通勤や通学途中に買い物ができる」で、A団地では34.4％、B市では18.4％が回答している。C町の65歳未満は、これが最も多く25.0％がこれをあげている。これらに次いで、A団地とC町では「宅配を利用している」で、A団地では11.5％、C町では9.4％がこれをあげている。これに対して、B市では「代わりに買ってきてくれる人がいる」7.3％となっている。

　65歳以上については、「近くに商店がある」に次いで、A団地では「宅配を利用している」7.9％、B市、C町では「店に連れて行ってくれる人が

第Ⅲ-12表 不便や苦労がない理由

(人、%)

	A団地		B市		C町	
	65歳未満	65歳以上	65歳未満	65歳以上	65歳未満	65歳以上
全体	194 —	273 —	291 —	209 —	289 —	320 —
1. 近くに商店がある	94 (49.0)	96 (36.0)	115 (39.9)	69 (34.3)	61 (21.2)	59 (19.3)
2. 自分で買い物に行ける	157 (81.8)	230 (86.1)	263 (91.3)	164 (81.6)	261 (90.6)	227 (74.4)
3. 店に連れて行ってくれる人がいる	11 (5.7)	11 (4.1)	18 (6.3)	29 (14.4)	9 (3.1)	51 (16.7)
4. 代わりに買ってきてくれる人がいる	15 (7.8)	10 (3.7)	21 (7.3)	17 (8.5)	20 (6.9)	34 (11.1)
5. バスなどの交通機関で買い物できる	—	—	2 (0.7)	2 (1.0)	5 (1.7)	12 (3.9)
6. 移動販売を利用している	0 (0.0)	1 (0.4)	0 (0.0)	3 (1.5)	11 (3.8)	25 (8.2)
7. 通信販売を利用している	8 (4.2)	15 (5.6)	8 (2.8)	5 (2.5)	9 (3.1)	5 (1.6)
8. 宅配を利用している	22 (11.5)	21 (7.9)	9 (3.1)	8 (4.0)	27 (9.4)	16 (5.2)
9. 食事の配達サービスを利用している	1 (0.5)	4 (1.5)	3 (1.0)	2 (1.0)	0 (0.0)	4 (1.3)
10. 商店が配達をしてくれる	2 (1.0)	7 (2.6)	0 (0.0)	4 (2.0)	1 (0.3)	3 (1.0)
11. 通勤や通学途中に買い物ができる	66 (34.4)	11 (4.1)	53 (18.4)	3 (1.5)	72 (25.0)	7 (2.3)
不明	2	6	3	8	1	15
不明を除く合計	192 (100.0)	267 (100.0)	288 (100.0)	201 (100.0)	288 (100.0)	305 (100.0)

註：1)「不便や苦労はあまりない」「不便や苦労は全くない」と回答した者についてのもので複数回答。
2) A団地については「5. バスなどの交通機関で買い物できる」の選択肢を設けていない。
3) ( )内は、不明を除く合計に対する割合。

資料：筆者ら調査による。

第Ⅲ章　住民からみた食料品アクセス問題

いる」(それぞれ14.4％，16.7％)となっている。

2) 年齢階層間，地域間比較

以上の割合の年齢階層間，地域間比較を行ってそれぞれの特徴を抽出しようとしたものが第Ⅲ－13表である(註9)。まず，年齢階層間の比較をすると，3地域とも「通勤や通学途中に買い物ができる」は65歳未満が理由としてあげている。そのほかでは，A団地では，「近くに商店がある」を65歳未満が理由としてあげている。また，B市やC町では「店に連れて行ってくれる人がいる」「移動販売を利用している」が65歳以上の住民の特徴となっている。また，「宅配を利用している」はC町の65歳未満の，「商店が配達をしてくれる」はB市の65歳以上の特徴となっている。

地域間比較をすると，「近くに商店がある」は65歳以上，65歳未満ともA団地およびB市で多い。また，65歳以上については，「店に連れて行ってくれる人がいる」「代わりに買ってきてくれる人がいる」がB市およびC町で多い。さらに，「移動販売を利用している」は65歳未満も含めてC町

第Ⅲ－13表　不便や苦労がない理由の年齢階層間・地域間比較

(人，％)

| | 年齢階層間比較 | | | 地域間比較 | | | | | | | |
| | 65歳以上－65歳未満 | | | 65歳未満 | | | | 65歳以上 | | | |
	A団地	B市	C町	A-B	B-C	C-A	まとめ	A-B	B-C	C-A	まとめ
1. 近くに商店がある	--			+++	---		A,B>C	+++	---		A,B>C
2. 自分で買い物に行ける		--	---		++		B,C>A			--	A>C
3. 店に連れて行ってくれる人がいる		++	+++					---		+++	B,C>A
4. 代わりに買ってきてくれる人がいる								-		++	C>A
5. バスなどの交通機関で買い物できる											C>B
6. 移動販売を利用している		+	+		++		C>A		--	+++	C>A,B
7. 通信販売を利用している											A>C
8. 宅配を利用している					++	--	A,C>B				
9. 食事の配達サービスを利用している											
10. 商店が配達をしてくれる		+									
11. 通勤や通学途中に買い物ができる	---	---	---	+++		-	A>B,C				

註:1)　＋，－等は割合の差が有意にプラスまたはマイナスであることを示す。＋＋＋および---:0.1％有意，＋＋および--:1％有意，＋および-:5％有意。地域間比較については多重比較であるので，3通りの比較全体についての有意水準である。
　　2)　例えば「A>B」はA団地の割合がB市よりも有意に高いこと，「A,B」は有意差がないことを示す。
　　3)　「5.バスなどの交通機関で買い物できる」は，B市とC町の比較のみである。
資料:筆者作成。

の特徴となっている。逆に，「通信販売を利用している」はA団地の65歳以上の特徴となっている。

これらに対して，65歳未満については，「宅配を利用している」がA団地およびC町で多く，「通勤や通学途中に買い物ができる」はA団地の特徴となっている。

以上をまとめると，商店が近いことによるのはA団地およびB市の住民に特徴的であり，B市とC町の高齢者にとっては，買い物支援者の存在が，C町の住民にとっては移動販売が不便や苦労がない理由として大きなものとなっている。また，A団地およびC町の65歳未満にとっては宅配の利用が，さらに，A団地の65歳未満にとっては通勤通学途中での買い物が，不便や苦労がない理由として特徴的なものとなっている。

3) 近くに商店がない住民の不便や苦労がない理由

以上は，近くに商店がある住民を含めた結果であった。しかしながら，このような空間的な好条件に恵まれていない住民にも，不便や苦労がないと回答した住民はいる。今後の対策の参考にするためには，このような住民がどのような理由で不便や苦労がないと回答しているのかを知ることが重要である。そこで，第Ⅲ-12表のうち，「近くに商店がある」と回答しなかった住民についてまとめたのが第Ⅲ-14表である。ここでは，このような住民の特徴をより明確に把握するため，「自分で買い物に行ける」と回答した住民も除いてある。いわば，店舗までの距離が遠くて，自分で買い物に行けない住民がこの表の主たる対象である[注10]。

地域別・年齢階層別に回答割合の多いものをみると，65歳未満は，いずれの地域も共通して「通勤や通学途中に買い物ができる」が最も多い。次いで，A団地では「店に連れて行ってくれる人がいる」「宅配を利用している」となっている。B市でも同様であるが，「代わりに買ってきてくれる人がいる」も多く，C町は，「店に連れて行ってくれる人がいる」が多い。

65歳以上については，B市とC町は「店に連れて行ってくれる人がいる」が最も多く「代わりに買ってきてくれる人がいる」がこれに次いでい

第Ⅲ章 住民からみた食料アクセス問題

第Ⅲ-14表 不便や苦労がない理由（近くに商店がない住民）

(人、%)

	A団地		B市		C町	
	65歳未満	65歳以上	65歳未満	65歳以上	65歳未満	65歳以上
全体	25 (100.0)	22 (100.0)	9 (100.0)	24 (100.0)	18 (100.0)	65 (100.0)
1. 近くに商店がある	-	-	-	-	-	-
2. 自分で買い物に行ける	-	-	-	-	-	-
3. 店に連れて行ってくれる人がいる	6 (24.0)	7 (31.8)	2 (22.2)	12 (50.0)	3 (16.7)	35 (53.8)
4. 代わりに買ってきてくれる人がいる	0 (0.0)	4 (18.2)	1 (11.1)	8 (33.3)	1 (5.6)	19 (29.2)
5. バスなどの交通機関で買い物ができる	-	-	0 (0.0)	2 (8.3)	1 (5.6)	7 (10.8)
6. 移動販売を利用している	0 (0.0)	1 (4.5)	0 (0.0)	2 (8.3)	1 (5.6)	15 (23.1)
7. 通信販売を利用している	1 (4.0)	2 (9.1)	0 (0.0)	2 (8.3)	1 (5.6)	2 (3.1)
8. 宅配を利用している	4 (16.0)	5 (22.7)	1 (11.1)	3 (12.5)	1 (5.6)	6 (9.2)
9. 食事の配達サービスを利用している	0 (0.0)	1 (4.5)	0 (0.0)	0 (0.0)	0 (0.0)	2 (3.1)
10. 商店が配達をしてくれる	0 (0.0)	0 (0.0)	0 (0.0)	3 (12.5)	0 (0.0)	3 (4.6)
11. 通勤や通学途中に買い物ができる	13 (52.0)	4 (18.2)	4 (44.4)	1 (4.2)	14 (77.8)	0 (0.0)

註：1)「不便や苦労はあまりない」「不便や苦労は全くない」と回答した者のうち「近くに商店がある」「自分で買い物に行ける」を理由に挙げなかった住民についてのもので複数回答。
2) A団地については「5. バスなどの交通機関で買い物ができる」の選択肢を設けていない。
3) （ ）内は、不明を除く合計に対する割合。

資料：筆者ら調査による。

第Ⅲ－15表　不便や苦労がない理由（近くに商店がない住民）

	年齢階層間比較 65歳以上－65歳未満		
	A団地	B市	C町
3. 店に連れて行ってくれる人がいる			++
4. 代わりに買ってきてくれる人がいる	+		+
5. バスなどの交通機関で買い物できる			
6. 移動販売を利用している			
7. 通信販売を利用している			
8. 宅配を利用している			
9. 食事の配達サービスを利用している			
10. 商店が配達をしてくれる			
11. 通勤や通学途中に買い物ができる	－	－－	－－－

註：＋，－等は割合の差が有意にプラスまたはマイナスであることを示す。＋＋＋および－－－：0.1％有意，＋＋および－－：1％有意，＋および－：5％有意。
資料：筆者作成。

　る。これらに次いで，C町では「移動販売を利用している」，B市では「宅配を利用している」となっている。これらに対し，A団地では，「店に連れて行ってくれる人がいる」についで「宅配を利用している」「代わりに買ってきてくれる人がいる」となっている。65歳以上については，全体としてみると，買い物支援者の存在が不便や苦労がない理由となっているほか，A団地やB市では宅配の利用，C町では移動販売の利用も大きな理由となっているといえる。

　年齢階層間で比較すると（第Ⅲ－15表），いずれの地域でも「通勤や通学途中に買い物ができる」は65歳未満に多く，「店に連れて行ってくれる人がいる」はC町で，「代わりに買ってきてくれる人がいる」はA団地とC町で65歳以上に多い理由となっている[註11]。

　年齢階層および地域別の特徴を明確にするために，第Ⅲ－14表の元データを数量化Ⅲ類で分析したものが第Ⅲ－1図である[註12]。第2軸までの累積寄与率は27.2％であるが，相関係数が第1軸0.9185，第2軸0.7474と高い。図では，回答者の反応の似た変数が近くに表示されている。図を見ると，住民は3つのグループに分けられる。グループⅠは，A団地の65歳以上で，不便や苦労がない理由として，通信販売や宅配を利用していること，食事の配達サービスを利用していることをあげていることが特徴

第Ⅲ章　住民からみた食料品アクセス問題

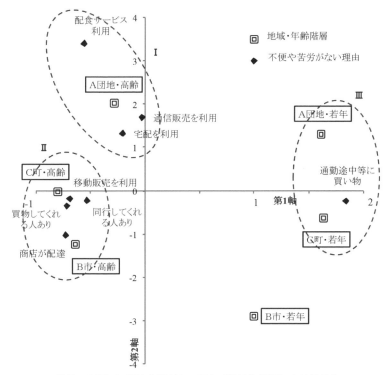

第Ⅲ－1図　不便や苦労がない理由（数量化Ⅲ類による結果）

註：1）「高齢」は65歳以上，「若年」は65歳未満。
　　2）「不便や苦労はあまりない」「不便や苦労は全くない」と回答した者のうち，「近くに商店がある」「自分で買い物に行ける」を理由としてあげなかった者についてのもの。
資料：筆者作成。

である。グループⅡは，C町およびB市の65歳以上のグループで，買い物に同行してくれたり，代わりに買い物をしてくれる買い物支援者がいること，移動販売を利用していること，商店が配達してくれることを理由としていることが特徴的である。そして，グループⅢは，A団地およびC町の65歳未満のグループで，通勤や通学の途中に買い物ができることを不便や苦労がない理由としてあげている。もちろん，第Ⅲ－14表にみるように，65歳未満の住民も宅配の利用を理由にあげる住民や，65歳以上の住民も通勤途中等に買い物できることをあげる住民も多いが，地域・年齢階層ごとの特徴的な理由をあげるとこのようになっているといえる。

4) 今後の対策への含意

実施した意識調査では，代わりに買い物をしてくれる人や一緒に買い物に行ってくれる人がどのような関係にある人かはわからない。しかし，3人以上世帯の割合の多いB市やC町でこれを理由にあげる人が多いということは，おそらく同居している家族が最も多いと考えられる。このような同居家族に頼れない場合は，気軽に頼める買い物支援者の存在が今後重要になると考えられる。しかし，いきなり他人が買い物を手伝うというのは，支援を受ける当人にとっても戸惑うことが多いであろう。独居住民や2人世帯住民が多い地域では，まずは地域コミュニティの活性化から始める必要があると考えられる。

次に，宅配や通信販売の利用である。後述するように，これを今後重要な解決策であると考える住民は65歳未満の住民に偏っており，65歳以上の住民には必ずしも多くない（第Ⅴ章1．(4)）。しかし，現に，これを利用しているために買い物の不便や苦労がない住民は存在することから，解決の手段の一つとして今後とも重要な手段となるであろう。

最後に，65歳未満の住民に，通勤や通学のついでに買い物ができることにより不便や苦労がないケースが多かった。今後増加する65歳以上の住民に通勤や通学のついでを期待することはできないが，通院をしている人は多いと考えられる。このため，病院に行ったついでに買い物をするといったことができれば買い物の不便や苦労が軽減されるであろう。したがって，今後の対策も，買い物対策にとどまらず，通院も含めた総合的な生活の利便性の向上対策が重要になると考えられる。

(註1) 商業論の分野では，買い物における消費者費用を店舗選択の変数の一つに反映させて定式化し，消費者の店舗選択行動を説明しようとするモデルがいくつか提案されている（田村2001：p.205，三坂2011）。これらは，消費者iが店舗jに買い物に行くことによる効用を U_{ij} として，複数の店舗の選択肢のなかから店舗kを選択する確率を $U_{ik}/\sum_{j}U_{ij}$ とするものであり，U_{ij} の定式化の違いによって，ハフモデルなどいくつかのモデルがある。いずれの店舗選択モデルも，U_{ij} の定式化において，品揃えなどの店舗の魅力度に関する変数のほか，店舗への距離や時間距離などその店舗への移動に対する抵抗度に関する変数を含んでいる。しかし，これらのモデル

第Ⅲ章　住民からみた食料品アクセス問題

は，常にいずれかの店舗を選択するという前提に立っており，食料品アクセス問題の分析にそのまま適用することはできない。なぜならば，最も近い店舗への距離が非常に遠い場合など買い物の苦労が大きい場合には，買い物に行かずに家にあるもので間に合わせる場合もあるからである。例えば第Ⅴ章１．補論第Ⅴ-5表に示すように，食料品の買い物に不便や苦労をしている住民のうち，「家にあるものでしのぐ」ことを対処の選択肢の一つとして回答した高齢者も3割弱存在する。これらの高齢者は少なくとも買い物の回数が減少しているとみられるため（註3参照），店舗選択モデルで食料品アクセス問題をも取り扱えるようにするには，状況によってはどの店舗も選択しないという可能性を織り込んだものに拡張する必要があると考えられる。本節において，食料品の買い物における不便や苦労の要因を分析することは，これらのすべてのモデルで変数の一つとして組み入れている店舗への移動における抵抗度に焦点を当て，これを構成する要因を明らかにすることである。

(註2) 交通手段については，自家用車の利用は需要要因，公共交通機関の利用は供給要因を構成すると考えられる。

(註3) 買い物回数などの購買習慣も，不便や苦労に影響する可能性は否定できない。しかし，それらは不便や苦労の結果であると考えられる。ここで「1日1回以上買い物」を「不便や苦労あり」でロジット回帰すると係数は有意に負となり，「1日1回以上宅配または購入を依頼」を同様に回帰すると係数は有意に正となる。すなわち，不便や苦労があると，買い物の回数が少なくなり，宅配の回数が多くなることを示唆している。

(註4) 平成22年『家計調査』による1人1ヶ月当たり消費支出は，勤労者世帯101,577円，個人営業83,770円，無職109,803円である。また，平成22年『賃金構造基本調査』による1ヶ月当たり給与額は正規385,300円，非正規213,300円であり，これをもとに1人当たり消費支出を推計すると，正規116,435円，非正規79,440円となる（家計調査による勤労者世帯の消費性向0.689，A団地における本節調査による平均世帯員数2.28人（正規給与所得者の場合）および1.85人（非正規給与所得者の場合）を用いた）。

(註5) 説明変数間の相関係数の絶対値は，モデルⅠの場合，全年齢層および65歳以上のデータの場合に「A団地」と「C町」の間に0.5台の相関があったほかは0.5以下であった。モデルⅡの場合，すべてのデータの場合に「C町」と「10km以上」の間に0.6台の相関があったほかは0.5以下であった。

(註6) 地域別データの説明変数間の相関係数の絶対値は，A団地の場合，道路距離「250m以上500m未満」と「2km以上」との間に0.5台の相関が見られたほかは0.5以下であった。B市の場合，すべて0.5以下であった。C町の場合，道路距離「5～10km」と「10km以上」の間に0.5台，「自分が運転する自動車又はバイク」と「他の人が運転する自動車」の間に0.6台の相関が見られたが，他は0.5以下であった。

(註7) C町の65歳未満で有意に正となったことについては，農村部では買い物は女性の役割として普段位置づけられていることと関係している可能性がある。

(註8) これは，非高齢者の8割が自動車利用であるということと，自動車を利用して

(註9) 地域間の比較は3群の比較であるので，Ryan (1960) の方法によっている。
(註10)「自分で買い物に行ける」をあげなかった住民が，必ずしもすべて自分で買い物に行けない住民でない可能性がある。というのは，第Ⅲ-14表で「通勤や通学途中に買い物ができる」と回答した住民も多いからである。
(註11) 地域間の多重比較は，65歳以上について「通勤や通学途中に買い物ができる」が1％有意でA団地＞C町であるほかは有意ではなかった。
(註12) 数量化Ⅲ類は，変数が0/1の質的データの場合に，変数と回答者に，それらの相関係数が最も高くなるように数量を付す手法である。数量は，変数の数と回答者の数の少ない方から1を引いた数の組が求まるが，通常，相関係数の大きい方から2つの組をとって，2次元平面上に表示する。このように変数に付与された数量を散布図に表すと，回答者の反応の似た変数が近くに配置される。

3．買い物での不便や苦労のこれまでの変化

(1) 5年前と比べた不便や苦労の変化

　本節では，食料品の買い物における不便や苦労の過去5年間の変化を検討する。とはいえ，ここでの内容は，5年前に調査した結果との比較ではなく，住民に5年前を振り返ってそれとの比較を尋ねたものであるので，非常に主観的な性格が強いことには留意しておく必要がある。
　まず，第Ⅲ-16表は，5年前から居住している住民について，5年前と比べて，食料品の買い物における不便や苦労が「多くなった」「変わらない」「減った」と回答した割合を地域別に示している。A団地では「変わらない」が最も多く51.1％を占め，次いで「不便や苦労が多くなった」が46.6％を占めているが，B市およびC町では「不便や苦労が多くなった」が最も多く，それぞれ49.3％，53.8％を占める。不便や苦労が多くなった割合には，A団地とC町の間に有意差があり（5％有意），住民の感じ方としては，大都市郊外団地に対して農山村において5年間で不便や苦労が多くなったと感じている住民の割合が高くなっている[註1]。
　この割合を現在における食料品の買い物での不便や苦労の有無別にみた

第Ⅲ章　住民からみた食料品アクセス問題

第Ⅲ－16表　5年前と比べた変化

(人,%)

	A団地	B市	C町
全体	906	886	1,200
不便や苦労が多くなった	310 (46.6)	377 (49.3)	566 (53.8)
変わらない	340 (51.1)	365 (47.8)	454 (43.2)
不便や苦労が減った	15 (2.3)	22 (2.9)	32 (3.0)
5年前は住んでいなかった	171	46	32
不明	70	76	116
不明・「5年前は住んでいなかった」を除く	665 (100.0)	764 (100.0)	1,052 (100.0)

註:( )内は，不明および「5年前は住んでいなかった」を除く合計に対する割合。
資料：筆者ら調査による。

第Ⅲ－17表　5年前と比べた変化（現在の不便や苦労の有無別）

(%)

	A団地		B市		C町	
	不便や苦労有り	不便や苦労なし	不便や苦労有り	不便や苦労なし	不便や苦労有り	不便や苦労なし
不便や苦労が多くなった	73.9	23.4	81.5	25.8	79.5	30.9
変わらない	24.7	73.7	16.6	70.5	18.0	65.6
不便や苦労が減った	1.4	2.8	1.9	3.7	2.5	3.5

註：不明および「5年前は住んでいなかった」を除く合計に対する割合。
資料：筆者ら調査による。

ものが第Ⅲ-17表である。いずれの地域でも，現在不便や苦労をしている住民は，7～8割が不便や苦労が多くなったと感じている。一方，現在不便や苦労がない住民は，不便や苦労が減ったと感じているわけではなく，変わらないと感じている。なお，現在不便や苦労がないと回答している住民にも不便や苦労が多くなったと感じている住民が2～3割いるということは注意する必要がある。

それでは，それぞれの地域でどのような住民が，不便や苦労が多くなったと感じているのであろうか。第Ⅲ-18表は，不便や苦労が多くなったと回答した住民の割合を年齢階層別，店舗までの道路距離別，交通手段別にみたものである。年齢階層別にみると，不便や苦労が多くなったと感じている住民は65歳以上の高齢者に多いことがわかる。65歳未満層はどの地域でも3割台でそれほど多くはないが，65歳以上層については，B市やC町はA団地と比べて有意に高く，地方都市中心市街地や農山村の高齢

第Ⅲ-18表 不便や苦労が多くなったと回答した人の割合

(%)

	A団地	B市	C町
年齢階層別			
65歳未満	36.5	37.0	33.5
65歳以上	53.6	62.0	67.1
道路距離別			
〜250m	37.5	28.1	−
250m〜500m	51.9	44.7	30.7
500m〜1km	45.0	53.2	
1〜2km	52.3	45.9	54.8
2〜5km	48.1	56.3	42.6
5〜10km	40.0	−	43.4
10km以上	−	−	62.3
交通手段別			
徒歩	45.2	56.7	42.0
自転車	39.4	55.6	60.6
自身が運転する自動車かバイク	31.3	35.0	41.9
同居する家族が運転する自動車	40.0	63.5	64.1
他の世帯の人が運転する自動車	100.0	93.8	86.8
バス	55.2	100.0	90.5
その他	45.0	88.9	73.3

註：不明および「5年前は住んでいなかった」を除く合計に対する割合。
資料：筆者ら調査による。

者は，大都市郊外団地に比べて食料品の買い物における不便や苦労が多くなったと感じていることがわかる。

　道路距離別にみるとA団地については一定の傾向を見いだしにくいが，B市やC町については，距離が遠い住民ほど不便や苦労が多くなったと感じているといえる。

　最後に，店舗までの交通手段別にみると，自分で自動車やバイクを運転して買い物に行く住民は不便や苦労が多くなったと感じている割合は少ない。これに対して他の世帯の人が運転する自動車の場合や，B市やC町については同居する家族が運転する自動車の場合やバスの場合，そしてC町については自転車の場合に不便や苦労が多くなったと感じている住民が多い。

(2) 不便や苦労が多くなった住民の条件

　以上の予備的検討を踏まえて，どのような条件下にある住民が不便や苦労が多くなったと感じているかをロジットモデルにより検討する。被説明変数は，「不便や苦労が多くなった」と回答した住民を1，「変わらない」または「不便や苦労が減った」と回答した住民を0とする二値の変数である。説明変数は，2．で用いたものと同じである。なぜならば，不便や苦労があると回答した住民の多くが，不便や苦労が多くなったと感じているため，共通の条件が働いている可能性が高いためである。2．と同様，ここでも3地域全体のデータを用いた場合と地域別データを用いた場合について検討する。さらに，全年齢の場合と，65歳以上の場合について検討する[注2]。

　全地域データによる限界効果の推計結果を第Ⅲ-19表に，地域別データによる推計結果を第Ⅲ-20表に示す。限界効果は，買い物での不便や苦労が増加したと回答する確率の変化を示す。全地域データの場合をみると，店舗までの道路距離と自動車の利用が大きな影響を及ぼしている。特に，道路距離は，250m以上で有意となり，距離が大きくなるほど限界効果が大きくなる。また，自分で自動車を運転する場合には，不便や苦労が多くなったと回答する確率が，全年齢の場合で23.5％ポイント，65歳以上の場合で25.4％ポイントと大きく低下する。自分で自動車を運転する場合は，食料品の買い物における不便や苦労が大きく軽減されるだけでなく，5年間の状況変化にも対応力があることを意味している。また，65歳以上であるかどうかは，5年間の変化に有意な影響を及ぼしており，限界効果も19.8％ポイントと大きい。このほかの条件としては，男性の場合や世帯員数が多い場合，近くに別居している家族がいる場合に，5年間に不便や苦労が多くなったと感じる確率が低下している一方，世帯に要介護認定者がいる場合は不便や苦労が増したと感じる確率が高くなる。以上の状況は概ね全年齢でも65歳以上でも同様である。65歳以上については，高次生活機能の自立度（老研式活動能力指標）が高いほど，不便や苦労が多く

第Ⅲ-19表　食料品の買い物において不便や苦労が増加した住民の条件
（全地域データ）

説明変数	全年齢		65歳以上	
	係数	限界効果	係数	限界効果
定数項	-0.632	-0.152 *	2.745	0.543 ***
店舗までの道路距離				
250m～500m未満	0.787	0.189 **	0.870	0.174 *
500m～1km	0.780	0.187 **	1.089	0.206 **
1～2km	1.014	0.241 ***	1.229	0.237 **
2～5km	1.236	0.291 ***	1.590	0.302 ***
5～10km	1.481	0.322 ***	1.714	0.281 **
10km以上	2.224	0.467 ***	2.605	0.431 ***
店舗までの交通手段				
自転車	-0.116	-0.029	-0.322	-0.076
自動車又はバイク(自身の運転)	-0.960	-0.235 ***	-1.088	-0.254 ***
自動車(同居家族，他世帯の人による)	-0.031	-0.008	-0.076	-0.017
バス	0.329	0.082	0.405	0.088
その他	0.068	0.017	-0.365	-0.087
65歳以上	0.804	0.198 ***	-	
男性	-0.290	-0.072 **	-0.603	-0.139 ***
世帯員数（数値）	-0.100	-0.025 *	-0.088	-0.020
近くに別居している家族有り	-0.249	-0.062 *	-0.342	-0.078 *
世帯に要介護認定者有り	0.612	0.150 ***	0.488	0.105 *
生計維持者の状況				
給与所得者(正規)	-0.132	-0.033	0.424	0.091
給与所得者(非正規)	0.178	0.044	-0.133	-0.031
自営業者	0.221	0.055	-0.070	-0.016
その他	0.178	0.044	0.314	0.068
地域のサークルやイベントに参加	0.042	0.011	0.092	0.021
老研式活動能力指標（数値）	-		-0.214	-0.049 ***
A団地	-0.472	-0.117 **	-0.858	-0.203 ***
C町	-0.539	-0.134 **	-0.544	-0.125 *
サンプル数	2,011		985	
従属変数=0	991		370	
従属変数=1(不便や苦労が増加)	1,020		615	
対数尤度	-1235.2		-575.4	
適合度(%)	66.3		69.1	

註：1）　*: 5%有意，**: 1%有意，***: 0.1%有意。
　　2）　「-」は，変数として用いていないことを示す。
　　3）　「店舗」は，最も利用する店舗である。
資料：筆者推計による。

第Ⅲ章　住民からみた食料品アクセス問題

第Ⅲ-20表　食料品の買い物において不便や苦労が増加した住民の条件（地域別データ）

説明変数	全年齢 A団地 係数	全年齢 A団地 限界効果	全年齢 B町 係数	全年齢 B町 限界効果	全年齢 C町 係数	全年齢 C町 限界効果	65歳以上 A団地 係数	65歳以上 A団地 限界効果	65歳以上 B町 係数	65歳以上 B町 限界効果	65歳以上 C町 係数	65歳以上 C町 限界効果
定数項	-0.740	-0.179	-1.557	-0.336 **	-0.996	-0.225 *	2.087	0.432	1.743	0.404	2.063	0.469
店舗までの道路距離												
250m～500m未満	0.737	0.182 *	1.077	0.259 *	―		0.937	0.215	0.927	0.189	―	
500m～1km			1.744	0.388 ***	―				1.791	0.314 **		
1～2km	0.560	0.139	1.715	0.404 ***	1.018	0.231 *	0.671	0.156	1.756	0.364 **	0.746	0.138
2～5km					0.509	0.124					0.411	0.083
5～10km	0.596	0.148	2.075	0.458 ***	0.847	0.202 *	1.223	0.285	2.092	0.365 **	0.738	0.142
10km以上					1.544	0.368 ***					1.481	0.318 *
店舗までの交通手段												
自動車（自身の運転）	0.005	0.001	-0.346	-0.085	1.075	0.242	-0.310	-0.077	-0.689	-0.164	1.510	0.230
自動車又はバイク（自身の運転）	-0.277	-0.068	-1.209	-0.292 ***	-0.536	-0.132	-0.544	-0.135	-1.565	-0.367 ***	-0.407	-0.087
自動車（同居家族、他世帯の人による）	-0.301	-0.074			0.454	0.111	-0.194	-0.048			0.274	0.057
バス	0.388	0.097	0.186	0.046	1.723	0.355 **	0.406	0.098	0.786	0.165	1.827	0.281 *
その他	-0.532	-0.128			0.891	0.205	-0.734	-0.182			0.770	0.139
65歳以上	0.601	0.149 *	0.979	0.240 ***	0.778	0.192 ***	―		―		―	
男性	-0.867	-0.211 ***	-0.095	-0.024	0.122	0.030	-0.981	-0.238 ***	-0.513	-0.121	-0.225	-0.049
世帯員数（数値）	-0.066	-0.016	-0.060	-0.015	-0.095	-0.024	-0.055	-0.014	-0.060	-0.014	-0.104	-0.022
近くに別居している家族有り	-0.157	-0.039	-0.458	-0.114 **	-0.121	-0.030	-0.116	-0.028	-0.584	-0.132 *	-0.233	-0.050
世帯に要介護認定者有り	0.791	0.193 *	1.022	0.247 ***	0.202	0.050	0.472	0.111	1.099	0.218 **	0.130	0.027
生計維持者の状況												
給与所得者（正規）	-0.259	-0.064	0.133	0.033	-0.212	-0.053	0.273	0.065	-0.019	-0.004	0.849	0.155
給与所得者（非正規）	0.134	0.034	0.477	0.118	-0.001	0.000	-0.376	-0.093	-0.959	-0.234	0.356	0.071
自営業者	0.185	0.046	0.530	0.132 *	-0.114	-0.029	0.082	0.020	0.480	0.104	-0.899	-0.212 *
その他	0.202	0.051	0.534	0.132	-0.274	-0.068	1.013	0.215	0.393	0.084	-0.040	-0.009
地域のサークルやイベントに参加	0.380	0.095	-0.013	-0.003	-0.116	-0.029	0.228	0.055	-0.051	-0.012	0.007	0.001
老研式活動能力指標（数値）	―		―		―		-0.217	-0.053 *	-0.160	-0.037	-0.177	-0.038 *
サンプル数	494		706		872		260		312		431	
従属変数=0	257		369		426		113		123		152	
従属変数=1（不便や苦労あり）	237		337		446		147		189		279	
対数尤度	-313.2		-420.1		-505.4		-159.5		-172.1		-240.0	
適合度（％）	65.8		68.7		68.8		66.9		74.0		71.7	

註：1） *：5%有意、**：1%有意、***：0.1%有意。
　　2）「―」は、変数として用いていないことを示す。
　　3）「店舗」は、最も利用する店舗である。
資料：筆者推計による。

なったと感じる確率が低下しており，状況の変化への対応力があると考えられる。

地域別データによる推計結果をみると，その地域別特徴も明らかとなる。まず，全地域共通の条件として，65歳以上の場合に不便や苦労の増加が感じられる度合いが高い。この点は，不便や苦労の有無において，地域によっては必ずしも65歳以上であることが有意な影響を与えなかったことと対照的である。

65歳以上の結果をみると，道路距離は，A団地では有意ではなく，B市では500m以上で有意，C町では10km以上で有意と大きな地域差がみられる。A団地では，店舗までの距離が不便や苦労が増加したと感じる度合に影響を及ぼしていない。自分自身による自動車の運転は，B市のみで有意にマイナスとなった。その限界効果は，-36.7％ポイントと，距離が500m以上の場合のプラスの限界効果（31.4〜36.5％ポイント）にほぼ匹敵する大きさであった。交通手段に関する特徴は，C町において，バス利用が大きなプラスの限界効果となっており，特に買い物にバスを利用する住民にとって，過去における不便や苦労の増加が大きかったことを意味する。これは，後述するように，公共交通サービスの縮小と関係しているかもしれない。また，C町の65歳以上では，自営業者が有意にマイナスであった。2．でも触れたように，C町の自営業者の多くは農業者である。農業者は，野菜などが自給できることから，過去において食料品の買い物の不便や苦労が増加したと答える確率が低くなっているとみられる。

(3) 不便や苦労が多くなった理由

次に，不便や苦労が多くなったと回答した住民について，その理由を整理したものが第Ⅲ-21表である。年齢階層別地域別に回答割合の多い理由をみると，A団地の65歳未満とB市の住民は，「行きつけの店が閉店した」を理由にあげる住民が最も多く，次に「体力的にきつくなった」が続く。A団地の65歳以上の住民については，「体力的にきつくなった」が最も多

第Ⅲ章　住民からみた食料品アクセス問題

第Ⅲ-21表　不便や苦労が多くなった理由

(人，%)

	A団地				B市				C町			
	65歳未満		65歳以上		65歳未満		65歳以上		65歳未満		65歳以上	
全体	100	-	207	-	143	-	233	-	140	-	420	-
1. 行きつけの店が閉店した	55	(55.0)	58	(28.2)	111	(77.6)	149	(64.2)	114	(81.4)	272	(64.8)
2. 体力的にきつくなった	34	(34.0)	137	(66.5)	29	(20.3)	89	(38.4)	13	(9.3)	81	(19.3)
3. 車の運転がきつくなった	-	-	-	-	10	(7.0)	15	(6.5)	13	(9.3)	56	(13.3)
4. 交通が不便になった	4	(4.0)	6	(2.9)	11	(7.7)	18	(7.8)	15	(10.7)	90	(21.4)
5. 手伝ってくれる家族がいなくなった	7	(7.0)	10	(4.9)	8	(5.6)	19	(8.2)	11	(7.9)	49	(11.7)
不明	0	-	1	-	0	-	1	-	0	-	0	-
不明を除く	100	(100.0)	206	(100.0)	143	(100.0)	232	(100.0)	140	(100.0)	420	(100.0)

註：1)「不便や苦労が多くなった」と回答した者についてのもので複数回答。
　　2) A団地については「3. 車の運転がきつくなった」の選択肢を設けていない。
　　3)（　）内は、不明を除く合計に対する割合。
資料：筆者ら調査による。

第Ⅲ-22表　不便や苦労が多くなった理由の年齢階層間・地域間比較

	年齢階層間比較 65歳以上－65歳未満			地域間比較 65歳未満				地域間比較 65歳以上			
	A団地	B市	C町	A-B	B-C	C-A	まとめ	A-B	B-C	C-A	まとめ
1. 行きつけの店が閉店した	---	--	---	---		+++	B,C>A	---		+++	B,C>A
2. 体力的にきつくなった	+++	+++	++	+	+	---	A>B>C	+++	+++	---	A>B>C
3. 車の運転がきつくなった	/	/	/	/	/	/	/		--	/	C>B
4. 交通が不便になった			++					-	---	+++	C>B>A
5. 手伝ってくれる家族がいなくなった										+	C>A

註：1)　+, －等は割合の差が有意にプラスまたはマイナスであることを示す。+++および---：0.1％有意，++および--：1％有意，+および-：5％有意。地域間比較については多重比較であるので，3通りの比較全体についての有意水準である。
　　2)　例えば「A>B」はA団地の割合がB市よりも有意に高いこと，「A, B」は有意差がないことを示す。
　　3)　「3. 車の運転がきつくなった」は，B市とC町の比較のみである。
資料：筆者作成。

く，66.5％を占めている。なお，A団地では65歳未満の住民についてもこの割合が34.0％を占めており，A団地では，店舗の閉店という供給側の要因よりも，住民側の要因が大きかったことを示している。

一方，C町では，65歳以上かどうかを問わず，「交通が不便になった」が2位となっており，65歳以上の住民では21.4％，65歳未満でも10.7％の住民がこれをあげている。また，C町の65歳以上の住民は，「車の運転がきつくなった」と回答した住民も13.3％おり，C町では，不便や苦労が多くなった理由として公共交通機関の問題とともに高齢化による自動車の運転の問題が大きな問題として受けとめられていることがわかる。

次に，これらの回答について，年齢階層間の比較と地域間の比較を行ってみよう。地域間の比較は3群の比較であるので，多重比較法を用いる[註3]。第Ⅲ-22表は，これらの検定を行った結果である。まず，年齢階層間比較では，いずれの地域においても「行きつけの店が閉店した」は65歳未満の方が割合は高い。また，当然のことながら，「体力的にきつくなった」は65歳以上の方が割合は高い。さらに，C町では，特に65歳以上の住民が「交通が不便になった」ことを理由としている。

地域間比較の結果をみると，65歳未満も65歳以上も「行きつけの店が閉店した」はA団地よりも，B市とC町で高い割合となっている。また，「体力的にきつくなった」は割合が高い順に，A団地，B市，C町となっ

ている。3地域の中では，相対的に食料品店へのアクセス条件が悪いＣ町よりも，アクセス条件がよいＢ市やＡ団地で体力的な問題が多く指摘されていることは意外である。農村地域の住民よりも都市的地域の住民の方が体力の衰えが早いのであろうか。あるいは，アクセス条件がよい分，体力的な問題を相対的に大きく感じるのであろうか。この点については，より深い検討を加える必要がある。

そのほかの理由としては，Ｃ町の65歳以上の住民が他地域よりも多く指摘しているのが，「車の運転がきつくなった」（Ｂ市との比較），「交通が不便になった」，「手伝ってくれる家族がいなくなった」である。Ｃ町の65歳以上の住民は，自分自身の車の運転の問題と公共交通の問題を併せて，店舗までの移動手段の問題が不便や苦労を増大させたと感じている。また，「手伝ってくれる家族がいなくなった」がＣ町でＡ団地よりも多いのは，Ａ団地で手伝ってくれる家族が確保されているからではなく，Ａ団地ではもともと家族における買い物支援者が少なかったのに対して，Ｃ町では，それまで存在していた買い物支援をしてくれる家族がいなくなった状況を示していると考えられる。

このように，食料品の買い物における不便や苦労が多くなった理由は，年齢階層間により，また，地域により特徴があり，食料品アクセス問題の多様性を示していると言える。

(4) 住民の状況に応じた不便や苦労が多くなった理由

以上から予想されるように，不便や苦労が多くなった理由は，店舗までの距離，店舗までの交通手段，高齢者か否かといった住民がおかれている状況の影響を受けると考えられる。このため，これらの関係を数量的に検討する。その中でどのような住民が「体力的にきつくなった」ことを理由にあげているのかも明らかにできる。用いる手法は数量化Ⅲ類である。この手法の説明は，本章２．の註12を参照されたい。

以下で用いる変数は，住民の状況を分類するために設けた6変数（遠・

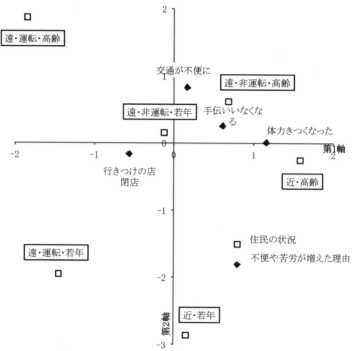

第Ⅲ－2図　住民の状況と不便や苦労が増えた理由
註：1)　住民の状況のうち,「遠」は最も利用する店舗までの道路距離が1km以上,「近」は1km未満。「運転」は店舗まで自分で自動車やバイクを運転,「非運転」はそれ以外。「高齢」は65歳以上,「若年」は65歳未満。
2)　「食料品の買い物で不便や苦労が増えた」と回答した住民についてのもの。
資料：筆者作成。

非運転・高齢，遠・非運転・若年，遠・運転・高齢，遠・運転・若年，近・高齢，近・若年）および不便や苦労が多くなった理由4変数であり，3地域のデータをプールして用いる(註4)。これにより地域ごとの特性を捨象して，3地域共通の住民の状況との関係を検討する。住民の状況を分類する基準は，「遠」は最も利用する店舗までの道路距離が1km以上,「運転」は店舗まで自分で自動車やバイクを運転,「高齢」は65歳以上であり，いずれも買い物における不便や苦労に大きな影響を及ぼす要因として2．で抽出されたものである。

　結果は第Ⅲ－2図の通りである。第2軸までの累積寄与率は31.4％であるが，相関係数は第1軸0.7906，第2軸0.7380と十分に高い。まず，4

つの理由とも,「非運転」あるいは「近・高齢」の近くに配置されており,これらの理由が,自分で自動車を運転しないこと,あるいは店舗まで近い高齢者と深く関係していることを示している。その中で,「体力的にきつくなった」を理由に挙げた住民は,高齢で店舗までの距離が近い住民あるいは店舗まで遠いが自動車を運転しない住民との結びつきが強いことが示されている。また,「交通が不便になった」を理由に挙げた住民は,高齢・若年を問わず,店舗までの距離が遠いが自動車を運転しない住民と結びついている。そして「手伝ってくれる家族がいなくなった」は,店舗まで遠いが自動車を運転しない高齢者と結びついていることが示されている。「行きつけの店が閉店した」は,店舗まで遠い若年と関係しているとみられる。

(5) 結果のまとめと含意

　本節では,住民意識調査の結果を利用して,食料品の買い物における不便や苦労の5年前からの変化を検討した。その結果,5年前から不便や苦労が多くなったと感じている住民は3地域とも特に高齢者に多いことが明らかとなった。実際どのような条件にある住民が不便や苦労が多くなったと答えたのかを検討すると,距離がごく近距離でも不便や苦労が多くなったと回答させる方向に影響し,自身による自動車利用と高齢者の自立度は不便や苦労が多くなったと回答させる確率を減少させた。また,非高齢者よりも高齢者の方が有意に不便や苦労が多くなったと回答した。地域別にみると地域ごとに事情は異なるが,例えばC町の高齢者については,交通手段としてバスを利用している住民に不便や苦労が増加していた。逆に,農業者は不便や苦労の増加が抑制されていた。
　不便や苦労が多くなった理由は,供給側の要因としての「行きつけの店の閉店」,需要側の要因としての「体力的にきつくなった」ことが多く指摘された。また,C町の高齢者は「交通が不便になったこと」を指摘した。店舗までの距離,自動車運転の有無,年齢といった住民の状況に応じた理由を検討すると,「体力的にきつくなった」ことをあげる住民は,店舗まで

遠くても自動車を運転しない高齢者や,店舗まで近い高齢者と結びついていることが示唆された。また,「交通が不便になった」ことをあげた住民は店舗まで遠いが自動車を運転しない住民(高齢・若年)であることが示唆された。

これらを踏まえると,店舗までの距離が近い大都市郊外の団地では体力の問題から,地方都市や店舗までの距離が遠い農山村では,店舗の閉鎖や公共交通の廃止などにより高齢者の負担が増えている可能性がある。問題の解決に向けては,それぞれの地域の実態を踏まえた対策を検討し,実施する必要がある。

(註1) 3地域間の比率の差の検定は,Ryan (1960)の方法によった。
(註2) 第Ⅲ-18表にみるように,不便や苦労が多くなったと回答したのは,圧倒的に65歳以上が多いため,ここでは,65歳未満の分析は行わない。
(註3) 註1を参照。
(註4)「車の運転がきつくなった」はA団地で選択肢として設けていないので,ここでの変数から除外した。

第IV章　食料品アクセス問題と高齢者の栄養・健康問題

　超高齢社会における重要な課題の一つとして高齢者の健康問題が挙げられよう。本章では，これまでの章で明らかにした食料品アクセス問題や食の外部化の進展が高齢者の食品摂取，ひいては健康問題にどのような影響を及ぼすのかを検討する。まず，1．では，高齢者の健康と食品摂取についてこれまでに明らかにされてきたことおよび大都市郊外団地の例における食品摂取の現状をみる。次に，2．では，一人で食べるかどうかなどの社会的要因が高齢者の食品摂取にどのような影響を及ぼすのかを検討する。そして，最後に3．で，食料品アクセスの状況や外部化の進展に社会的要因も加えて，これらと食品摂取，高齢者の健康との関連を数量的に明らかにする。

1．高齢者の健康と食品摂取の現状

(1) 高齢者の健康指標と食品摂取の多様性得点

　高齢者については，自立度が健康度の指標となる（WHO1984）。病気の有無は若い人にとっては健康度の指標となるが，多くの高齢者は何らかの病気を持っているため，これを指標とするとほとんどの高齢者が健康では無くなってしまう。しかし，何らかの病気を持っていても多くの高齢者は外出したり，「元気」に活動したりしている。したがって，高齢者については，病気ではなく地域社会において独力で生活を営む能力を健康指標とすることが適当である。

第Ⅳ-1表　老研式活動能力指標

手段的自立	(1)	バスや電車を使って一人で外出できますか
	(2)	日用品の買い物ができますか
	(3)	自分で食事の用意ができますか
	(4)	請求書の支払ができますか
	(5)	銀行預金・郵便貯金の出し入れが自分でできますか
知的能動性	(6)	年金などの書類が書けますか
	(7)	新聞を読んでいますか
	(8)	本や雑誌を読んでいますか
	(9)	健康についての記事や番組に関心がありますか
社会的役割	(10)	友だちの家を訪ねることがありますか
	(11)	家族や友だちの相談にのることがありますか
	(12)	病人を見舞うことができますか
	(13)	若い人に自分から話しかけることがありますか

資料：古谷野ほか（1987）

　この能力は高次生活機能といわれる。高齢者の生活機能には，最も基本的な，①歩行，②排泄，③食事，④入浴，⑤着脱衣の5つの日常生活動作があるが，地域社会において独力で生活を営むためには，これら5項目に加えて，より高い水準の能力（「高次生活機能」）である①手段的自立，②知的能動性，③社会的役割が求められる。手段的自立は「掃除」「食事の準備」「金銭の管理」など様々な手段を自在に選択し日常生活を自己完結する能力，知的能動性は「探索」「創作」「余暇活動」など知的な活動の能力，社会的役割は「人を思いやる」「相談にのる」「若い世代との積極的な交流」など地域社会で人を愛しみ利他的に行動できる能力であるとされる（熊谷2012）。

　これらの機能は「老研式活動能力指標」により数値化できる。「老研式」とは当時の東京都老人総合研究所で開発されたことに由来する。これは第Ⅳ-1表に示した13の質問に対する「はい」の数で表される（13点満点）。これらのうち1～5が手段的自立，6～9が知的能動性，10～13が社会的役割の指標となる（古谷野ほか1987，熊谷2007a）。

　ただし，老研式活動能力指標が開発されたのは1980年代半ばであり，この指標で計測した自立度はこの30年間で大きく向上し，この間の社会の変化に合わなくなっている面がある。このため，国立長寿医療研究セン

ターは，16項目の得点で測定する新たな指標を開発した。その細分は，「社会参加」，「新機器利用」，「情報収集」，「生活マネジメント」のそれぞれ4項目ずつからなっている。新たな指標は従来の指標と併せて29項目での使用も可能だとされている（社会技術研究開発センター）。

今後の高齢化の進展のなかで，要介護となる高齢者も増加する可能性があり，介護対策が重要となる一方，高齢者人口の8割以上を占める，健康でアクティブなシニアが，健康を維持しながらできるだけ長く介護に頼ることなく快適な生活を送れることが重要となる（高城2012）。

このような高次生活機能の維持は，食生活と密接な関係にあるといわれている。まず，身体のタンパク質栄養状態の悪化が老化を早め，そして，下肢筋力の老化が高次生活機能の自立性に障害をもたらす。したがって，タンパク質栄養状態の指標である血清アルブミン値の高いグループほど最大歩行速度の低下量が少ない（老化が遅い）（熊谷2012）。

そして，高次生活機能の低下を予防する食事パターンとして，ごはん・みそ汁・漬物の高頻度摂取パターンや，植物性食品の高頻度摂取パターンに比べて，肉類・牛乳・油脂類の高頻度摂取パターンの方が，知的能動性の低下リスクが有意に低く，「肉類，卵，牛乳・乳製品などの動物性食品と油脂類をよく摂取する適度に欧米化した多様性に富んだ食品摂取習慣が高次生活機能の障害リスクを抑える」とされる（前掲書）。

この，食品摂取の多様性を評価するための指標として「食品摂取の多様性得点」が考案されている。これは，主菜，副菜を構成する「肉類」，「魚介類」，「卵」，「牛乳」，「大豆・大豆製品」，「緑黄色野菜」，「果物」，「いも類」，「海藻類」および「油脂類」の10食品群のそれぞれに対してほぼ毎日摂取していれば1点を与え，その合計を得点とするものである（10点満点）（熊谷ほか2003，熊谷2007b）。

この得点は，摂取量ではなく摂取頻度で測ること，食品摂取を品目群でとらえているという特徴があり，現状把握のみならず実践にも使いやすい指標であると言える。そして，この得点が高いほど，高次生活機能のうち知的能動性と社会的役割の低下リスクが有意に低くなることが明らかに

第Ⅳ-2表 食品摂取多様性得点各群の5年間の老研式活動能力指標得点低下の相対危険度

食品摂取多様性得点	1〜3点群	4〜8点群	9〜10点群
老研式活動能力指標			
総合点	1.00	0.72	0.61
手段的自立	1.00	0.92	0.71
知的能動性	1.00	0.50 *	0.40 **
社会的役割	1.00	0.44 **	0.43 *

註：1）調整変数：性，年齢，学歴，老研式活動能力指標のベースラインの得点
　　2）* P<0.05, ** P<0.01
資料：熊谷ほか（2003）より抜粋。

なっている（第Ⅳ-2表）（熊谷ほか2003）。

　以上の老研式活動能力指標と食品摂取の多様性得点は，いずれも計測時点の状態を明らかにするものであるが，将来低栄養になるリスクを事前に把握するために考案されたものとして「低栄養リスク得点」がある。これは，次のように点数を与えたもので，最高4点となる（熊谷ほか2005）。

　　1．「手段的自立」得点5点未満 ……… 1点
　　　（「手段的自立」は第Ⅳ-1表参照）
　　2．過去1年の入院歴あり　…………1点
　　3．過去1年の転倒歴あり　…………1点
　　4．「趣味やけいこごと」をしない ……1点
　　　（「ときどきする」程度の場合は「しない」になる。）

(2)　食品摂取の多様性得点の現状

　さて，高齢者の健康を維持する上で重要な食生活の指標である食品摂取の多様性得点の現状はどうなっているのであろうか。筆者らは2013年9月〜10月に第Ⅲ-1表で示した3地域のうち，大都市郊外団地であるA団地において，主として食品摂取の状況に関する調査を行った（返送数826。回収率38.4％）。その回答者の属性は第Ⅳ-3表のとおりである。回答者の多くは高齢者で，65歳以上が73.1％を占める。また，女性が64.6％を占めている。さらに，単身世帯が54.8％，このうち高齢単身世

第IV章　食料品アクセス問題と高齢者の栄養・健康問題

第IV-3表　回答者の属性
(人, %)

	A団地（2013）	
全体	826	
年齢別		
40歳未満	21	(2.7)
40～49歳	39	(5.0)
50～59歳	62	(7.9)
60～64歳	89	(11.3)
65～69歳	149	(19.0)
70～74歳	169	(21.5)
75歳以上	256	(32.6)
65歳以上（再掲）	574	(73.1)
不明	41	－
不明を除く	785	(100.0)
男女別		
男	278	(35.4)
女	507	(64.6)
不明	41	－
不明を除く	785	(100.0)
世帯類型		
高齢単身世帯	331	(42.3)
その他単身世帯	98	(12.5)
高齢夫婦世帯	166	(21.2)
その他2人世帯	92	(11.7)
3人以上世帯	96	(12.3)
不明	43	－
不明を除く	783	(100.0)

註：（　）内は，不明を除く合計に対する割合。
資料：筆者ら調査による。

第IV-4表　食品摂取の多様性得点（平均）
(点)

	男	女	平均
50歳未満	2.47	2.62	2.58
50～64歳	2.12	3.46	2.84
65～74歳	2.70	3.62	3.29
75歳以上	2.83	3.76	3.48
65歳以上（再掲）	2.75	3.69	3.37
平均	2.57	3.56	3.21

註：A団地（2013）におけるものである。
資料：筆者ら調査による。

帯が42.3％と多くを占めている。

　そこでの年齢階層別，男女別の食品摂取の多様性得点の平均は第IV-4表の通りであった。10点満点のうち，男性平均が2.6，女性平均が3.6であり，男性の方が低い。また，概して若くなるほどこの得点が低くなっている。年齢が下がるにつれて低くなるのが，年齢の特性によるものなのかコーホートの特性によるものなのかは1時点のデータからは判断できない。しかし，もし，コーホートの特性による部分が大きいならば，将来の高齢者の多様性得点は，現在の高齢者よりも低下していくおそれがある。

　なお，熊谷ほか（2003）が1992年に行った秋田県南外村での調査では，

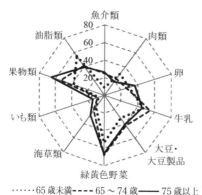 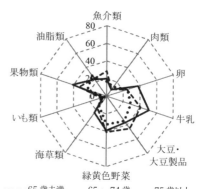

第IV-1図 ほとんど毎日食べる者の割合（女）
註：A団地（2013）におけるものである。
資料：筆者作成。

第IV-2図 ほとんど毎日食べる者の割合（男）
註：A団地（2013）におけるものである。
資料：筆者作成。

75歳以上の平均が男性6.7，女性6.4とかなり高い。この調査結果との違いが20年以上という時点間の差と地域差のいずれによるかは不明である。しかし，浅川（2013）が港区と鹿児島県佐多地区で行った調査（それぞれ2010年と2012年）では，65歳以上の平均で，港区が男性3.6，女性4.3，佐多地区が男性2.5，女性2.3とかなり低い結果となっている。

この多様性得点を，構成する品目ごとの頻度でみたものが第IV-1図（女）と第IV-2図（男）である。食品摂取の多様性得点が，ほとんど毎日食べる品目の数で表されるものであるから，ここでは，品目ごとに，ほとんど毎日食べると回答した者の割合で示している。これにより，得点の差がどのような品目の摂取頻度の差に起因するかをみることができよう。

まず，男性と女性を比べると，男性は多くの品目で摂取頻度が低いが，特に緑黄色野菜，果物類，油脂類および肉類で頻度が低い。年齢階層別に比べると，65歳未満の住民は，女性については，大豆・大豆製品，緑黄色野菜，果物類および魚介類の頻度が，男性については，卵，牛乳，緑黄色野菜および果物類の頻度が低い。

しかしながら，男女，すべての年齢階層を通じて，大豆・大豆製品，海草類，いも類，魚介類および肉類をほとんど毎日食べている人が少ないことが，全体的に得点を低めている要因となっている。

第Ⅳ-5表　食品摂取の多様性得点と自己認識

(人, %)

	健康を考慮したバランスの良い食事を摂っていると思うか			
	そう思う	概ねそう思う	あまり思わない	思わない
全体	196 (24.9)	370 (47.7)	177 (22.7)	37 (4.8)
多様性得点				
0～2	48 (24.9)	129 (34.9)	111 (63.1)	32 (86.5)
3～4	68 (35.2)	139 (37.6)	51 (29.0)	4 (10.8)
5～6	43 (22.3)	76 (20.5)	14 (8.0)	1 (2.7)
7～8	21 (10.9)	22 (5.9)	0 (0.0)	0 (0.0)
9～10	13 (6.7)	4 (1.1)	0 (0.0)	0 (0.0)
不明	3　－	0　－	1　－	0　－
不明を除く合計	193 (100.0)	370 (100.0)	176 (100.0)	37 (100.0)

註：( )内は，不明を除く合計に対する割合。
資料：筆者ら調査による。

　筆者らは，現在の食品摂取についての自己認識についても調査している。それによると，健康を考慮したバランスの良い食事を摂っていると思っている人が24.9％と約4分の1を占め，概ねそう思っている人が47.7％と半分弱を占めた。しかし，バランスがとれていると思っていない人の多様性得点は低い一方，バランスの良い食事を摂っていると思っている人の中には多様性得点の低い人も多く見られる（第Ⅳ-5表）。たとえば，バランスの良い食事を摂っていると思っている人でも多様性得点が0～2点の人が4分の1に達する。このことは，自分たちが思っている「バランスの良い食事」と多様性得点との間に乖離があることを意味する。

　どこでそのような乖離が生じるのかを明らかにするために作成した図が，第Ⅳ-3図と第Ⅳ-4図である。両図とも，第Ⅳ-5表で「そう思う」と回答した者についてのものである。品目ごとに，前者は1週間の平均摂取日数，後者はほとんど毎日摂取している人の割合を示しているが(注1)，2つの図には大きな違いがある。1週間の平均摂取日数でみると，多様性得点が4～5点以下の人も，いも類の摂取頻度が低いことを除いて品目間に大きな違いはなく，10品目が比較的バランスがとれているといえる。しかしながら，ほとんど毎日食べている人の割合でみると，4～5点以下の人は，大豆・大豆製品，海草類，いも類，魚介類，肉類，卵の割合が低く，品目間に大き

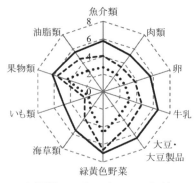

第Ⅳ－3図　自己評価の高い人について1週間の平均摂取日数

註：1)　A団地(2013)におけるものである。
　　2)　「健康を考慮したバランスの良い食事を摂っているか」という質問に「そう思う」と回答した人についてのものである。
資料：筆者作成。

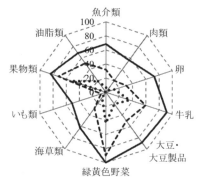

第Ⅳ－4図　自己評価の高い人についてほとんど毎日食べる人の割合

註：1)　A団地(2013)におけるものである。
　　2)　「健康を考慮したバランスの良い食事を摂っているか」という質問に「そう思う」と回答した人についてのものである。
資料：筆者作成。

なばらつきがある。これらの品目は，たとえば2日に1回食べていても，毎日食べていなければ多様性得点にはカウントされないから，自分ではバランスがとれていると思っていても（そして，実際，平均摂取日数ではバランスがとれていても），多様性得点が低いケースが生じる。

(3)　食品摂取の多様性得点に影響する要因

　食料品アクセス問題が重要となるのは，それが家庭におけるフードセキュリティを脅かす可能性があり，それが高齢者の食品摂取，ひいては健康に悪影響を及ぼすことが懸念されるからである。ここでは，筆者らの調査結果に基づいて，食料品へのアクセスの状況と食品摂取の多様性得点との関係をみる。しかしながら，食品摂取に影響を及ぼす可能性がある要因は，食料品へのアクセス状況だけではない。これまでの研究で，社会的要因もこれに影響を及ぼすことが示唆されている（第Ⅰ章3．(4)）。また，今後とも進展するとみられる食の外部化（第Ⅱ章1．）も食品摂取に影響を

第Ⅳ章　食料品アクセス問題と高齢者の栄養・健康問題

第Ⅳ-6表　買い物における不便や苦労と食品摂取の多様性得点平均
(点)

	買い物における不便・苦労	
	なし	あり
65歳未満	2.82	2.65
65歳以上	3.49	3.11 *

註：1)　買い物における不便や苦労「あり」は，「不便や苦労がある」「不便や苦労を感じることがある」と回答した者，「なし」は「不便や苦労はあまりない」「不便や苦労は全くない」と回答した者。
　　2)　*：5％有意。
資料：筆者作成。

第Ⅳ-7表　食事における同伴者の有無と食品摂取の多様性得点平均
(点)

	一人で食事	誰かと食事
65歳未満	2.28	3.30**
65歳以上	3.22	3.62*

註：1)　「誰かと食事」は「誰かと一緒に食べることが多い」「どちらかというと誰かと一緒に食べることが多い」，「一人で食事」は「一人で食べることが多い」「どちらかというと一人で食べることが多い」と回答した者。
　　2)　*：5％有意，**：1％有意。
資料：筆者作成。

及ぼすかもしれない。これらの要因はそれぞれ複雑に関係し合っている可能性がある。しかし，ここでは定性的な観察にとどめ，それらの要因間の関係を考慮した定量的な分析は次節以降で行い，因果関係についての結論はそれを待つことにしたい。

　まず，食料品へのアクセス状況は，第Ⅲ章と同様，食料品における買い物に不便や苦労があるかどうかによってとらえることとする。その苦労の有無で食品摂取の多様性得点に違いがあるのかどうかをみたものが第Ⅳ-6表である。65歳未満については有意な差は認められないが，65歳以上の高齢者については不便や苦労があると回答した者の平均点は3.11で，なしと回答した者の3.49を有意に下回っている。

　次に，社会的要因と食品摂取の多様性得点との関係であるが，ここでは，社会的要因を，食事を誰かと一緒に摂ることが多いか一人で摂ることが多いかでとらえた。第Ⅳ-7表によると，65歳未満でも65歳以上でも一人で食事をすることが多い者の食品摂取の多様性得点は有意に低い。特に，65歳未満の場合にはこれらの差がほぼ1点と大きい。

　最後に食事の準備と食品摂取の多様性得点の関係である。第Ⅳ-8表は，食事の準備を，①生鮮食材を購入して調理することが多いか，②加工品を購入して調理することが多いか(註2)，③そう菜・弁当などを購入することが多いか，④外食を利用することが多いかの4つに分けている。いうまでもなく，後にいくほど，食の外部化の程度が高くなる。そして，②と

第Ⅳ-8表 食事の準備と食品摂取の多様性得点平均
(点)

	生鮮食材を購入して調理	
	しない	する
65歳未満	1.32	3.02**
65歳以上	2.42	3.48**
	加工品を購入して調理	
	しない	する
65歳未満	2.95	2.67
65歳以上	3.61	3.16*
	そう菜・弁当などを購入	
	しない	する
65歳未満	3.14	2.50*
65歳以上	3.58	3.10*
	外食を利用	
	しない	する
65歳未満	2.94	2.51
65歳以上	3.40	3.23

註：1) いずれも「する」は「ほとんどそうである」「たまにそうする」,「しない」は「あまりしない」「ほとんどしない」と回答した者。
　　2) *：5％有意, **：1％有意。
資料：筆者作成。

③はいずれも加工品を購入することで共通しており，③と④は家庭では調理しないことで共通している。

　まず，生鮮食材を購入して調理するかどうかについては，これに該当する方が食品摂取の多様性得点は有意に高くなっている。特に，この差は65歳未満で1.7点，65歳以上で1.1点ときわめて大きくなっている。これだけからでも，外部化の程度が高い回答者の多様性得点は低くなることが予想されるが，さらに詳しく見てみよう。加工品を購入して調理することが多い者は，65歳以上の高齢者で食品摂取の多様性得点が低い。家庭で調理しないで，そう菜や弁当を購入することが多い者は，65歳以上，65歳未満を問わず，食品摂取の多様性得点が有意に低い。しかしながら，外食を利用することが多い者は，いずれの年齢階層も有意な差はなかった。以上から，食の外部化は食品摂取の多様性得点を低めている可能性が示唆されるが，外部化の態様如何で状況が異なるとみられる。

(註1)1週間の平均摂取日数は，週に食べる日数が「ほとんど毎日」を7日，「2日に1回」を3.5日，「1週間を1～2回」を1.5日，「ほとんど食べない」を0日に換算して平均したものである。
(註2)質問票では加工品の例として冷凍食品を挙げ，「冷凍食品など加工品」としたので，回答者の多くは加工食品の中でも特に冷凍食品をイメージしたと考えられる。

2．食品摂取と社会的要因

(1) 目的

　本節の目的は，食品摂取のあり方と高齢者の健康状態が関連しているか否かを検討することに加え，食品摂取のあり方が食事の仕方（ひとりで食べるかそうでないか）や食事の志向性（バランスの良い食事を摂ることを心がけているか否か）といった要因によって影響を受けているか否かについても，計量的に実証することにある。

　高齢者の食事と健康状態については，老年医学，疫学，栄養学などの分野において詳細に検討されており，食品摂取のあり方が高齢者の健康状態を大きく左右することが明らかにされている（熊谷ほか2003など）。どのような食品を摂取すべきかについては，多くの研究が重ねられているが，どのようにすれば必要な食品を摂取するようになるのかについては，これまでほとんど研究がなされてこなかった。すなわち，食事の仕方（ひとりで食べるかそうでないか）や食事の志向性（バランスの良い食事を摂ることを心がけているか否か）によって食品摂取のあり方が異なるのであれば，それらの点について政策的に介入することによって，高齢者の健康状態を良好に保つ食事に導く可能性が生じる。そこで本研究では，食品摂取のあり方が食事の仕方（ひとりで食べるかそうでないか）や食事の志向性（バランスの良い食事を摂ることを心がけているか否か）といった要因を含めて分析することとした。

　これまでの多くの研究が，性別を要因のひとつとしつつも，男女を一緒

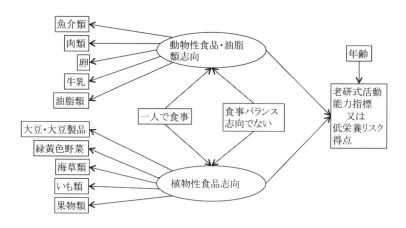

第Ⅳ-5図 潜在変数を含んだパス解析モデル

にして分析がなされてきた。しかしながら男性と女性では，特に高齢期においては，それぞれの日常生活世界が大きく異なっていることから，それぞれに固有の要因連関があり得る。そこで本章では，男女を別々に分析することとした。

(2) 潜在変数を含んだパス解析

　本節の分析では，2013年9～10月にA団地において行われた配票調査より得たデータを用いた。ただし本節では，高齢者の健康状態を明らかにすることが目的であるため，65歳以上の男性（192ケース），女性（380ケース）に限定して分析を行った。
　分析方法としては，潜在変数を含んだパス解析を用いた。分析に用いたモデルは，第Ⅳ-5図に示したとおりである。
　本調査では，食品摂取多様性得点を測定するために，10品目の食品群（肉類，魚介類，卵，牛乳，油脂類，大豆・大豆製品，緑黄色野菜，果物，海草類，芋類）のそれぞれについて摂取頻度を尋ねている。これらの食品群を，動物性食品と油脂類，および植物性食品の2群に大別して，それぞれの食品群の摂取頻度について確証的因子分析を行い，「動物性食品と油

脂類摂取頻度因子」と「植物性食品摂取頻度因子」という2因子構造が見られることをまず確認した。なお，食品摂取頻度については質問紙における順番とは逆転させ，「1．ほとんど食べない」，「2．1週間に1～2回」，「3．2日に1回」，「4．ほとんど毎日」として用いた。

次に，「動物性食品・油脂類志向」「植物性食品志向」のそれぞれを従属変数とし，食品摂取のあり方が食事の仕方（ひとりで食べるかそうでないか）と食事の志向性（バランスの良い食事を摂ることを心がけているか否か）を独立変数とする分析を行った。この分析においては，「ひとりで食事」をとることが多い人とそうでない人では，また食事についてバランス志向な人とそうでない人では，それぞれ摂取している食品に差があるか否かを検討することができる。

このパス解析モデルの最終的な被説明変数は老研式活動能力指標と低栄養リスク得点である。老研式活動能力指標は0～13点の値をとり，得点が高いほど活動能力が高いことを示す指標であり，打ち切り変数（ある範囲を超えると値が観測されない変数）として分析に用いた。一方，低栄養リスク得点は，「0．リスク低群」「1．リスク高群」である。これらの変数はともに年齢の影響を受けることが知られているので，年齢をコントロールすることとした。そのうえで，「動物性食品・油脂類志向」「植物性食品志向」が老研式活動能力指標および低栄養リスク得点に対してどのような影響をおよぼしているかを検討する。

統計解析ソフトM-plusにおいては，これらのパス解析を同時に行うことができる。まず，老研式活動能力指標を従属変数としたモデルについて，男性高齢者のみ，女性高齢者のみにそれぞれ限定して分析を行った。次に，低栄養リスク得点従属変数としたモデルについても同様に分析を行った。

(3) 分析結果

1) 老研式活動能力指標を従属変数としたモデル

男性のみを対象とした分析結果を第Ⅳ-6図に示した。確証的因子分析

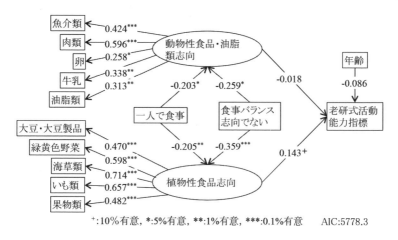

第Ⅳ－6図　老研式活動能力指標を従属変数としたモデル（男性）

の結果，両食品群ともにすべての食品の摂取頻度が有意な水準に達しており，標準化したパス係数はすべて正の値を示していた。すなわち，肉類を食べる人は魚介類などその他の動物性食品と油脂類をほぼ同様の摂取頻度で食べており，緑黄色野菜を食べている人は海草類などその他の植物性食品をほぼ同様の摂取頻度で食べていることが示された。

　これらの「動物性食品・油脂類志向」「植物性食品志向」のそれぞれを従属変数とし，「ひとりで食事」「バランス志向でない」を独立変数としたモデルの分析結果からは，ひとりで食事をする傾向にある人およびバランス志向ではないと回答した人では，両方の食品群についていずれもその摂取頻度が有意に低くなることが示された。

　老研式活動能力指標を従属変数とし，「動物性食品・油脂類志向」「植物性食品志向」を独立変数として分析した結果，「動物性食品・油脂類志向」は有意な水準に達しておらず，「植物性食品志向」については傾向差（p<.1）が見られた。すなわち，動物性食品と油脂類の摂取頻度と活動能力には有意な関連がみられないが，植物性食品の摂取頻度については，頻度が高いほど活動能力が高いという関連が傾向差として見られることが示された。なお，老研式活動能力指標と年齢の関連は有意な水準に達していなかっ

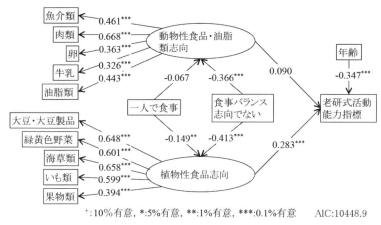

第Ⅳ-7図　老研式活動能力指標を従属変数としたモデル（女性）

　次に女性のみを対象とした分析結果である第Ⅳ-7図について説明する。確証的因子分析の結果，両食品群ともにすべての食品の摂取頻度が有意な水準に達しており，標準化したパス係数はすべて正の値を示していた。すなわち，肉類を食べる人は魚介類などその他の動物性食品と油脂類をほぼ同様の摂取頻度で食べており，緑黄色野菜を食べている人は海草類などその他の植物性食品をほぼ同様の摂取頻度で食べていることが示された。

　これらの「動物性食品・油脂類志向」「植物性食品志向」のそれぞれを従属変数とし，「ひとりで食事」「バランス志向でない」を独立変数として分析した結果，ひとりで食事をする傾向と「動物性食品・油脂類志向」は有意な水準に達していなかったが，それ以外はすべて有意な水準に達していた。すなわち，バランス志向ではないと回答した人では動物性食品と油脂類，および植物性食品の摂取頻度が有意に低くなり，ひとりで食事をする傾向にある人では植物性食品の摂取頻度が有意に低くなることが示された。

　老研式活動能力指標は，年齢と有意な負の関係を示していた。すなわち，年齢が高くなるほど活動能力が下がるという関係が有意にみられる。

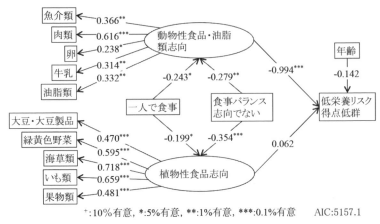

第Ⅳ-8図 低栄養リスク得点を従属変数としたモデル（男性）

この関係をコントロールした上で，老研式活動能力指標を従属変数とし，「動物性食品・油脂類志向」「植物性食品志向」を独立変数として分析した。その結果，「動物性食品・油脂類志向」は有意な水準に達しておらず，「植物性食品志向」については有意な関連が見られた（p<.01）。すなわち，動物性食品と油脂類の摂取頻度と活動能力には有意な関連がみられないが，植物性食品の摂取頻度については，頻度が高いほど活動能力が高いという関連が有意に見られることが示された。

2） 低栄養リスク得点を従属変数としたモデル

男性のみを対象とした分析結果を第Ⅳ-8図に示した。低栄養リスク（0：低群，1：高群）を従属変数とし，「動物性食品・油脂類志向」「植物性食品志向」を独立変数として分析した結果，「動物性食品・油脂類志向」は有意な負の関連がみられ，「植物性食品志向」についてはその関連は有意な水準に達していなかった。すなわち，動物性食品と油脂類の摂取頻度が高いほど低栄養リスクは低群となることが示され，植物性食品の摂取頻度については低栄養リスクとの関連がみられないことが示された。なお，低栄養リスクと年齢の関連は有意な水準に達していなかった。

最後に，女性のみを対象とした分析結果を第Ⅳ-9図に示した。分析対

第Ⅳ章　食料品アクセス問題と高齢者の栄養・健康問題

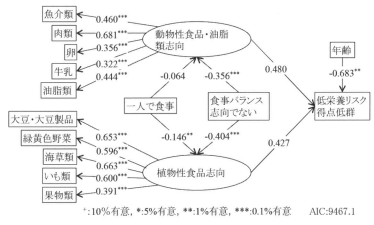

+:10%有意, *:5%有意, **:1%有意, ***:0.1%有意　　AIC:9467.1

第Ⅳ-9図　低栄養リスク得点を従属変数としたモデル（女性）

象者を女性とした場合は，低栄養リスク（0：低群，1：高群）は年齢と有意な関連があり，年齢が高いほど低栄養リスクは低群となるという有意な関連が見られた。この関連をコントロールした場合，「動物性食品・油脂類志向」「植物性食品志向」を独立変数とし，低栄養リスクを従属変数としたモデルにおいて有意な関連は見られなかった。

(4)　知見のまとめと考察

　食品摂取と活動能力の関連については，男女ともに，植物性食品の摂取頻度が高いほど活動能力が高いという関連が見られた。一方，食品摂取と低栄養リスクの関連については，性別により差がみられた。男性については，動物性食品と油脂類の摂取頻度が高いほど低栄養リスク低群となることが示され，植物性食品の摂取頻度については低栄養リスクとの関連がみられないことが示された。女性については，低栄養リスクは年齢と関連しており，年齢の影響を一定にした場合，食品摂取と低栄養リスクとの関連は有意な水準に達していなかった。

　このように活動能力や低栄養リスクに影響を与える食品摂取は，ひとりで食事をするか，バランスの良い食事を摂っている（と自己評価する）か

否かという2要因からも影響を受けていた。男性については，ひとりで食事をする傾向にある人およびバランス志向ではないと回答した人では，両方の食品群についていずれもその摂取頻度が有意に低くなることが示された。一方，女性については，バランス志向ではないと回答した人では動物性食品と油脂類，および植物性食品の摂取頻度が有意に低くなり，ひとりで食事をする傾向にある人では植物性食品の摂取頻度が有意に低くなることが示された。

以上の結果は，食品摂取のあり方と高齢者の健康状態が関連しているという従来の栄養学の知見を支持していることに加え，食品摂取のあり方が食事の仕方（ひとりで食べるかそうでないか）や食事の志向性（バランスの良い食事を摂ることを心がけているか否か）といった要因によって影響を受けていること，さらにはこれらの要因連関は男女別に異なっていることを示している。

3．食品摂取をめぐる諸要因の相互関係

(1) 食料品アクセス，食の外部化と食品摂取の多様性得点

最後に，これまでにみた食品摂取をめぐる状況を踏まえて，食品摂取の多様性得点の要因やそれをとりまく様々な要素との相互関連を検討する。まず，食料品へのアクセスと食事の準備が食品摂取の多様性得点に及ぼす影響である。1．で定性的にみたように，食品摂取は食料品へのアクセスや食事の準備状況と関係している可能性がある。ここでは，これらを含むいくつかの変数により食品摂取の多様性得点を説明するモデルをつくり，これらが食品摂取の多様性得点にどのような影響を及ぼしているかをみる。

まず被説明変数は食品摂取の多様性得点であるが，これは0点から10点までに限られるので，トービットモデルで推計した。

説明変数は，まず，食料品の買い物に不便や苦労があるかどうかである。これは，「不便や苦労がある」「不便や苦労を感じることがある」と回答した住民を1，他を0としたダミー変数である。

　次に，食事の準備については，生鮮品の調理，加工品の調理，そう菜・弁当などの購入，外食の利用の4つの変数を用いる。それぞれ「ほとんどそうである」「たまにそうする」を1他を0としたダミー変数である。

　そのほか，年齢（歳），性別（男性を1），世帯員数（人），近くに別居の家族の有無（有りを1），1ヶ月1人当たり食費（万円）および地域活動への参加の有無（何らかの参加をしていれば1）を説明変数に加えた。

　データはA団地（2013年）の65歳以上および65歳未満のデータである。

　結果は第Ⅳ-9表の通りである。まず，65歳以上についてみると，買い物に不便や苦労がある住民の多様性得点が有意に低くなっており，約0.6点引き下げている。これは65歳以上の平均（3.4点）に対して17％の引き下げに相当する。

　次に，食事の準備については，生鮮品を調理することが多い住民は有意に高く，約0.7点引き上げている。しかし，加工品を調理することが多い住民は約0.4点引き下げており，食の外部化が多様性得点を引き下げるように働いていると推測できる。ただし，そう菜・弁当の購入や外食に頼ることが多いことは多様性得点に影響を及ぼしておらず，状況は単純ではない。弁当のようにご飯とおかず類がほどよく組み合わされた食事は多様性得点の維持に効果があるかもしれない。

　そのほか男性が有意に低く，差が約1点であるのは，第Ⅳ-4表と同様である。

　これを65歳未満と比べると，買い物での不便や苦労が特に高齢者の多様性得点の低下要因となっていることがわかる。高齢者の食品摂取は，非高齢者に比べて食料品へのアクセスに関して脆弱であると言える。

　このほか，65歳未満についてみると，食事の準備について，生鮮品を調理することが多い住民は多様性得点が有意に高く，加工品を調理するこ

第Ⅳ-9表　食品摂取の多様性得点の要因

	65歳以上		65歳未満	
	係数	限界効果	係数	限界効果
定数項	2.632	2.436$^+$	0.290	0.261
買い物に不便・苦労あり	-0.625	-0.579**	-0.062	-0.056
生鮮品を調理することが多い	0.787	0.729*	1.727	1.553***
加工品を調理することが多い	-0.402	-0.372$^+$	-0.686	-0.617*
そう菜・弁当など購入することが多い	-0.025	-0.023	0.087	0.078
外食を利用することが多い	-0.163	-0.151	-0.563	-0.506$^+$
年齢（歳）	0.015	0.014	0.005	0.005
男性	-1.113	-1.030***	-0.756	-0.680*
世帯員数（人）	-0.019	-0.018	0.399	0.359*
近くに別居の家族あり	-0.215	-0.199	0.291	0.262
1ヶ月1人当たり食費（万円）	-0.047	-0.043	0.184	0.165*
地域活動への参加あり	0.193	0.178	0.415	0.373
対数尤度	-1048.9		-400.8	
サンプル数	492		201	

註：1)　食品摂取の多様性得点（0〜10）を被説明変数とするtobitモデルで推計。
　　2)　「買物に不便・苦労あり」は「不便や苦労がある」「不便や苦労を感じることがある」を1とするダミー変数。「生鮮品を調理することが多い」は「ほとんどそうである」「たまにそうする」を1とするダミー変数で，加工品，そう菜・弁当，外食も同様。
　　3)　$^+$：10％有意，*：5％有意，**：1％有意，***：0.1％有意。
　　4)　A団地のデータ（2013年）による。
資料：筆者推計による。

とが多い住民は有意に低くなっている点は65歳以上と同様であるが，外食への依存が高い住民も有意に低くなっている。しかもこれらの限界効果が65歳以上の場合よりも大きく，非高齢者については食の外部化が多様性得点を引き下げる度合いが高齢者よりも高いと言える。また，世帯員数が多いほど多様性得点は高くなっている。後述するように，65歳以上のデータではあるが，世帯員数が多いほど生鮮品を調理することが多くなることが確かめられており，世帯員数，生鮮品調理および多様性得点の3者は関連しているとみられる。

(2)　食料品アクセス，食の外部化と品目別摂取頻度

次に，上記で説明変数に用いた条件が，食品摂取の多様性得点を構成する10品目の摂取にどのような影響を及ぼしているかをみてみよう。こ

こでの被説明変数はそれぞれの品目を毎日摂取していれば1その他は0とする二値の変数である。推計は65歳以上と65歳未満について行い，第Ⅳ-10表には，煩雑になるのを避けるため，限界効果（毎日摂取する確率の変化）のみを示した。

65歳以上を中心にみると，食料品の買い物に不便や苦労がある住民は卵と海草類を毎日食べる確率が有意に低い。卵については毎日摂取する確率を15.4％ポイント引き下げている。これは運搬に問題があるからもしれない。

生鮮品を調理することが多い住民は，魚介類の摂取頻度が有意に高い。逆に，加工品を調理することが多い住民は，魚介類，緑黄色野菜，いも類の摂取頻度が有意に低い。そう菜・弁当などを購入することが多い住民は果物類の摂取頻度が低く，外食を利用することが多い住民は大豆・大豆製品の摂取頻度が低い。概して，食の外部化の程度が高い住民は，魚介類，緑黄色野菜，いも類，果物類，大豆・大豆製品の摂取頻度が低いとみられる。

以上のほか，65歳以上でも，年齢が高いほど卵と果物類の摂取頻度が高く，男性は，女性に比べて肉類，牛乳，緑黄色野菜，果物類，油脂類の摂取頻度が低くなるという結果となっている。

(3) 食料品アクセスと食事の準備

以上，高齢者については，食品摂取の多様性得点に食料品アクセスと食事の準備の双方が影響していることをみたが，ここで，食料品アクセスと食事の準備の関係をみておこう。第Ⅳ-11表は，生鮮品を調理することが多い，加工品を調理することが多い，そう菜・弁当を購入することが多い，そして外食を利用することが多いという4つの食事準備それぞれについて，被説明変数を，「ほとんどそうである」「たまにそうする」に該当する住民を1，他を0とする二値の変数としてロジットモデルで要因を推計した結果である。説明変数は，食事の準備に関する4変数を除いたほかは，第

第IV-10表　毎日摂取するかどうかに影響を及ぼす要因（毎日摂取する確率の変化）

被説明変数→ 説明変数↓	魚介類	肉類	卵	牛乳	大豆・大豆製品	緑黄色野菜	海草類	いも類	果物類	油脂類
買い物に不便・苦労あり										
65歳以上	-0.036	-0.011	-0.154 ***	-0.076	-0.057	-0.050	-0.070 +	0.002	-0.059	-0.060
65歳未満	-0.030	0.076	-0.188 **	-0.039	-0.067	-0.021	0.014	0.023	0.061	0.024
生鮮品を調理することが多い										
65歳以上	0.158 *	0.079	0.069	0.092	0.042	0.092	0.001	0.062	0.090	0.078
65歳未満	0.101 +	0.121	0.219 *	0.089	0.177 +	0.172	0.087	-0.011	0.153	0.261 *
加工品を調理することが多い										
65歳以上	-0.123 **	-0.016	-0.041	-0.049	-0.025	-0.107 *	0.037	-0.057 *	-0.052	-0.031
65歳未満	-0.013	-0.065	-0.134 +	0.009	-0.066	-0.140	-0.011	-0.008	0.030	-0.164 +
そう菜・弁当など購入することが多い										
65歳以上	0.034	0.012	0.014	-0.030	0.009	0.058	-0.002	0.015	-0.103 *	-0.026
65歳未満	0.022	0.028	0.081	0.031	0.000	-0.152 +	-0.011	0.012	-0.065	0.058
外食を利用することが多い										
65歳以上	0.012	0.010	0.020	-0.008	-0.105 *	0.025	-0.041	0.002	-0.054	-0.015
65歳未満	-0.028	-0.059	-0.112 +	-0.002	-0.168 *	-0.038	0.025	-0.053 *	-0.025	-0.014
年齢（歳）										
65歳以上	0.000	0.000	0.010 **	-0.005	-0.003	0.002	0.003	0.001	0.012 **	-0.002
65歳未満	0.001	-0.004	0.005	0.006	0.002	-0.004	0.002	0.000	0.008 *	-0.003
男性										
65歳以上	0.024	-0.116 **	-0.027	-0.108 *	0.008	-0.273 ***	-0.025	-0.033 *	-0.273 ***	-0.156 **
65歳未満	0.104 *	-0.124 +	-0.037	-0.185 *	0.023	-0.139	0.001	-0.021	-0.120	-0.199 *
世帯員数（人）										
65歳以上	-0.002	0.020	0.049	-0.100 **	-0.006	0.037	0.031	-0.039 *	-0.016	-0.018
65歳未満	-0.010	0.050 +	0.054 +	0.024	0.045	0.060	0.029	0.007	0.032	0.052
近くに別居の家族あり										
65歳以上	-0.008	-0.022	-0.023	-0.008	0.019	-0.035	-0.080 *	-0.020	0.014	-0.021
65歳未満	0.085 +	-0.014	0.015	-0.076	0.009	0.060	0.007	0.045	0.110	-0.028
1ヶ月1人当たり食費（万円）										
65歳以上	0.012	-0.005	0.015	-0.034 *	0.007	-0.010	0.003	-0.013 +	0.000	-0.022 +
65歳未満	-0.014	0.023	0.011	0.010	0.012	0.040 +	0.029 +	-0.001	0.039 +	0.009
地域活動への参加あり										
65歳以上	0.042	0.038	0.044	-0.102 *	0.055	0.088 +	0.088 +	0.021	-0.108 *	0.001
65歳未満	0.015	0.028	-0.055	0.015	-0.090	0.178 +	0.090	0.014	0.110	0.085

註：1）それぞれの品目の摂取日数が「ほとんど毎日」となる品目をいくつ変化するかの程度（限界効果）を示す。
　　2）それぞれの品目を「ほとんど毎日」摂取するを1、他を0とする二値の被説明変数を説明変数とするロジットモデルによる推計を65歳以上のデータ、65歳未満のデータそれぞれについて行った結果を整理したもの。
　　3）「買い物に不便・苦労あり」は不便や苦労を感じることがあるを1とするダミー変数、「生鮮品を調理することが多い」は「ほとんど毎日」あるいは「まあまあそうする」を1とするダミー変数。加工品、そう菜・弁当、外食も同様。
　　4）データはA団地（2013年）である。
　　5）＋：10％有意、＊：5％有意、＊＊：1％有意、＊＊＊：0.1％有意。
資料：筆者推計による。

第Ⅳ－11表　食事の準備に影響を与える要因

被説明変数→	生鮮品を調理		加工品を調理		そう菜・弁当購入		外食利用	
説明変数↓	係数	限界効果(%)	係数	限界効果(%)	係数	限界効果(%)	係数	限界効果(%)
定数項	0.345	2.521	-1.036	-21.350	-2.076	-37.393 +	1.843	28.683
買物に不便・苦労あり	-0.189	-1.208	0.329	7.910 +	0.570	14.062 **	0.402	9.471 *
年齢(歳)	0.010	0.063	0.019	0.453	0.019	0.480	-0.045	-1.055 **
男性	-0.935	-6.785 **	0.500	11.897 *	0.801	19.520 ***	-0.028	-0.648
世帯員数(人)	1.041	6.546 **	-0.103	-2.510	-0.110	-2.748	0.043	0.999
近くに別居の家族あり	0.851	5.110 *	0.087	2.111	0.020	0.501	-0.172	-4.005
1ヶ月1人当たり食費(万円)	-0.029	-0.181	-0.081	-1.963	0.110	2.741 *	0.165	3.854 **
地域活動への参加あり	0.364	2.183	0.362	8.663 +	0.006	0.155	0.648	15.417 **
対数尤度	-142.3		-329.6		-344.1		-316.3	
適合度(%)	90.3		61.4		61.2		64.1	
サンプル数	503		495		497		498	

註：1) 被説明変数は，それぞれについて「ほとんどそうである」，「たまにそうする」を1，他を0とする二値のロジットモデルによる推計。
  2) 「買物に不便・苦労あり」は「不便や苦労がある」「不便や苦労を感じることがある」を1とするダミー変数。
  3) +：10％有意，*：5％有意，**：1％有意，***：0.1％有意。
  4) A団地における65歳以上のデータ (2013年) による。
資料：筆者推計による。

Ⅳ－9表と同様である。また，データはA団地の65歳以上の住民である。

まず，買い物に不便や苦労がある場合，加工品調理，そう菜・弁当購入，外食利用に依存する確率が有意に高くなり，それぞれ7.9％ポイント，14.1％ポイント，9.5％ポイント高まる。このように，食料品へのアクセス条件が悪いことは，食の外部化を進める要因となる可能性がある(註1)。

また，男性は女性よりも生鮮品を調理することをあまりせず，加工品を調理したりそう菜・弁当購入に依存する傾向が出ている。特に，そう菜・弁当購入に頼る確率は女性よりも19.5％ポイント高くなる。さらに，世帯員数が多いと生鮮品を調理することが多くなる (世帯員数が1人増えると，これに該当する確率が6.5％ポイント高くなる)(註2)。何らかの地域活動に参加している人はそうでない人より外食を利用する確率が15.4％ポイント高まるが，これは，様々な集まりに参加していることの反映であろう。

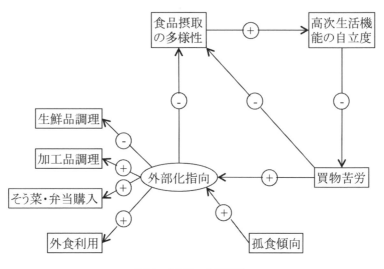

第Ⅳ-10図　分析仮説

(4) 高齢者の健康と食品摂取をめぐる諸要素の相互関係

1) 分析手法と因果モデル仮説

　以上の分析は，高齢者の健康と食品摂取に関係するいくつかの要素間の関係を部分的に明らかにするものであった。これらの分析結果から諸要素間の因果関係についての仮説を設けることができる。以下では，この仮説をSEM（構造方程式モデリング）を用いて検証することによって，諸要素間の相互関係を明らかにしたい。

　まず，ここで設定した分析仮説は第Ⅳ-10図のとおりである。

　食事の準備に関する4つの観測変数（生鮮品調理，加工品調理，そう菜・弁当購入，外食利用）は，本来的に食の外部化の態様を示す変数であるので，「外部化指向」という共通の潜在変数によって説明されよう。想定される符号は図に示したとおりである。

　この外部化指向は，食料品の買い物における不便や苦労が増せば高まると考えられるほか，孤食傾向（一人で食べる傾向）もこれを高めると考え

られる。一人で食べることが多いかどうかという孤食傾向が食品摂取に影響を及ぼしていることは２．で明らかとなっているが，ここでは外部化指向にも影響を及ぼすと想定している。第Ⅳ-11表で，世帯員数が多いほど生鮮品調理の頻度が高まることは，逆に言えば一人で食べる頻度が高いほど外部化指向が高まり，生鮮品調理の頻度が低くなることを意味する。

食品摂取の多様性は，第Ⅳ-9表で示唆されたように，買い物で不便や苦労があったり，外部化指向が高いと多様性が低下すると考える。

高次生活機能の自立度は，熊谷ほか（2003）が示すように食品摂取の多様性が高いほど自立度は維持されると考える。

さらに，買い物における不便や苦労は高次生活機能の自立度が高いほど軽減される。これは，第Ⅲ章2．ですでに明らかにされている。

これらのなかで，買物苦労→外部化指向→食品摂取の多様性→高次生活機能の自立度→買物苦労の因果関係は，含まれる負の関係が偶数個（2個）であるので，正のフィードバックループを形成している。これは，これらの変数の1つがある方向に変化すると，ますますその方向を強めるように変化することを意味する（例えばある理由で「買物苦労」が増えれば悪循環，減れば好循環になる）。

2) SEMによる分析結果

これらの仮説をもとに，SEMを用いた分析を行う。データは次の通りである。

生鮮品調理，加工品調理，そう菜・弁当購入，外食利用：それぞれ，「ほとんどそうである」「たまにそうする」「あまりしない」「ほとんどしない」を4,3,2,1とする順序データ。

食品摂取の多様性：食品摂取の多様性得点値。

高次生活機能の自立度：老研式活動能力指標値。

買物苦労：食料品の買い物において「不便や苦労がある」「不便や苦労を感じることがある」を1，「不便や苦労はあまりない」「不便や苦労は全くない」を0とする二値データ。

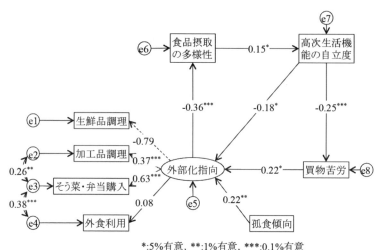

*：5％有意，**：1％有意，***：0.1％有意
第Ⅳ－11図　食品摂取をめぐる諸要因の関係（女）

　孤食傾向：食事を「1人で食べることが多い」「どちらかというと1人で食べることが多い」を1,「誰かと一緒に食べることが多い」「どちらかというと誰かと一緒に食べることが多い」を0とする二値データ。

　いずれもデータはA団地（2013年）の65歳以上のデータである。なお，推定にはRのlavaanパッケージを用いた。推定法はWLSMV（ロバストWLS）である。

　モデルの推定は，男女によって因果のパターンが異なる可能性があるため，2．と同様，男女別に行った。

　第Ⅳ-11図は，回答者の3分の2を占める女性に関する推定結果である。サンプル数は328で，CFI=0.925，RMSEA=0.068であるから，適合は悪くない。ただし，当初想定した買物苦労から食品摂取の多様性への直接のパスは有意とはならなかったので削除した。一方で，高次生活機能の自立度から外部化指向へのパスが有意であることが明らかとなった。これは，元気な高齢者は，外部化指向が低く，食事の準備では生鮮品を調理することが多いということを意味する。このような関係は十分にあり得ることなので，このパスを加えた[註3]。

第Ⅳ－12表 買物苦労と孤食傾向が及ぼす間接効果（標準化係数）

	女		男	
	買物苦労	孤食傾向	買物苦労	孤食傾向
食品摂取の多様性に及ぼす影響	-0.08 *	-0.08 *	-0.02 [2]	-0.06
食事の準備に及ぼす影響				
生鮮品調理への影響	-0.18	-0.17	-0.13	-0.42
加工品調理への影響	0.08 *	0.08 *	-0.04	-0.12 *
そう菜・弁当購入への影響	0.14 *	0.14 **	0.06	0.20 **
外食利用への影響	0.02	0.02	0.03	0.08

註：1）「買物苦労→生鮮品調理」「孤食傾向→生鮮品調理」については，基準変数を含むので，有意水準は計算されない。
　　2）男の「買物苦労」から「食品摂取の多様性」へは直接効果-0.20がある。
　　3）*：5％，**：1％。

　標準化係数をみると，まず，「外部化指向」は，「生鮮品調理」の頻度を低め，「そう菜・弁当購入」や「加工品調理」の頻度を高める。このような「外部化指向」は「買物苦労」があるほど，また，「孤食傾向」が高いほど，さらに，「高次生活機能の自立度」が低いほど高まり，「食品摂取の多様性」にマイナスの影響を与えている。特に「食品摂取の多様性」へのパス係数は-0.36とかなり大きく，0.1％有意である。この「食品摂取の多様性」が低いと，有意に「高次生活機能の自立度」を低め，これが低いと「買物苦労」を高める。ここに，正のフィードバックループの存在を確認できる。

　なお，「食品摂取の多様性」に及ぼす「買物苦労」と「孤食傾向」の間接効果は，いずれも-0.08で5％有意であった。これらがもたらす食事の準備に及ぼす間接効果は，「加工品調理」，「そう菜・弁当購入」に対してそれぞれ0.08，0.14で，いずれも5％有意（「孤食傾向」が「そう菜・弁当購入」に及ぼす効果は1％有意）であった（第Ⅳ-12表）。

　次に，男性に関する推定結果が第Ⅳ-12図である。サンプル数は162で，CFI=0.966，RMSEA=0.029であるから，適合は良好である。女性の場合と異なり，仮説の通り「買物苦労」から「食品摂取の多様性」へのパスが有意となった。しかし，逆に「買物苦労」から「外部化指向」のパスは有意でなくなり，男性の場合は買い物での不便や苦労は，食事の準備を経由して食品摂取の多様性に影響するのではなく，直接これに影響してい

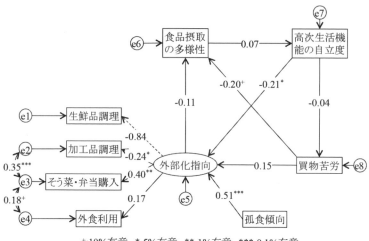

第Ⅳ-12図 食品摂取をめぐる諸要因の関係（男）

る。しかし，「食品摂取の多様性」から「高次生活機能の自立度」を経て「買物苦労」に至るパスが有意ではなく，男性の場合には正のフィードバックループが働いているとは必ずしも言えない。

　男性の場合，このほかに女性の場合と異なる特徴がみられる。まず，「孤食傾向」から「外部化指向」へのパス係数が女性の場合の0.22に比べて0.51と大きく，かつ0.1％有意であることである。また，「外部化指向」から「加工品調理」へのパス係数が負となっており，男性の場合の外部化指向は，加工品調理も含め家での調理に否定的で，専らそう菜や弁当の購入に依存していると言える。この結果，「孤食傾向」から「生鮮品調理」や「加工品調理」への間接効果が負で，「そう菜・弁当購入」への間接効果が0.20と女性よりもかなり大きくなっている（第Ⅳ-12表）。これらから，男性の場合，孤食傾向が強いと，自分で調理するよりもそう菜や弁当の購入により食事の準備をする傾向が強くなるといえる。

　なお，男性の場合，そう菜・弁当購入への依存を高める外部化指向が食品摂取の多様性に有意な影響を及ぼさないことは，第Ⅳ-9表でそう菜・弁当購入が多様性得点に有意な影響を及ぼさなかったことと整合的であ

る。

　以上のように，食品摂取は高齢者の健康に影響をもたらすとともに，食料品へのアクセスや孤食傾向といった社会的要因の影響を受けていることが明らかとなった。この点からも，食料品へのアクセス改善や都市における地域コミュニティ対策などが重要となる。

(註1) パルシステム生協（2013）が2012年に50代までの主婦を対象に行ったインターネット調査でも，買い物弱者層が冷凍食品やそう菜・弁当に頼る傾向が指摘されている。
(註2) 世帯員数が多くなるほど生鮮品調理の頻度が高くなること（逆に言えば，世帯員数が少なくなるほど外部化すること）は，家庭内の「食の生産」（調理活動）における固定費の存在を考えれば容易に想像がつく。つまり，調理には，作る食事の量に比例しない固定的な費用（ここでは，金銭的な費用だけでなく，調理の手間・苦労なども含む）がある。例えば，まな板を準備し，調理後は洗って片付ける，……など。世帯員数が少なくなると，一人当たりの固定的な手間が大きくなり，自分で調理せずに，ある程度調理されたものを購入するなど，家庭外にアウトソーシングした方が経済的になる。
(註3) このほか，「加工品調理」と「そう菜・弁当購入」の誤差項に相関を仮定した。これは，そう菜・弁当も最終的な加工品であり，両者とも加工品に依存しているという点で共通しているからである。また，同様に「そう菜・弁当購入」と「外食利用」も，ともに家庭では調理しないことで共通しているため，それらの誤差項の間にも相関を仮定した。

第V章　食料品アクセス問題の解決に向けての関係者の意識

　本章では，問題の解決のために重要と思われる対策を住民の視点と市町村の視点から検討する。まず，1．で，第Ⅲ章で説明した意識調査の結果を用いて，住民が食料品の買い物でどのような苦労をし，どのような解決策を重視しているのかをみる。ここでは，補論として，住民が買い物の不便や苦労に現在どう対処しているのかを明らかにし，これと重視する解決策との関係もみる。次に，2．で，住民に最も身近な行政当局である市町村における対策の実施状況と，問題発生の理由をどう認識し，どのような対策が重要と考えているかをみる。最後に，3．で高齢化が進んだ地方都市の団地において住民自身で問題解決を図っている事例をとりあげる。

1．問題解決に向けての住民意識

(1)　はじめに

　食料品アクセス問題に対する取組を進めるに当たっては，市町村を含む地域の様々な分野の関係者の連携が重要であるが，その場合に地域住民のどのような人がどのような問題を抱え，それを解決するのに何を望んでいるかを把握することが重要である。その際，地域住民が抱えている問題は，何処でもあるいは誰でも同じ訳ではなくその住民がおかれている状況に依存していると考えられる。
　本節の課題は，第Ⅲ章で述べた住民の意識調査の結果に基づき，調査対象となった地域における食料品の買い物での不便や苦労の内容とそれを解

消するために住民が重要と思っている改善策を分析し，その特徴を地域別に明らかにするとともに，これらを店舗までの距離，自動車利用の状況といった住民がおかれた状況別に明らかにすることである。この場合，これまで必ずしも明らかにされてこなかった65歳未満層も分析に含めるとともに，高齢者の問題をこれら65歳未満層との対比でとらえることとする。

(2) 分析の方法

　まず，地域別，年齢区分別に何が問題で何が改善策として望まれているのかを把握する。

　しかし，住民の望んでいることすべてが現実的であるとは限らない。誰しも近くに新規開店することを望むであろうが，重要なことは，抱えている問題の内容と深く結びついた解決策を探り，その上で現実的な方策を検討することである。

　本節の調査で明らかにされた住民が重要と思う解決策は，住民が直面している問題と結びついていよう。さらにさかのぼれば，食料品の買い物において住民が直面している問題は，店舗までの距離，自動車の利用状況といった住民のおかれた状況の影響を受けていると考えられる。そして，地域別に明らかにされた特徴には，それぞれの地域におけるこれらの住民の状況が反映されているとみられる。一方，同じ地域のなかでも，店舗に近い住民もいれば遠い住民もいるなど住民の状況は様々である。

　したがって，今後の応用を考えれば，住民の状況別に問題点と改善策に関する意向を検討しておくことが重要である。

　このため，本節では，地域別分析に加えて，数量化Ⅲ類によって，住民の状況，不便や苦労の内容および重要と思う改善策の3者の関係を明らかにする。

　その際，本節では，住民の状況を，店舗までの道路距離が1km以上か否か，自動車を自分で運転するか否か，65歳以上か否かによって区分する。その理由は，第Ⅲ章2．で明らかにしたように，1kmを超えると道路

第Ⅴ章　食料品アクセス問題の解決に向けての関係者の意識

第Ⅴ－1表　食料品の買い物における不便や苦労の内容

(人, %)

	A団地				B市				C町			
	65歳未満		65歳以上		65歳未満		65歳以上		65歳未満		65歳以上	
全体	146	-	238	-	137	-	199	-	166	-	351	-
1. 商店まで遠い	36	(24.7)	44	(18.7)	73	(54.9)	97	(50.5)	100	(61.7)	171	(51.2)
2. 商店へ行くまでに坂がある	36	(24.7)	70	(29.8)	6	(4.5)	13	(6.8)	3	(1.9)	8	(2.4)
3. 商店へ行くまでに階段・段差がある	18	(12.3)	27	(11.5)	2	(1.5)	6	(3.1)	0	(0.0)	10	(3.0)
4. バスに乗らなければならない	31	(21.2)	60	(25.5)	5	(3.8)	6	(3.1)	14	(8.6)	57	(17.1)
5. タクシーに乗らなければならない	1	(0.7)	3	(1.3)	3	(2.3)	11	(5.7)	1	(0.6)	15	(4.5)
6. バスの便が少ない	4	(2.7)	6	(2.6)	8	(6.0)	7	(3.6)	20	(12.3)	107	(32.0)
7. バス停が遠い	4	(2.7)	21	(8.9)	3	(2.3)	5	(2.6)	5	(3.1)	27	(8.1)
8. 近くの店は品揃えが悪い	92	(63.0)	140	(59.6)	54	(40.6)	65	(33.9)	80	(49.4)	62	(18.6)
9. 足腰を痛めている	17	(11.6)	84	(35.7)	7	(5.3)	50	(26.0)	7	(4.3)	69	(20.7)
10. 荷物をあまり運べない	51	(34.9)	91	(38.7)	22	(16.5)	51	(26.6)	12	(7.4)	52	(15.6)
11. 買い物を手伝ってくれる人がいない	11	(7.5)	19	(8.1)	8	(6.0)	16	(8.3)	4	(2.5)	14	(4.2)
不明	0	-	3	-	4	-	7	-	4	-	17	-
不明を除く	146	(100.0)	235	(100.0)	133	(100.0)	192	(100.0)	162	(100.0)	334	(100.0)

註：1）「不便や苦労がある」「不便や苦労を感じることがある」と回答した者についてのもので複数回答。
　　2）（ ）内は，不明を除く合計に対する割合。
資料：筆者ら調査による。

距離が買い物における不便や苦労に大きな影響を与えるようになること，また，自動車の利用は大きく不便や苦労を軽減すること，そしてこれらが買い物の不便や苦労に及ぼす要因として最も大きなものであると考えられることによる[註1]。

(3) 買い物における不便や苦労の内容

　食料品の買い物で不便や苦労があると回答した住民について，どのような点で不便や苦労があるのかについての回答割合が第Ⅴ－1表である。B市およびC町では，65歳以上・65歳未満を問わず「商店まで遠い」を5割以上の住民が指摘して1位となっており，地方都市や農山村では距離の問

第V-2表　不便や苦労の内容の年齢階層間・地域間比較

	年齢階層間比較 65歳以上－65歳未満			地域間比較 65歳未満				地域間比較 65歳以上			
	A団地	B市	C町	A-B	B-C	C-A	まとめ	A-B	B-C	C-A	まとめ
1. 商店まで遠い			－	---		+++	B,C>A	---		+++	B,C>A
2. 商店へ行くまでに坂がある				+++		---	A>B,C	+++	+	---	A>B>C
3. 商店へ行くまでに階段・段差がある			+	+++		---	A>B,C	++		---	A>B,C
4. バスに乗らなければならない			+	+++		--	A>B,C	+++	---	-	A>C>B
5. タクシーに乗らなければならない			+							+	C>A
6. バスの便が少ない		+++				++	C>A		---	+++	C>A,B
7. バス停が遠い	+		+					+	-		A,C>B
8. 近くの店は品揃えが悪い			---	+++			A>B,C	+++	+++	---	A>B>C
9. 足腰を痛めている	+++	+++	+++			-	A>C	+		---	A>B,C
10. 荷物をあまり運べない		+	+	+++	+	---	A>B>C	+	++		A>B>C
11. 買い物を手伝ってくれる人がいない											

註：1)　＋，－等は割合の差が有意にプラスまたはマイナスであることを示す。＋＋＋および---：0.1％有意，＋＋および--：1％有意，＋および-：5％有意。地域間比較については多重比較であるので，3通りの比較全体についての有意水準である。
　　　2)　例えば「A>B」はA団地の割合がB市よりも有意に高いこと，「A,B」は有意差がないことを示す。
資料：筆者作成。

題が大きな問題であることをうかがわせる。これに対してA団地では距離の問題よりも近くの店の品揃えを約6割の住民が指摘している[註2]。品揃えの問題はB市とC市の65歳未満でも距離に次ぐ問題となっており，近くに店舗があるというだけでは不便や苦労は解消されないことを示している。第Ⅲ-3表で，A団地ではバスに乗って団地外に買い物に行く割合が高かったのは，団地内の店舗では品揃えに満足できないことの表れがバス便のよさと相まって生じさせたものと考えられる。

つぎに，この回答割合について，年齢階層間比較と地域間比較を行ったものが第V-2表である。年齢階層間比較は通常の比率の差の検定結果であるが，地域間比較については，3群の比較であるため多重比較を行う[註3]。

まず，年齢階層間の回答割合を比較すると，いずれの地域でも「足腰を痛めている」という問題は高齢者にとっての大きな問題となっている。ま

た，概して，A団地やB市では差が有意な項目が少なく，65歳以上と65歳未満の間に大きな差がない。これに対しC町では多くの項目で高齢者の回答割合が65歳未満の回答割合よりも有意に高い。特に，「バスの便が少ない」は約20ポイント65歳以上の割合が高い。これはすでに見たように65歳未満の住民は大部分が自動車で買い物に行くなかで，自動車を利用しない65歳以上はバスに頼らざるを得ないことからくる不便・苦労といえる。逆にC町では品揃えの問題については65歳未満の住民の方が，高齢者よりも約30ポイント割合が高い。

つぎに地域間比較を見てみよう。徒歩での買い物が大部分を占めるA団地では，商店までの坂や階段・段差の問題が65歳以上・未満を問わず他の地域と比べて大きい。また，近くの店の品揃えの問題も同様に他の地域に比べて大きな問題となっている。「バスに乗らなければならない」の割合が65歳以上・65歳未満とも他地域よりも有意に高いのは，近隣店舗の品揃えの問題と関係しているとみられる。しかし，バスの便を問題としている割合は他の地域より高いわけではなく，バス利用の必要性は指摘しているもののそれが不便であるという訳ではない。さらに，A団地の65歳以上の住民は，「足腰を痛めている」と回答している割合が他の地域よりも有意に高い。これは「荷物をあまり運べない」という買ったものを家に持ち帰る場合の苦労にも表れている。また，「足腰を痛めている」割合が他の地域より高いことから，大都市の高齢者は地方都市や農村地域の高齢者に比べて身体的な問題が買い物を制約している可能性がある。

第Ⅲ章1．(3)で指摘したA団地における子育て世代の買い物における不便や苦労は，「荷物をあまり運べない」が65歳以上と65歳未満で有意な差がなく，さらに,65歳未満の場合は他の地域よりも0.1％有意で高くなっていることに表れている。A団地の回答割合は，B市と比べると18.4ポイント，C町と比べると27.5ポイントも高い。A団地の40歳未満で子がある世帯を抽出して苦労の内容を調べると，最も高いのが「荷物をあまり運べない」61.5％，次が「近くの店は品揃えが悪い」46.2％，そして「階段・段差がある」が30.8％となっている。これらの回答割合を65歳未満

のそれ以外の世帯と比べると，「階段・段差がある」「荷物をあまり運べない」が5％有意で高くなっており，小さな子供を連れての買い物によって荷物の運搬などで不便や苦労を強いられている状況が浮き彫りにされている。

B市の場合は，C町とともに，店舗までの距離が大きな問題となっている。また，「荷物をあまり運べない」という問題がC町よりも大きい。さらに，65歳以上では品揃えの問題がC町よりも大きくなっている。

店舗までの距離が遠く，自動車での買い物が主流のC町の場合は，65歳以上・65歳未満にかかわらず店舗までの距離の問題が有意に高いほか，バスの便の悪さなど公共交通機関の問題が指摘されている。

(4) 買い物における不便や苦労の改善策

これらの地域の住民は，食料品の買い物における不便や苦労を解消するためにどのようなことが重要と考えているのであろうか。まず，何れの地域でも65歳以上・65歳未満にかかわらず，「近くに新たな店ができること」あるいは「地元の商店をもり立てること」が3位以内に入っており，これらが重要と考えている住民が多い（第Ⅴ－3表）。それ以外についてみると，A団地では「購入した商品の配達サービスの充実」が，これも65歳以上・65歳未満を問わず高い割合となっている。これに対し，B市の65歳以上の住民は，「商店への無料送迎サービスの充実」が重要であるとしている。B市では，高齢者の自動車の利用割合は低く，自動車を持っている若い人と同様に郊外に新規に立地した店舗を利用したい意向はあるものの，交通手段が限られていることを反映していると考えられる。C町では，65歳以上の住民は「移動販売店の開設・充実」「バス路線の開設やバス便の改善」が上位になっている。これに対し，65歳未満の住民は宅配の充実が上位となっており，店舗への距離の問題に対して，高齢者は移動販売店の利用やバス便の改善を，若い人は宅配の充実を重視している。

つぎに，これらの回答の年齢階層間比較を行うと，宅配の充実は，むし

第Ⅴ章　食料品アクセス問題の解決に向けての関係者の意識

第Ⅴ-3表　食料品の買い物における不便や苦労の解消に重要なこと

(人, %)

	A団地				B市				C町			
	65歳未満		65歳以上		65歳未満		65歳以上		65歳未満		65歳以上	
全体	146	-	238	-	137	-	199	-	166	-	351	-
1. 近くに新たな店ができること	63	(43.4)	81	(36.8)	96	(73.8)	144	(74.2)	80	(51.3)	130	(41.3)
2. 地元の商店をもり立てること	86	(59.3)	108	(49.1)	71	(54.6)	95	(49.0)	61	(39.1)	98	(31.1)
3. バス路線の開設やバス便の改善	18	(12.4)	32	(14.5)	12	(9.2)	15	(7.7)	28	(17.9)	77	(24.4)
4. バス乗車やタクシー乗車への補助	11	(7.6)	21	(9.5)	6	(4.6)	13	(6.7)	10	(6.4)	17	(5.4)
5. 商店への無料送迎サービスの充実	15	(10.3)	39	(17.7)	12	(9.2)	29	(14.9)	16	(10.3)	54	(17.1)
6. ボランティア等に買い物をしてもらう	5	(3.4)	6	(2.7)	3	(2.3)	5	(2.6)	5	(3.2)	6	(1.9)
7. ボランティア等と一緒に買い物をする	6	(4.1)	5	(2.3)	1	(0.8)	4	(2.1)	6	(3.8)	9	(2.9)
8. 移動販売店の開設・充実	14	(9.7)	18	(8.2)	6	(4.6)	12	(6.2)	29	(18.6)	116	(36.8)
9. 自宅で注文する宅配の充実	23	(15.9)	16	(7.3)	10	(7.7)	15	(7.7)	33	(21.2)	29	(9.2)
10. 購入した商品の配達サービスの充実	48	(33.1)	79	(35.9)	23	(17.7)	20	(10.3)	13	(8.3)	32	(10.2)
11. 食事の配達サービスの充実	7	(4.8)	16	(7.3)	6	(4.6)	6	(3.1)	10	(6.4)	20	(6.3)
12. 食事の持ち帰りの充実	3	(2.1)	10	(4.5)	8	(6.2)	4	(2.1)	3	(1.9)	2	(0.6)
13. 商店への道の環境整備	12	(8.3)	16	(7.3)	13	(10.0)	15	(7.7)	13	(8.3)	7	(2.2)
不明	1	-	18	-	7	-	5	-	10	-	36	-
不明を除く	145	(100.0)	220	(100.0)	130	(100.0)	194	(100.0)	156	(100.0)	315	(100.0)

註：1）「不便や苦労がある」「不便や苦労を感じることがある」と回答した者についてのもので複数回答。
　　2）（　）内は，不明を除く合計に対する割合。
資料：筆者ら調査による。

ろ若い住民が重視しており，A団地とC町では65歳未満の住民の回答割合が有意に高くなっている（第Ⅴ-4表）。C町では，移動販売店や商店への無料送迎サービスは高齢者が重視しており，前述のように店舗までの距離が遠いという大きな問題に対して，65歳以上層と65歳未満層で重視する対応が分かれている。

　地域間比較を行うと，A団地では，65歳以上・65歳未満を問わず「購入した商品の配達サービスの充実」が他地域よりも有意に高くなってお

第Ⅴ-4表 不便や苦労の解消に重要なことの年齢階層間・地域間比較

	年齢階層間比較 65歳以上-65歳未満			地域間比較 65歳未満				地域間比較 65歳以上			
	A団地	B市	C町	A-B	B-C	C-A	まとめ	A-B	B-C	C-A	まとめ
1. 近くに新たな店ができること	-			---	+++		B>A,C	+++	+++		B>A,C
2. 地元の商店をもり立てること					+	--	A,B>C		+++	---	A,B>C
3. バス路線の開設やバス便の改善								+	---	++	C>A>B
4. バス乗車やタクシー乗車への補助											
5. 商店への無料送迎サービスの充実		+									
6. ボランティア等に買い物をしてもらう											
7. ボランティア等と一緒に買い物をする											
8. 移動販売店の開設・充実		+++		---		+	C>A,B		---	+++	C>A,B
9. 自宅に注文する宅配の充実	--	---			--		C>B				
10. 購入した商品の配達サービスの充実	-			++	+	---	A>B>C	+++		---	A>B,C
11. 食事の配達サービスの充実											
12. 食事の持ち帰りの充実	-								--		A>C
13. 商店への道の環境整備		--						+	--		A,B>C

註：1）+，- 等は割合の差が有意にプラスまたはマイナスであることを示す。+++ および ---：0.1％有意，++ および --：1％有意，+ および -：5％有意。地域間比較については多重比較であるので，3通りの比較全体についての有意水準である。

2）例えば「A>B」はA団地の割合がB市よりも有意に高いこと，「A,B」は有意差がないことを示す。

資料：筆者作成。

り，徒歩での買い物が多いこと，足腰を痛めている，荷物を運べないという問題を抱えている住民が多いことと深く関わっていると考えられる。また，65歳以上では，「食事の持ち帰りの充実」「商店への道の環境整備」が回答割合では高くないものの他地域よりも高くなっている。

A団地における子育て世代が重視している改善策は，65歳未満の「購入した商品の配達サービスの充実」が他地域よりも高いことに表れている。A団地の40歳未満で子がある世帯を抽出して不便や苦労の解消に重要と考えていることをみると，最も高いのが「購入した商品の配達サービスの

充実」と「近くに新たな店ができること」で38.5％，次が「地元の商店をもり立てること」30.8％となっている。

B市では，65歳以上・65歳未満にかかわらず新規開店が他地域よりも強く期待されている。一方，「移動販売店の開設・充実」はC町に比べると重視されていない。また，65歳未満の住民については，「自宅で注文する宅配の充実」もC町よりも重視されていない。

C町では65歳以上はバス便の改善を，65歳未満は宅配の充実を，65歳以上・65歳未満に共通して移動販売店の開設・充実を重視していることが特徴となっている。

(5) 不便や苦労の内容と重要と思う改善策の関係

以上の分析からも予想されるとおり，不便や苦労の内容は，それぞれの住民のおかれた状況（店舗までの距離，自動車利用の状況，年齢）に依存すると考えられ，さらに，それぞれの地域の住民が重要と考えている改善策は，不便や苦労の内容に強く関係づけられていると考えられる。

以下では，数量化III類を用いてこれらの関係を分析する。変数は，すべて0/1変数で，住民の状況を分類するために新たに設けた6変数（遠・非運転・高齢，遠・非運転・若年，遠・運転・高齢，遠・運転・若年，近・高齢，近・若年），不便や苦労の内容11変数，重要と思う改善策13変数および地域3変数であり，3地域のデータをプールして用いる。地域の3変数を用いることにより，主としてどの地域の特徴が出ているかも併せて把握できる。

第V-1図は，数量化III類の結果図である。累積寄与率は，第2軸までで17.3％と低いものの，相関係数は第1軸0.637，第2軸0.569と十分に高い。

第1軸-第2軸平面では，不便や苦労の内容がおおむね3つのグループに分かれている。図では，それぞれの不便や苦労の内容に近い改善策も含めて囲んである。

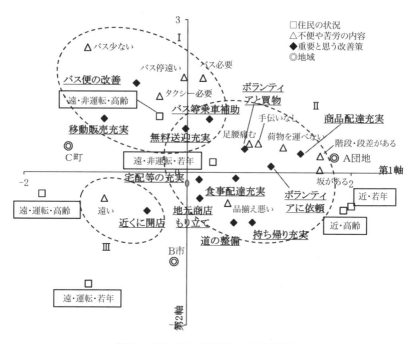

第Ⅴ－1図　数量化Ⅲ類による分析結果

註：　住民の状況のうち，「遠」は最も利用する店舗までの道路距離が1km以上，「近」は1km未満。「運転」は店舗まで自分で自動車やバイクを運転，「非運転」はそれ以外。「高齢」は65歳以上，「若年」は65歳未満。
資料：筆者作成。

　Ⅰは，公共交通機関の利用の必要性やその利用上の問題のグループで，そのような問題を有する住民が重要と思う改善点としては，バス便の改善，移動販売充実，バス等の乗車補助，無料送迎といった店舗への移動環境の改善と移動販売である。これらが深く関係する住民の状況としては，店舗までの距離が遠く，自動車を運転しない住民であり，特に高齢者がこれらの問題を抱えていることが示唆される。

　Ⅱは，商店までの坂・階段・段差や足腰が痛む，荷物を運べない，手伝いがいないといった主として徒歩による買い物における問題のグループで，概して店舗までの距離が近い住民（65歳以上および65歳未満）の問題である。これらの問題を抱える住民が重要と考える改善点としては，商

品の配達サービスの充実，ボランティアの援助，無料送迎，バス等乗車補助であり，少し離れるが，宅配充実，食事配達充実，食事の持ち帰り充実といったいわば新しいサービスも改善策として指摘されている。また，距離が遠く，自動車を運転しない65歳未満もこのグループと関係が深く，改善策としては宅配の充実が近くに配置されている。

　Ⅲは，店舗までの距離が問題であり，近くでの新規開店が重要と考えているグループで，店舗まで遠いが，自動車を運転する住民（65歳以上および65歳未満）と結びついている。自動車を運転する住民の方が店舗まで遠いことを問題にしていることは意外であるが，遠いと回答した住民と自動車を運転する住民との相関係数をとると相関は0.1％有意であり，運転しない住民との相関は有意ではない。C町の例では，バスで買い物に行く住民は町内のスーパーがほとんどであり，道路距離はすべて20km以内であるが，自分で自動車を運転する住民は，近隣の市町村の店舗まで買い物に行く住民が多く，20km以上が約15％を占める。この傾向は65歳以上と65歳未満で違いはない。このように，自動車を運転する住民が遠くの店舗に買い物に行っていることが苦労の内容として距離を指摘することになっていると考えられる。

　なお，以上の分析結果と地域との対応関係をみると，A団地はほぼグループⅡに対応し，B市はグループⅡとⅢに，C町はグループⅠとⅢに対応していることがみてとれる。

(6)　おわりに

　本節では，食料品アクセス問題の解決に向けた地域での取組方向を検討する上での基礎的なデータを提供することを目的として，大都市郊外団地，地方都市中心市街地，農山村の3つの地域で行った調査結果をもとに，それぞれの地域および住民のおかれた状況に応じた食料品の買い物における不便や苦労の内容，およびその解決のために重要と思う改善策に関する住民意識の分析を行った。

住民が解決のために重要と思う改善策は，どの地域でも近隣での新規開店であったが，現実には，新規開店が比較的現実的な地域とそうでない地域がある。今後の取組に向けての参考となるためには，回答割合が多いということだけでなく，実際の不便や苦労の内容との関係がどうなっているかも検討しておく必要がある。

　このように，直面している問題と関連づけるとの問題意識の下で行った本節の事例に関して得られた結論は，①店舗まで遠く，自動車を運転しない農山村地域の高齢者は新規開店よりも公共交通機関の便の改善や移動販売を，②地方都市中心市街地の住民は新規開店を，③大都市郊外団地のような店舗が近く徒歩による買い物が中心の住民は高齢者であるかどうかを問わず購入した商品の配達サービスの充実などの買い物支援サービスを重視しているということである。特に最後の点に関して，本節の例では，高齢者のみならず子育て世代の住民も荷物の運搬に苦労しており，購入した商品の配達サービスを重視していることが明らかになった。

　このような方向は，一般論としては合理的な対応方向でもある。新規開店は，住民が密集し，市場条件が農山村よりも相対的に良好な場合に可能性が高い一方，アクセス条件の良くない住民が広い地域に散在している農山村では，新規開店よりも交通条件の改善や移動販売の方が合理的な場合が多いと考えられる[註4]。

　なお，本節は食料品の買い物という観点からのみの分析であったが，地域の生活はこれだけには限らない。例えば高齢者にとっては通院も大きな位置を占めるであろう。したがって，地域での取組みは，買い物のみならず健康施策やまちづくり，むらづくりに関する取組みと連携して実施することがそれぞれに対する効果を最も高めることになろう。

補論　食料品の買い物における不便や苦労への対処

1)　はじめに

　われわれが3地域で行った住民意識調査では，食料品の買い物に「不便や苦労がある」あるいは「不便や苦労を感じることがある」と回答した住民に対して，不便や苦労を克服するために実際にどのように対処しているかを調査している。このような不便や苦労への対処は，本節で述べた住民が考える不便や苦労の改善策と密接な関連を有すると考えられる。すなわち，この補論で取り扱う不便や苦労への対処は，店舗までの距離や交通状況などの現在における買い物をとりまく条件下における対処であり，本節で述べた不便や苦労の改善策は，現在の買い物環境自体を改善するために何が重要かという問題である。いわば，前者が現在の環境下での短期的な対応，後者が環境改善を含む長期的な対応ということができる。

　この補論では，まず，食料品の買い物に不便や苦労がある人がとる対処として，どのような対応が地域別・年齢階層別にみて多いのかをみる。現在の環境下での対処であるから，必ず買い物に行けるとは限らない。何回かに1回かは買い物に行かないで済むということもあり得る。対処にはこのような対応も含まれていることに留意する必要がある。次に，その年齢階層間，地域間の比較を行い，年齢階層ごと，地域ごとの特徴を抽出する。さらに，地域ごとの特徴には，その地域の住民の状況が反映されていると考えられるので，住民の状況，不便や苦労の内容，不便や苦労への対処の3者の関連を数量化Ⅲ類によって検討する。最後に，短期的な対応としての不便や苦労への対処と長期的な対応としての不便や苦労の解消に重視していることの関係を検討する。

2)　食料品の買い物における不便や苦労への対処

　まず，食料品の買い物に不便や苦労がある住民について，その不便や苦労にどう対処しているのかをみたものが第Ⅴ-5表である。どの地域，どの年齢階層でも多いのが，「無理をして買いに行く」「家にあるものでしの

第Ⅴ-5表　不便や苦労への対処

(人, %)

	A団地				B市				C町			
	65歳未満		65歳以上		65歳未満		65歳以上		65歳未満		65歳以上	
全体	146	-	238	-	137	-	199	-	166	-	351	-
1. 無理をして買いに行く	62	(43.7)	80	(36.5)	60	(46.2)	64	(33.3)	57	(37.3)	86	(25.6)
2. 家にあるものでしのぐ	30	(21.1)	57	(26.0)	48	(36.9)	54	(28.1)	62	(40.5)	94	(28.0)
3. バスに乗って買いに行く	45	(31.7)	105	(47.9)	5	(3.8)	6	(3.1)	14	(9.2)	62	(18.5)
4. タクシーに乗って買いに行く	1	(0.7)	10	(4.6)	2	(1.5)	13	(6.8)	1	(0.7)	9	(2.7)
5. 人にお店に連れて行ってもらう	8	(5.6)	7	(3.2)	21	(16.2)	46	(24.0)	9	(5.9)	46	(13.7)
6. 人に必要なものを買ってきてもらう	9	(6.3)	14	(6.4)	12	(9.2)	39	(20.3)	8	(5.2)	40	(11.9)
7. まとめ買いをする	46	(32.4)	60	(27.4)	51	(39.2)	83	(43.2)	74	(48.4)	147	(43.8)
8. 移動商店を利用する	1	(0.7)	1	(0.5)	2	(1.5)	0	(0.0)	12	(7.8)	63	(18.8)
9. 宅配を利用する	25	(17.6)	44	(20.1)	9	(6.9)	15	(7.8)	15	(9.8)	17	(5.1)
10. 商店に配達を頼む	4	(2.8)	16	(7.3)	4	(3.1)	3	(1.6)	3	(2.0)	17	(5.1)
11. 食事の配達サービスを利用する	3	(2.1)	10	(4.6)	0	(0.0)	4	(2.1)	0	(0.0)	8	(2.4)
不明	4	-	19	-	7	-	7	-	13	-	15	-
不明を除く合計	142	(100.0)	219	(100.0)	130	(100.0)	192	(100.0)	153	(100.0)	336	(100.0)

註：1)　「不便や苦労がある」「不便や苦労を感じることがある」と回答した者についてのもので複数回答。
　　2)　（　）内は，不明を除く合計に対する割合。
資料：筆者ら調査による。

ぐ」「まとめ買いをする」であるが，地域，年齢階層によってそのウェイトは異なる。A団地とB市の65歳未満は，「無理をして買いに行く」が最も多いが，C町の65歳未満は「まとめ買いをする」が最も多い。C町では65歳未満の住民でも，無理をして買いに行くには距離が遠く，まとめ買いで対応していることを示している。「まとめ買いをする」は，B市やC町の65歳以上の住民も4割強の割合でとられている対処方法であり，買い物環境が厳しい住民ほどまとめ買いを行う割合が高くなっている可能性がある。一方，「家にあるものでしのぐ」は，B市とC町の住民では65歳以上も65歳未満もまとめ買いに次いで高い割合の対応となっている。この対処は，いわば買い物に行かない選択であるとも言える。買い物に全く行かないということは通常考えられないが，買い物の回数を減らすということは十分あり得ることである[註5]。

第Ⅴ章　食料品アクセス問題の解決に向けての関係者の意識

第Ⅴ－6表　不便や苦労への対処の年齢階層間・地域間比較

	年齢階層間比較 65歳以上－65歳未満			地域間比較							
				65歳未満				65歳以上			
	A団地	B市	C町	A-B	B-C	C-A	まとめ	A-B	B-C	C-A	まとめ
1.無理をして買いに行く		−	−−							−	A>C
2.家にあるものでしのぐ			−−		−−	++	B,C>A				
3.バスに乗って買いに行く	++		++	+++		−−−	A>B,C	+++	−−−	−−−	A>C>B
4.タクシーに乗って買いに行く	+	+									
5.人にお店に連れて行ってもらう		+		−−	++		B>A,C	−−−	++	+++	B>C>A
6.人に必要なものを買ってきてもらう		++	+					−−−		+	+	B>C>A
7.まとめ買いをする						+	C>A	−−		+++	B,C>A
8.移動商店を利用する			++		−	++	C>A,B		−−−	+++	C>A,B
9.宅配を利用する			−		+		A>B	+++		−−−	A>B,C
10.商店に配達を頼む									+		A>B
11.食事の配達サービスを利用する											

　註：1）　+，−等は割合の差が有意にプラスまたはマイナスであることを示す。+++および−−−：0.1％有意，++および−−：1％有意，+および−：5％有意。地域間比較については多重比較であるので、3通りの比較全体についての有意水準である。
　　　2）　例えば「A>B」はA団地の割合がB市よりも有意に高いこと，「A,B」は有意差がないことを示す。
　資料：筆者作成。

　そのほかの対処としては，まず，A団地で65歳未満，65歳以上を通じて多いのは「バスに乗って買いに行く」であり，この地域でのバス便の良さを反映している。また，「宅配を利用する」も高い割合を示している。一方，B市およびC町の65歳以上に多いのが「人にお店に連れて行ってもらう」「人に必要なものを買ってきてもらう」であり，交通手段として家族の運転による自動車の割合が高かったこと（第Ⅲ－3表）と整合的である。さらに，C町の65歳以上に多いのが「移動商店を利用する」である。
　これらを年齢階層間，地域間で比較したものが第Ⅴ－6表である[注3]。まず年齢階層間で比較すると，「無理をして買いに行く」「家にあるものでしのぐ」は，B市やC町で65歳未満の住民の対処となっている。「バスに乗って買いに行く」「タクシーに乗って買いに行く」は，多くの地域で65歳以上の住民の対処となっている。「人にお店に連れて行ってもらう」「人

に必要なものを買ってきてもらう」はB市とC町で65歳以上の住民の対処となっている。そのほか，C町では「移動商店を利用する」が65歳以上，「宅配を利用する」が65歳未満の住民の対処となっている。

地域間で比較すると，A団地では，65歳以上，65歳未満ともに，「バスに乗って買いに行く」「宅配を利用する」が，65歳以上については「無理をして買いに行く」「商店に配達を頼む」が他地域と比べた対処の特徴となっている。B市の特徴としては，65歳以上，65歳未満ともに，「人にお店に連れて行ってもらう」が他地域と比べて有意に多い。65歳未満については，C町とともに，「家にあるものでしのぐ」がA団地よりも多い。65歳以上については，「人に必要なものを買ってきてもらう」，C町とともに「まとめ買いをする」が特徴となっている。C町については，65歳以上，65歳未満ともに「移動商店を利用する」「まとめ買いをする」が他地域よりも多いという特徴がある。また，65歳未満については「家にあるものでしのぐ」がA団地よりも多い。

3） 住民の状況に応じた不便や苦労への対処

次に，数量化Ⅲ類によって，住民の状況（店舗への距離，自動車運転の有無，高齢者か否か），不便や苦労の内容，不便や苦労への対処の関係をみてみよう。不便や苦労への対処は，生じている問題の内容に深く関連していると考えられ，さらに問題の内容は，住民の状況と密接に関係しているとみられるからである。さらに，主としてどの地域のことを行っているのかがわかるように地域についても変数に加えた。結局，用いた変数は第Ⅴ−1図で用いた変数のうち重要と考える改善策13変数に代えて，不便や苦労への対処11変数を加えたものとなった。結果図は第Ⅴ−2図の通りである。第2軸までの累積寄与率は18.18％，第1軸の相関係数は0.6503，第2軸の相関係数は0.5886であった。

第Ⅴ−1図と同様，不便や苦労の内容によって3つのグループに分けられる。グループⅠは，バスやタクシーを使う必要がある，あるいはバス便が不便であるという内容の住民のグループで，店舗までの距離が遠くて自

第Ⅴ章　食料品アクセス問題の解決に向けての関係者の意識

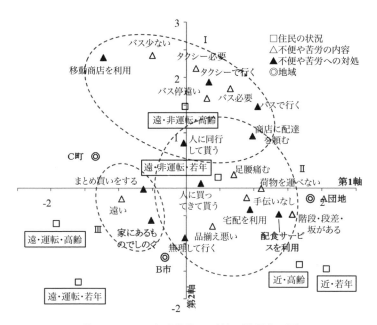

第Ⅴ－2図　不便や苦労への対処（数量化Ⅲ類）
註：　住民の状況のうち、「遠」は最も利用する店舗までの道路距離が1km以上、「近」は1km未満。「運転」は店舗まで自分で自動車やバイクを運転、「非運転」はそれ以外。「高齢」は65歳以上、「若年」は65歳未満。
資料：筆者作成。

動車を運転しない高齢者が中心である。これらの住民は、バスやタクシーで行く、あるいは移動商店を利用する、商店に配達を頼む、人に同行してもらうことにより対処している。バス便の状況に問題を抱えながらもバスを利用して買い物をせざるを得ない状況である。地域的にはC町の住民がほぼ対応する。

次にグループⅡは、足腰が痛む、荷物を運べない、手伝いがいない、近くの店の品揃えが悪いという問題を抱える住民のグループで、概して店舗まで近い住民や店舗まで遠いが自動車を運転しない非高齢者が関係し、人に買ってきてもらう、人に同行してもらう、宅配を利用する、食事の配達サービスを利用することにより対処している。地域的にはA団地とB市が該当する。これらの対処の中で、配食サービスや宅配の利用はどちらかというとA団地での対応、人に同行してもらう、人に買ってきてもらうはB

第V－7表　不便や苦労への対処と重視している対策の関係

	食料品の買い物における不便や苦労への対処										
	1 無理をして買いに行く	2 家にあるものでしのぐ	3 バスに乗って買いに行く	4 タクシーに乗って買いに行く	5 人にお店に連れて行ってもらう	6 人に必要なものを買ってきてもらう	7 まとめ買いをする	8 移動商店を利用する	9 宅配を頼む	10 商店に配達を頼む	11 食事の配達サービスを利用する
不便や苦労の解消に重要なこと											
1. 近くに新たな店ができること											
2. 地元の商店をもり立てること											
3. バス路線の開設やバス便の改善			***		***						
4. バス乗車やタクシー乗車への補助			***	***	***						
5. 商店への無料送迎サービスの充実											
6. ボランティア等に買い物をしてもらう						***					
7. ボランティア等と一緒に買い物をする											
8. 移動販売店の開設・充実								***			
9. 自宅で注文する宅配の充実									***		
10. 購入した商品の配達サービスの充実	***								***	***	
11. 食事の配達サービスの充実											***
12. 食事の持ち帰りの充実											***
13. 商店への道の環境整備											

註：1）「不便や苦労がある」「不便や苦労を感じることがある」と回答した者についてのもので複数回答。
　　2）不明を除く3地域のデータによるもの(n=946)。
　　3）「***」は，相関係数が0.1％で有意な関係。
資料：筆者作成。

市での対応に近い。

　グループⅢは店舗まで遠いことを問題にしている住民で，問題への対処としてはまとめ買い，家にあるものでしのぐが関係している。地域的にはB市とC町が対応している。

4）不便や苦労への対処と重要と考える解決策の関係

　上記の第V－2図は，第V－1図と類似している。どちらも住民の状況，地域，不便や苦労の内容を共通の変数としているということもあるが，住

民が重視する解決策も現在の環境下での不便や苦労への対処もともに現在住民が直面している問題との関係が深いため，両者に一定の対応関係があるということも理由としてあげられる。この点を明確にするために，不便や苦労への対処11変数と住民が重視する解決策13変数の相関係数をとって0.1％有意な関係を表にしたものが第V－7表である。不便や苦労への対処のうち，バスやタクシーを利用するとの対処は，バス便の改善やバス・タクシー乗車への補助を重視していることとの相関が高い。また，「人に必要なものを買ってきてもらう」との対処は，「ボランティア等に買い物をしてもらう」と，「移動商店を利用する」との対処は「移動販売店の開設・充実」と，「宅配を利用する」「商店に配達を頼む」は「自宅で注文する宅配の充実」「購入した商品の配達サービスの充実」と，「食事の配達サービスを利用する」は「食事の配達サービスの充実」「食事の持ち帰りの充実」と，それぞれ相関が高い。ただし，「人にお店に連れて行ってもらう」という対処は，必ずしも「ボランティア等と一緒に買い物をする」という解決策には結びついておらず，むしろバス便等の改善に結びついている。このことは，現在店に連れて行ってもらっている人の多くは，店舗への交通手段がない住民であり，公共交通機関の改善などで店舗への十分なアクセスが確保されれば特段人に手伝ってもらう必要はない人々であるという可能性を示している。

　このように，現在の買い物環境下での買い物の不便や苦労への対処と住民が考える買い物環境自体の改善策の間には密接な関係があり，重視する改善策は，現在の対処の延長線上にあるといえる。

5)　まとめと含意

　この補論では，食料品の買い物に不便や苦労がある人について，それにどのように対処しているかをみた。いずれの地域でも「無理をして買いに行く」「家にあるものでしのぐ」「まとめ買いをする」が多かったが，「無理をして買いに行く」はA団地の65歳以上の住民に，「家にあるものでしのぐ」はB市とC町の65歳未満の住民に，「まとめ買いをする」はB市とC

町の住民に多かった。また,「バスに乗って買いに行く」はA団地の住民に多かった。そのほか,A団地では宅配の利用で,C町では移動商店の利用で対処していた。

　これらの対応は,住民それぞれにおける店舗までの距離や利用可能な交通機関の状況などを反映しており,抱えている問題と密接に関係していた。しかし,このことは不便や苦労の解消のために重視している改善策についても言えることであり,現在の買い物環境下での不便や苦労への対処と環境を改善するための改善策の間には密接な関係があることが確認された。

　これらから言えることは,住民が重視する改善策は,現在の不便や苦労への対処の延長線上にあり,住民が直面している問題,現在の不便や苦労への対処,および重視する改善策の3者の間には密接な関係があるということである。重視する改善策としてどの地域でも多かったのは店舗の新規開店であったが,改善策の検討のためには,最も多かった改善策を重視するだけでなく,地域住民のおかれた状況,不便や苦労の内容などの十分な分析を踏まえる必要がある。

(註1) 本節で取り上げたサンプルはすべて不便や苦労があると回答した住民であるから,道路距離1km以上の住民は,不便や苦労がある住民のなかでもより不便や苦労が大きいとみられるグループ,自動車を運転するグループは,自動車を運転しても不便や苦労があるグループとなる。
(註2) 近くの店舗の品揃えへの不満は,これまでに行われたいくつかのアンケート調査結果にも表れている(第Ⅰ章3．(6))。
(註3) 多重比較は,Ryan (1960) の方法によった。
(註4) ERS/USDA(2009：p.5)でも,対象者が一定の地域に集中している場合は新規開店などを検討することがより効率的であるが,対象者が地域全体に分散していて集中度が低い場合は,新規開店は交通手段の改善よりも効率的ではないとしている。
(註5) 買い物に不便や苦労があることが買い物回数を減少させる可能性については,第Ⅲ章2．註3を参照のこと。

第Ⅴ章　食料品アクセス問題の解決に向けての関係者の意識

2．市町村からみた食料品アクセス問題

(1) 定量データから接近

　はじめに，各市町村のおかれた現状をあきらかにするため，店舗まで500m以上の人口割合を指標に食料品アクセス問題の全体像を可視化する（第Ⅴ-3図）。

　ここでは，2010年国勢調査と2007年商業統計を用いた各市町村の生鮮食料品販売店舗まで500m以上の人口割合（以下「500m以上人口割合」）について，食料品の買い物に不便や苦労が少ないと考えられる40％未満の市町村から，40～60％，60～80％，80％以上の買い物環境の恵まれない市町村までの4つのグループで表している。例えば，500m以上人口割合が40％未満の市町村が大都市や県庁所在地等人口の集積している反面で，その割合が80％以上の市町村は山間部や県境に偏在していることがわかる。

　これら市町村を人口割合別に3つのグループに集約したものが第Ⅴ-8表である。生鮮食料品販売店舗まで500m以上で自動車を持たない人口は全国で854.4万人存在しており，これらは全人口の6.7％に相当する[注1]。このうち，買い物で最も不便や苦労をしていると想定される65歳以上の高齢者は382.5万人で全高齢者の13.1％を占めており，移動手段の乏しい高齢者が食料品アクセス問題のしわ寄せを受けている状況がうかがえる。また，店舗まで500m以上で自動車を持たない人口に占める高齢者の割合は我が国の高齢化率23.0％を大幅に上回り全国で44.8％であるが，買い物環境が不利な人口割合80％以上の市町村では55.2％と半数を超えている。

　ここで，65歳以上の高齢者に焦点を当てると，人口と店舗数を2005/2002時点とする推計では該当する人口は全国で308.0万人だったことから，この間に24.2％増加していることが分かる。そのうち，店舗数の変化による店舗要因が8.7％，人口要因が14.2％と推計されており，高齢

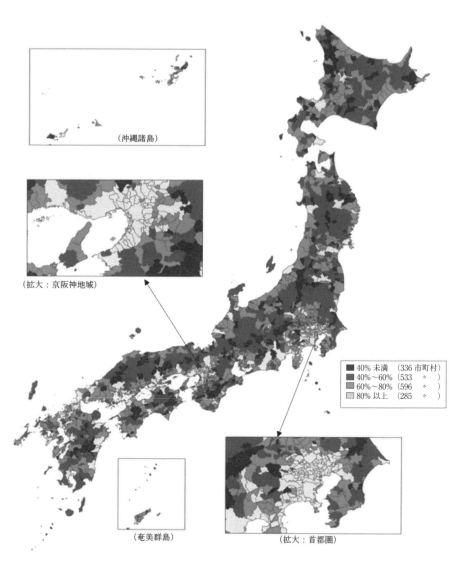

第Ⅴ-3図　生鮮食料品販売店舗まで500m以上の人口割合（市町村別）
資料：筆者作成。

第Ⅴ章　食料品アクセス問題の解決に向けての関係者の意識

第Ⅴ-8表　店舗まで500m以上人口割合別の主要指標 (2010/2007)

(万人, %)

(市町村数)			合計 (1,750)	40%未満 (336)	～80% (1,129)	80%以上 (285)
人口		a	12,805.7	7,607.3	4,965.3	233.2
うち65歳以上		b	2,924.6	1,615.0	1,239.9	69.7
(高齢化率)		b/a	22.8	21.2	25.0	29.9
店舗まで500m以上・自動車なし	人口	c	854.4	446.1	384.5	23.7
	割合	c/a	6.7	5.9	7.7	10.2
〃　　　(65歳以上)*	人口	d	382.5	182.1	187.3	13.1
	割合	d/b	13.1	11.3	15.1	18.8
〃　　　65歳以上の割合		d/c	44.8	40.8	48.7	55.2
(参考) 上記*人口の増加率						
店舗要因 (2007/2002)		e	8.7	13.7	5.2	3.2
人口要因 (2010/2005)		f	14.2	21.4	8.9	1.0
全変化		e+f	24.2	38.0	14.5	4.2

資料：筆者推計による。

者の急激な増加が人口要因を押し上げている。なかでも，買い物環境に恵まれた500m以上人口割合40％未満の市町村において，高齢者の増加率が38.0％と他グループよりも高くなっており，今後これら地域では高齢化の進展で買い物に困難な高齢者が急激に増加することが考えられる。

(2)　市町村からみた食料品アクセス問題

　次に，実際にこれら食料品の買い物に不便な住民を抱える自治体では，どの様な問題認識や具体的な対策が採られているのか。いわば，食料品アクセス問題の定性的な特徴について，現場の市町村の実態を全国的な意識調査から明らかにする。
　これら食料品アクセス問題に対する市町村担当者の意識については，筆者らが2010年に東京特別区を含む全国1,750の自治体に対して初めて調査を行っている（農林水産政策研究所2012a）。また，2011年からは農林水産省食料産業局食品小売サービス課がこれら調査を引き継ぐ形で実施しており，いずれも1,000を超える自治体より回答が得られている（第Ⅴ-9表）[註2]。ここでは，2013年の農林水産省の調査結果を中心に，市町

第V-9表　市町村調査の概要

	2010	2011	2012	2013
市区町村数	1,750	1,743	1,742	1,742
回答数	1,118	1,075	990	1,030
回収率	63.9%	61.7%	56.8%	59.1%

資料：筆者作成。

第V-10表　対策の必要性・実施状況

	2010	2011	2012	2013
対策の必要性	100.0	100.0	100.0	100.0
1. 必要	28.6	27.9	29.8	30.2
2. ある程度必要	51.6	47.4	49.0	51.0
3. あまり必要でない	14.8	20.9	18.8	16.2
4. 必要でない	5.0	3.7	2.4	2.6
対策の実施状況	100.0	100.0	100.0	100.0
1. 実施している	24.3	48.5	64.9	69.9
2. 実施を検討中	10.2	19.4	11.2	7.8
3. 実施していない	65.5	38.6	24.0	22.4

資料：筆者作成。

村の食料品アクセス問題に対する意識や発生理由，具体的な対策や実施手法，担当部局との連携体制から民間事業者の取り組みなど，それらの現状についてあきらかにする。

1)　対策の必要性と実施状況

　第V-10表から，食料品の買い物が不便な住民に対して，何らかの対策が「必要である」とする市町村は全体の約3割を占めていることが示されている。また「ある程度必要である」とする回答を含めれば，全体のおよそ8割の市町村が対策の必要性を訴えており，市町村において食料品アクセス問題が解決すべき重要な課題として認識されていることが明らかとなった。

　一方，具体的な対策の実施状況については，全体のおよそ7割が既に何らかの対策を実施しており，検討中も含めると全体の8割弱の市町村で対策実施および検討が行われていることになる。2010年時点では，対策の必要性は現在と同水準でありながら，実際の対策実施が2割に過ぎなかったことを考えれば，急速に市町村での対策の実施が進行している状況がわ

第Ⅴ章　食料品アクセス問題の解決に向けての関係者の意識

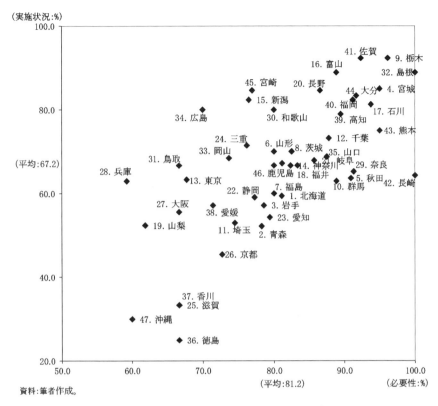

第Ⅴ-4図　対策の必要性・実施検討状況（2013）

かる[註3]。

　これら対策の必要性と実施状況について，2013年の市町村別の回答を都道府県別に集約したものが第Ⅴ-4図である。はじめに対策の必要性について確認すると，地方の都道府県が高い傾向にあるものの，大都市を抱える都道府県でも一定の水準が示されており，市町村にとって食料品アクセス問題が地域を問わず一般的な課題となっていることが伺える。さらに，対策の実施状況については都道府県によって取り組みに大きな差がみられ，対策の必要性が認識されながらも実施が遅れている都道府県など，現場での対応にばらつきが見られるのも特徴である。

2) 問題の発生理由

　それでは，この様な市町村において食料品アクセス問題が発生する理由は何か。第V-5図にみるように，最も大きい要因として指摘されているのは「住民の高齢化」であり，全体の9割がその理由としてあげている[注4]。次いで「地元小売店の廃業」や「中心市街地・既存商店街の衰退」といった供給側の原因も大きいとしている。同時に「単身世帯の増加」「公共交通機関の廃止等」理由もあげられており，食料品の需要側・供給側の要因とともに両者を結ぶ交通条件の悪化が食料品アクセス問題の大きな原因となっている可能性が考えられる。

　一方で「助け合い等の地域支援機能の低下」「配達等小売サービス機能の低下」「協同組合等のサービス縮小」といった項目もわずかながらあげられているが，これら項目は県境等の中山間部にある市町村の多くで指摘されており，これまで地域の拠点であった郵便局やJA支店等の統廃合が影響を及ぼしているとみられる。また，これら問題の発生理由については，2010年時点の調査と大きな変化はみられないことから市町村の構造的要因とみられる。

　この点からも，食料品アクセス問題は住民の高齢化や身近な小売店の縮小といった全国共通の要因とともに，地域住民を支えてきた各種支援機能の低下など，各地域の個別実態を反映した複合的な原因から構成されているとみられる。

3) 現行対策の実施手法・内容

　様々な問題を抱える市町村であるが，実際の食料品アクセス問題の対策はどの様に実施されているのか。

　はじめに，現在対策を実施している市町村における対策の実施手法を確認すると，自治体等「団体自ら実施」する場合は対策を実施している市町村の3割弱であり，多くは団体が運営主体となり「民間事業者への業務委託」あるいは「民間事業者への支援・助成」といった形で実施されており，行政と民間事業者との連携が食料品アクセス問題の対策実施の主流となり

第Ⅴ章　食料品アクセス問題の解決に向けての関係者の意識

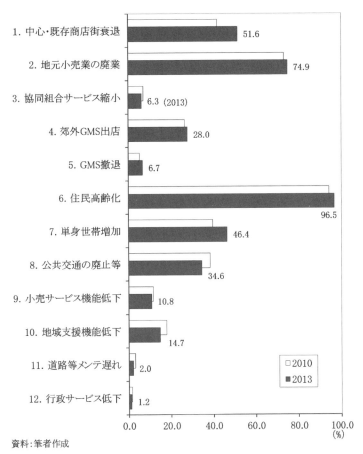

資料：筆者作成

第Ⅴ－5図　問題が発生する理由（2010・2013）

つつあることがわかる（第Ⅴ－6図）。

　つぎに，対策を実施している市町村における具体的な実施対策の内容について確認すると，行政等団体による支援と民間事業者の運営別に第Ⅴ－7図に示した。行政による実施対策としては「コミバス・乗合タクシー等」が最も高く，次いで「宅配等・買い物代行サービス」「空き店舗等の常設店舗」等への支援が行われている。これらは，地方バス路線維持対策や中心市街地活性化事業といった具体的な支援策や事業と結びつくが，何れも住民の買い物の利便性向上を直接的な目的としたものではなく，地域交

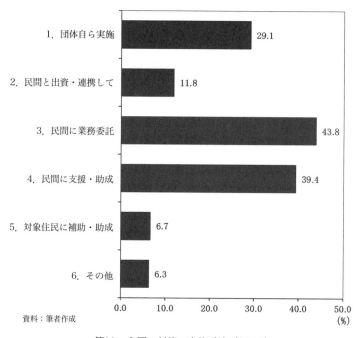

第Ⅴ-6図　対策の実施手法（2013）

通支援や街づくりの一環として行われていることに留意する必要がある。

　一方，民間事業者による運営対策として最も高いのは「宅配等・買い物代行サービス」が中心であるが，「移動販売車」等の取り組みも確認されている。これらは市町村での支援対策では必ずしも高くなかったことを考えれば，これらは民間事業者独自の取り組みとなっていることが伺える。行政による移動販売車の支援対策では，事業者への補助の公益性とともに財政的な問題があげられるとともに，宅配等買い物代行サービスでは民間事業者の配送サービスが進展していることが考えられる。

　食料品アクセス問題が様々な要因からなる地域問題の側面を持つことを考慮すれば，その対策には行政内部で各担当や部門での連携や一体的な取り組みが求められるが，対策実施にあたって「連携している」とするのは全体の23.5％に過ぎず，「情報共有」では38.4%，「特に何もしていない」とするのが37.2%を占めるなど，自治体内部での連携・情報共有にも問

第Ⅴ章　食料品アクセス問題の解決に向けての関係者の意識

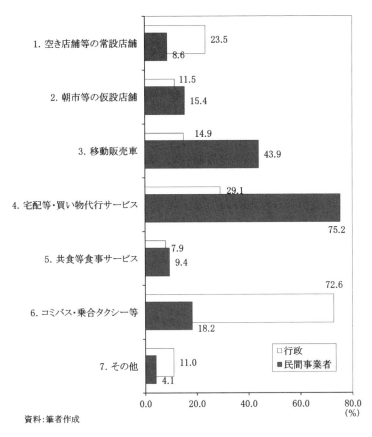

第Ⅴ－7図　対策の実施内容（2013）

題あることがあらためて確認されている（2013年）。

(3) 市町村の特徴と食料品アクセス問題

　一連の観察から，わが国で食料品アクセス問題に直面する人口は全国で854.4万人，全人口の6.7％に相当し，高齢者ではその割合がさらに高いということが定量的に示された。一方，食料品アクセス問題に直面する市町村では，問題認識の高まりとともに着実に対策が実施している状況もあきらかになった。また，発生理由として，住民の高齢化や地元小売店の廃

業といった共通性とともに，JA等支店の廃止や配達サービスの低下など地域固有の原因から構成されていることも確認された。

先にみたように，市町村において実施されている対策は行政自ら実施している他，民間事業者が主体となるものや両者が共同行うものなど，地域の実態や対策内容によって複雑に交差していた。また，食料品アクセス問題が住民の居住地と店舗といった空間的条件だけでなく，住民の生活を含めた地域問題の側面を持つことを考慮すれば運営・実施主体や条件に関わらず幅広く対策を検討する必要がある。

ここで，2010年に筆者らが実施した調査結果を参照すると，現在実施している対策と今後重要になるとする対策には一致と齟齬があることが確認されている（第V-8図）。この様な差が生じる理由として，現在実施している対策は食料品アクセスの改善を含めた地域生活全般を対象にしているのに対し，今後重要になるとする対策は食料品アクセス改善に直接的な効果が期待されているものであることが考えられる。このため，以下では市町村が重視する対策を対象に，食料品アクセス問題がどの様な条件の下で発生し，それらの現場である市町村がどの様な問題認識を持ちどういった対策を重要と考えているかをあきらかにする。このため，市町村における住民と店舗の空間関係を起点に人口規模や高齢化などの客観的な条件とともに，問題認識，発生理由および重視する対策について主成分分析を行い食料品アクセス問題の類型化を試みる。

分析変数として，各市町村の500m以上人口割合を先の3つのカテゴリー変数とし，市町村の人口規模や高齢化，単身世帯の状況とともに自動車保有に関して4つの数値変数として設定した。つぎに，対策の必要性を必要・不要に統合したうえで問題認識とし，発生理由から重要対策までの28項目をカテゴリー変数として扱い，定量的・定性的指標による合計36変数の主成分分析を行った[註5]。その結果，これら変数は固有値1以上の13の主成分に集約されたが，このうち市町村の条件と空間関係に関わる変数の因子負荷量が0.3以上の第4主成分までを採用した[註6]（第V-11表）。

第1主成分は，500m以上人口割合40％未満の市町村であり，相対的

第Ⅴ章　食料品アクセス問題の解決に向けての関係者の意識

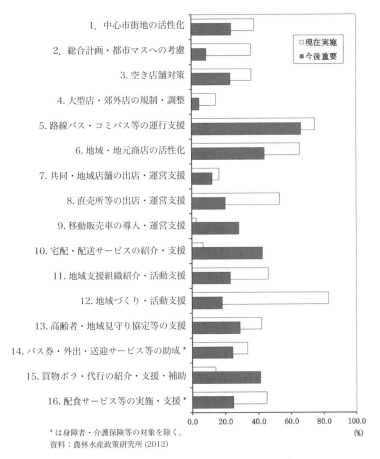

* は身障者・介護保険等の対象を除く。
資料：農林水産政策研究所（2012）

第Ⅴ－8図　分野別実施対策・重視対策（2010）

に買物環境に恵まれた市町村の特徴を示している。これら市町村では相対的に人口規模が大きい反面で、高齢化は進行しておらず自動車所有しない割合が高いという都市的な特徴を持つ。これらの市町村では、問題の発生理由として「中心・商店街衰退」であり、今後は「地域・地元商店の活性化」「空き店舗対策」「中心市街地の活性化」「地域づくり」などの支援が重要になるとしている。

　第2主成分は、500m以上人口割合が40〜80％の市町村であり、単身世帯比率や自動車を所有しない割合では第1主成分と対照的な特徴を持つ

第Ⅴ-11表　市町村条件別食料品アクセス問題の関連性

	主成分		1	2	3	4
	固有値		3.253	2.992	2.224	1.698
	寄与率（％）		9.035	8.311	6.178	4.718
	累積寄与率（％）		9.035	17.346	23.524	28.242
	因子負荷量					
条件	1. 500m以上人口割合	（40％未満）	0.672	-0.399		
	2. 〃	（40～80％）	-0.364	0.326	-0.458	-0.538
	3. 〃	（80％以上）			0.304	0.694
	4. 人口		0.521			
	5. 高齢化率		-0.466			0.396
	6. 単身世帯比率		0.469	-0.301	0.392	
	7. 自動車所有しない割合		0.555	-0.400	0.413	
問題認識	1. 対策の必要性（統合）			0.450		
発生理由	1. 中心・商店街衰退		0.418	0.301		
	2. 地元小売店廃業			0.326		
	3. 組合サービス縮小			0.232		
	4. 郊外GMS出店			0.313		
	5. GMS撤退					
	6. 住民高齢化					
	7. 単身世帯増				0.308	
	8. 公共交通機関廃止			0.307		
	9. 小売サービス低下					
	10. 地域支援機能低下					
	11. 道路整備メンテ遅れ					
	12. 行政サービス低下					
重要対策	1. 中心市街地の活性化		0.427	0.360	-0.335	
	2. 総合計画・都市マスへの考慮			0.306		
	3. 空き店舗対策		0.480	0.335		
	4. 大型店・郊外店の規制・調整					
	5. 路線バス・コミバス等の運行・支援			0.360		
	6. 地域・地元商店の活性化		0.507			
	7. 共同・地域店舗の出店・運営支援			0.392		
	8. 直売所等の出店・運営支援			0.361		
	9. 移動販売車の導入・運営支援			0.316	0.323	
	10. 宅配・配送サービスの紹介・支援			0.317	0.366	
	11. 地域支援組織紹介・活動支援					
	12. 地域づくり・活動支援		0.317			0.329
	13. 高齢者・地域見守り協定等の支援				0.317	
	14. バス券・外出・送迎サービス等の助成			0.380		
	15. 買物ボラ・代行の紹介・支援・補助			0.300	0.429	
	16. 配食サービス等の実施・支援				0.351	

資料：筆者推計による。

ている。これら市町村では，対策の必要性が強く認識されているとともに，「地元小売店廃業」「郊外 GMS 出店」「公共交通機関廃止」「組合サービス縮小」等を発生理由として，「共同・地域店舗の出店・運営支援」「バス券・外出・送迎サービス等の助成」「直売所等の出店・運営支援」「路線バス・コミバス等の運行支援」「移動販売車の導入・運営支援」等を含んだより広範な対策が今後重要になるとしている。

　この主成分に該当する市町村には，市町村合併により都市的地域と農村地域の両者を含んでいる場合が多いとみられる。このため，発生理由にも組合サービス縮小や公共交通機関の廃止といった農村地域に特徴的な項目が挙げられているとともに，広範にわたる対策でも移動販売支援や外出のための交通手段確保の対策が含まれている。

　第3主成分および第4主成分は，500m以上人口割合が80％以上で，買い物環境が相対的に不利な市町村の特徴を示しているとみられる。このうち，第3主成分は単身世帯比率が高く自動車を所有しない特徴を示しており，発生理由として「単身世帯増」，重要対策として「買物ボランティア・代行等の紹介・支援」「宅配・配送サービスの紹介・支援」「配食サービス等の実施・支援」「移動販売車の導入・運営支援」といった対策が今後重要になるとしている。第4主成分は，高齢化率が高いことが特徴で「地域づくり・活動支援」を重視している。

　この様に，食料品アクセス問題では地域の条件を反映した発生理由と実施対策の関連を持つことが明らかであり，例えば第1主成分に代表される都市的特徴を持つ市町村では現在も残っている中心市街地への対策が重視されているのに対し，逆にそれらの特徴を持たない第2主成分で示される市町村では移動販売支援や路線バス・コミバスの支援など，それら地域に残存する機能を高める方向で対策実施が選択されたとみられる。

(4)　現場からみた解決視点

　食料品アクセス問題の解決には，買い物だけでなく住民の日常的な生活

環境を維持する視点が重要となる。当然ながら，各市町村のおかれた条件によって実態は異なるものの，生活環境といった面では街づくりや交通対策，あるいは小売や地域支援等，従来からの事業や取り組みの強化が今後とも重要になる。その点では，市町村といった行政部門のみならず民間事業者，さらにはNPOや住民自身を含めた地域の多様な主体による連携体制の構築が求められる。

現在，市町村において実施されている対策は，従来からの事業や制度の積み上げ，すなわち各担当課の個別政策として分担・実施されてきた。一方で，これら対策は現場においては事業実施のノウハウや経験が豊富に蓄積されており，ここに住民の買い物の不便や苦労を軽減する視点を加えることでより効果的な対策の実施や運用が可能となる。また，この様な部局間や対策間の連携は制度を効率的に利用する契機ともなる。

民間事業者の視点では，食料品アクセス問題がそもそも事業環境の厳しい地域で発生していることを考慮すれば，対策を持続可能な事業とするためには行政や地域住民の協力が不可欠となる。例えば，民間事業者とのつながりや結びつきを支援することで地域が活性化するとともに，地元の民間事業者へのロイヤリティの向上が強力な差別化要因にもなるからである。

食料品アクセス問題は，高齢化や人口減少といった既にわが国全体が直面している問題の一部分である。同時に，それらは地域の抱える個別の事情が反映された地域問題でもある。したがって，これらは買い物だけの問題でなく，医療や教育といった日常生活の様々な問題に連続した地域問題である。その意味では，食料品アクセス問題が住民の生活環境の悪化にとどまらず，地域そのものの持続可能性といった問題に発展する可能性も大きい。その点からも，食料品アクセス問題の解決には，多様な主体や分野での長期的かつ包括的な取り組みが求められている。

(註1) 以下，ここでの数値は2010年国勢調査と2007年商業統計を用いた推計であり，初出 (高橋・薬師寺2013) 時の推計とは異なる。これら推計の詳細については，第Ⅱ章3. を参照。
(註2) 農林水産省食料産業局食品小売サービス課 (2014) ほか。

(註3) 2011年以降の調査では行政による対策の実施状況を尋ねているのに対し，2010年での調査では「食料品の買い物が困難や不便な住民への直接的な対策」といった形での質問であることに留意する必要がある。
(註4) 都道府県別にみた場合，高齢化率と対策の必要性には強い相関が確認されている。また，現在高齢化が進んでいる都道府県は近い将来に高齢化がピークを迎えつつあるのに対し，逆に高齢化率の低い都道府県では今後高齢化がより深刻化するとみられる。
(註5) これまで主成分分析は，情報を主成分軸に集約し解釈するという方法が一般的であったが，石田(2008)は主成分軸が独立であることに着目し，因果関係を推論するといった新たな利用方法を提示している。
(註6) 第13主成分までの累積寄与率は57.6%である。

3．住民自身による問題解決の事例
——NPO法人くらし協同館なかよし——

(1) 「なかよし」設立の経緯と概要

　食料品アクセス問題を改善する上で，地域住民の活動は重要な鍵となる。本節では，食料品アクセスが相対的に悪化した高齢化団地を舞台に住民自身が問題解決に取り組んだ事例として，食料品の販売や食事・喫茶の提供などの活動を通して高齢者者の生活を支えている「NPO法人くらし協同館なかよし」(以下，「なかよし」という。)を紹介し，その地域住民との関わりについて分析する。
　本章1．および2．の関係者意識の分析では，都市部では，店舗の維持や新規開店が重視されていることが明らかとなった。本節の例は，地方都市で店舗の維持を図っている事例である。
　「なかよし」は，茨城県ひたちなか市の本郷台団地内に位置している(巻頭カラー頁第Ⅴ-9図(写真)，第Ⅴ-10図(写真))。ひたちなか市は，日立製作所の企業城下町である。本郷台団地は，同社およびその関連企業の従業員を対象に，1960年代に分譲された。同市は，バスなどの公共交通機関が少ない。最寄り駅から3.5kmほど離れた本郷台団地では，買い物

などの日常生活において，自動車が重要な移動手段である。自動車を運転できない高齢者にとって，買い物や通院は困難な状況にある。

全国の高齢化団地と同様に，本郷台でも，分譲当初は買い物先や病院，銀行窓口などの生活に必要な機能が一通り揃っていた。しかし，1990年代に商店や金融機関などが相次いで撤退した。2004年5月には，生協の店舗（ハイコープ（現パルシステム茨城）本郷台店）も赤字経営を理由に閉店した。「生協が閉店すると自動車を持たない高齢者が困る」という住民の声が上がったため，本郷台店で組合員活動をしていたメンバーが店舗跡地利用の検討委員会を立ち上げ，店舗の再利用を検討した。同委員会が地域住民にアンケート調査を実施したところ，買い物先不足に対する不安の声が大きかったという。また，趣味講座・習い事，講習会，体操，リハビリなどに対する要望も大きかった。しかし，これらを実現するためには，担い手の確保が問題となった。そこで，委員会が無償のボランティアを募集したところ，50〜60名程度の応募があった。さらに，「青空市を開いてほしい」という要望があり，毎週金曜日に青空市を開いたところ，毎回20万円程度売り上げた。これらのことから，委員会は店舗の必要性を認識し，2005年にNPO法人を立ち上げて事業を開始した。

「なかよし」では，約100坪の店舗をパーティションで区切り，食料品販売や飲食・喫茶，子育て支援などの活動を展開している。「なかよし」の概要は下記の通りである（第V-12表）。主な売り上げは，食料品である。売り場では，生鮮食品だけではなく，手作りのそう菜や，パン，加工食品，冷凍食品，調味料，飲料等も販売しており，食事に必要なものは一通り買える品揃えをしている（巻頭第V-11図（写真））。店頭で販売される食料品の多くは，地元の農家や中小企業（牛乳屋，豆腐屋，米屋など）から仕入れている。また，地元の福祉施設で作られた商品（パン，菓子，手芸品，瓶詰など）を販売している。また，調理ができない高齢者のために，そう菜販売にも力を入れている。毎日の献立は，その日手に入った食材を基に，当番となった調理スタッフが決めている。店頭には，スタッフが主婦としての長年の調理経験を生かして作った家庭料理が並び，好評を

第Ⅴ章　食料品アクセス問題の解決に向けての関係者の意識

第Ⅴ－12表　「なかよし」の概要

団体名	NPO法人くらし協同館なかよし	
スタッフ	正会員	88人
	賛助会員	271人
店舗面積	約100坪	
年間利用者	活動全体	80,234人
	買い物，食事・喫茶	59,743人
事業内容	食料品販売 食事・喫茶 サークル活動（習い事，シルバー体操，健康教室，料理教室等） 子育て支援 市民交流行事	

資料：「平成25年度事業報告書」より作成。

得ている。毎日，数名の調理スタッフが店舗裏手の調理スペースでそう菜を作っている。

　「なかよし」では，各種サークル，健康を守る食の相談，子育て支援，市民交流事業などの活動も行っている。特筆すべきは，「なかよし」が地域住民の交流の場や支え合いの場として機能している点にある。「なかよし」では，食事会やコンサート，各種年中行事（小正月餅つき，雛祭りなど），交流体験（竹とんぼ作り，森のクラフト作りなど），伝統食作り（塩麹づくり，そば打ち体験など），講習会（災害予防，住民の支え合い活動学習会など）などを毎月数回開催し，幅広い世代が相互に交流する機会を提供している。また，「なかよし」には地域に根付いたスタッフが多く，寝たきりや痴呆，男性の独居など，生活支援を必要としている高齢者の情報を，正確に把握している。スタッフには民生委員も多い。「なかよし」では，こうした高齢者を対象とした見守りや生活相談，食材の配送，移送など支援活動も積極的に展開している。

　「なかよし」の正会員は88名，賛助会員は271名であり，その多くが団地内に住む前期高齢者である。一方，利用者数は年間80,234人であり，1日当たりの利用者数は約261人に達する（平成24年度）。スタッフと利用者は，重複することが多い。つまり，地域住民が互いに助け合う場が，「なかよし」であると言える。「なかよし」は補助金をほぼ受けることなく，

運営資金を確保している。同組織は，ボランティアによって支えられている。もっとも重労働であるそう菜の調理スタッフにのみ時給260円が支払われているが，その他の仕事はすべて無給である。それでも，スタッフの希望者は後を絶たない。組織全体を管理する理事は数名いるものの，個々の活動は，各担当者の自主性に委ねられている。担当者同士がアイディアを持ち寄って話し合い，納得し合った上で，活動内容が決められている。金銭の獲得ではなく，相互扶助や生きがいづくりの場を求めて地域住民が集まり，一人一人が主体的に活動している点が，「なかよし」の最大の特徴であり長所である。

(2) 「なかよし」周辺の住民の買い物行動と「なかよし」の利用

「なかよし」周辺の地域住民の傾向を把握するため，2013年10月に意識調査を実施した。調査表は「なかよし」を中心とした半径約1kmの範囲に位置する1,500世帯に配布し，395世帯から有効回答を得た。回収率は26.3％であった。第Ⅴ-13表は回答者の属性を示す。回答者のうち70.4％は65歳以上であり，48.6％は高齢夫婦世帯で占められる。また，回答者は女性が82.7％を占める。第Ⅴ-14表は，買い物行動を示す。本郷台団地では自動車・バイクで買い物に行く住民が65.4％に達しており，主要な買い物先の大半（81.7%）は，本郷台団地から数キロ離れた食品スーパーであった。「なかよし」を主な買い物先とする住民は，6.3％にとどまった。買い物頻度は毎日〜2日に1回程度であり，現時点では買い物に不自由を感じる人は18.6％と少なかった。一方，「なかよし」の利用状況をみると（第Ⅴ-15表），50歳未満の若い世代では未利用（41.7％）や市民交流市（25.0％）が多いのに対し，75歳以上では食材購入（68.9％）とそう菜購入(40.5%)の割合が高かった。

以上のことから，本郷台団地周辺では現段階では若い世代を中心に自動車利用が多く，買い物に苦労する住民は，現段階ではさほど多くないことが窺える。その一方で，自動車利用が困難となる後期高齢者では，「なか

第Ⅴ章　食料品アクセス問題の解決に向けての関係者の意識

第Ⅴ-13表　回答者の属性

(人, %)

	本郷台団地周辺(2013)	
全体	395	
年齢別		
40歳未満	7	(1.8)
40～49歳	11	(2.8)
50～59歳	28	(7.1)
60～64歳	70	(17.9)
65～69歳	104	(26.5)
70～74歳	86	(21.9)
75歳以上	86	(21.9)
65歳以上(再掲)	276	(70.4)
不明	3	－
不明を除く	392	(100.0)
男女別		
男	68	(17.3)
女	325	(82.7)
不明	2	－
不明を除く	393	(100.0)
世帯類型		
高齢単身世帯	51	(13.0)
その他単身世帯	7	(1.8)
高齢夫婦世帯	191	(48.6)
その他2人世帯	35	(8.9)
3人以上世帯	109	(27.7)
不明	2	－
不明を除く	393	(100.0)

註：( )内は，不明を除く合計に対する割合。
資料：筆者ら調査による。

第Ⅴ-14表　回答者の買い物行動

(人, %)

	本郷台団地周辺(2013)	
全体	395	
最も利用する店舗		
近隣スーパー	309	(81.7)
なかよし	24	(6.3)
その他	45	(11.9)
不明	17	－
不明を除く	378	(100.0)
買い物頻度		
ほぼ毎日	93	(24.7)
2日に1回	132	(35.0)
3～4日に1回	99	(26.3)
週1回・週1回以下	53	(14.1)
不明	18	－
不明を除く	377	(100.0)
店舗までの交通手段		
徒歩	49	(12.9)
自転車	70	(18.4)
自動車・バイク	249	(65.4)
バス	3	(0.8)
その他	10	(2.6)
不明	14	－
不明を除く	381	(100.0)
買い物の不便や苦労		
ある	70	(18.6)
ない	307	(81.4)
不明	18	－
不明を除く	377	(100.0)

註：( )内は，不明を除く合計に対する割合。
資料：筆者ら調査による。

よし」は日々の食材を入手する重要な場となっている。高齢者が趣味や交流を楽しむ場としても，「なかよし」は重要な役割を果している。本郷台団地は，これから後期高齢者の割合が高くなっていく。「なかよし」が果たす役割の重要性は，これから高まっていくと予想される。

(3)　周辺店舗の立地とアクセシビリティ

　ここで，本郷台団地周辺における食料品店の立地と，道路距離からみた食料品販売店へのアクセシビリティを検証する。特に，「なかよし」によるアクセシビリティ改善の効果を定量的に明らかにする。本郷台団地内には

第V-15表　「なかよし」の利用状況

(人, %)

	全体		50歳未満		50～64歳		65～74歳		75歳以上	
全体	395	-	18	-	98	-	190	-	86	-
野菜や食品を買う	205	(61.0)	6	(50.0)	45	(64.3)	103	(58.2)	51	(68.9)
そう菜を買う	134	(39.9)	3	(25.0)	30	(42.9)	69	(39.0)	30	(40.5)
食事と喫茶サロンを利用する	58	(17.3)	1	(8.3)	6	(8.6)	30	(16.9)	21	(28.4)
趣味講座に参加する	73	(21.7)	1	(8.3)	10	(14.3)	43	(24.3)	19	(25.7)
市民交流市を利用する	51	(15.2)	3	(25.0)	9	(12.9)	23	(13.0)	16	(21.6)
健康講座に参加する	27	(8.0)	0	(0.0)	1	(1.4)	18	(10.2)	8	(10.8)
食事会を利用する	12	(3.6)	0	(0.0)	1	(1.4)	3	(1.7)	8	(10.8)
その他	11	(3.3)	2	(16.7)	1	(1.4)	3	(1.7)	5	(6.8)
なかよしを利用していない	85	(25.3)	5	(41.7)	17	(24.3)	51	(28.8)	11	(14.9)
不明	59	-	6	-	28	-	13	-	12	-
不明を除く	336	(100.0)	12	(100.0)	70	(100.0)	177	(100.0)	74	(100.0)

註：（　）内は，不明を除く合計に対する割合．
資料：筆者ら調査による．

「なかよし」以外の食料品販売店は立地していないが，近隣にスーパーが1軒，コンビニエンスストアが3軒立地している（巻頭カラー頁第V-12図）。スーパーは，JR勝田駅前へと至る幹線道路から本郷台団地に入る道の交差点角地に立地している。団地から最も近い店舗は，その交差点から本郷台団地へと入る道沿いにあるコンビニエスストアであり，団地の北端の一画に隣接している。

地形的には，本郷台団地は東側と南西側に谷地を控える洪積台地上に広がっている。団地内の標高は，中心部において最も高い約30mに至り，谷地に最も近い住宅で約17mにまで下がる。そのため，中心部から周辺に向けて緩やかな下り坂になっているものの，総じて団地内の起伏は大きくないといえる。二車線の道路には歩道が設けられ，街路も自動車の通行量が多くはないため，比較的良好な歩行環境にある。

巻頭第V-13図には，本郷台団地周辺の店舗から道路距離による500mおよび1,000mの距離圏を示した。GIS（地理情報システム）を活用して，道路データをもとに道路距離を測定した[註1]。第V-13図a)は「なかよし」を除く店舗からの距離圏，同図b)は「なかよし」を含めた店舗からの距離圏である。前者のケースでは，本郷台団地はスーパーからの500m圏には含まれず，かろうじて団地北側と西端がコンビニエンスストアの

500m 圏に含まれているにすぎない。1,000m 圏でみても，スーパーによってカバーされるのは団地の北部のみであり，大部分はコンビニエンスストアによってカバーされているにすぎない。スーパーは，自動車の所有者からみた利便性は高いといえるが，高齢者が多い団地住民にとって徒歩による利用は容易ではないといえる。一方，「なかよし」を含めた店舗からの距離圏では，団地の大部分が500m 圏に含まれることがわかる。「なかよし」は本郷台団地のほぼ中心という好位置に立地しているため，団地のほぼ全域を商圏としてカバーできている。

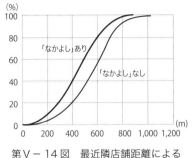

第Ⅴ－14図　最近隣店舗距離による累積人口

　次に，「なかよし」が立地していることによる店舗へのアクセス改善効果を，各住居からみた最近隣店舗への距離から定量的に評価したい[註2]。第Ⅴ－14図には，「なかよし」が立地している場合と，立地していない場合の両パターンについて，最近隣店舗までの距離に応じた推計人口の累積を示している。両者を比較すると，「なかよし」が立地していることによって，本郷台の住民の多くが店舗へのアクセシビリティを改善させている。例えば，「なかよし」が立地していない場合，最近隣店舗までの距離が500m 以内の住民は約36％にすぎないが，立地している場合には約60％にまで至った。すなわち，「なかよし」が立地することにより，新たに約24％の住民が500m 以内の移動距離で食料品購入が可能になったことを意味している。全人口の95％が店舗に到達できる距離は，「なかよし」が立地していない場合は815m であったのに対して，「なかよし」が立地している場合には711m に短縮された。このように，「なかよし」の立地は，本郷台団地の住民からみた食料品販売店舗へのアクセシビリティの改善に貢献している。また，単に最近隣の店舗までの距離の短縮という点ばかりではなく，住民が利用できる店舗の選択性を向上させている。

第Ⅴ-16表 「なかよし」の利用頻度(属性別)

(人, %)

	「なかよし」を最も利用 (A)	他店舗を最も利用			比率の4群比較
		「なかよし」利用は週1回以上 (B)	「なかよし」利用は不定期・時々 (C)	「なかよし」を利用しない (D)	
総数	24 (7.0)	83 (24.2)	145 (42.3)	91 (26.5)	
交通手段					
徒歩	16 (66.7)	15 (18.1)	9 (6.2)	6 (6.6)	A>B>C, D
自転車	4 (16.7)	17 (20.5)	32 (22.1)	12 (13.2)	
自動車・バイク	3 (12.5)	49 (59.0)	98 (67.6)	71 (78.0)	D>B>A C>A
その他	1 (4.2)	2 (2.4)	6 (4.1)	2 (2.2)	
不明	0 -	0 -	0 -	0 -	
不明を除く計	24 (100.0)	83 (100.0)	145 (100.0)	91 (100.0)	
店舗までの時間(徒歩)					
5分以内	13 (81.3)	4 (26.7)	1 (11.1)	2 (33.3)	A>B, C
10分以内	2 (12.5)	5 (33.3)	3 (33.3)	3 (50.0)	
10分超	1 (6.3)	6 (40.0)	5 (55.6)	1 (16.7)	
不明	0 -	0 -	0 -	0 -	
不明を除く計	16 (100.0)	15 (100.0)	9 (100.0)	6 (100.0)	
年齢					
50歳未満	0 (0.0)	1 (1.2)	5 (3.5)	7 (7.7)	
50～64歳	3 (12.5)	13 (15.9)	36 (25.0)	19 (20.9)	
65～74歳	9 (37.5)	45 (54.9)	74 (51.4)	53 (58.2)	
75歳以上	12 (50.0)	23 (28.0)	29 (20.1)	12 (13.2)	A>C,D
不明	0 -	1 -	1 -	0 -	
不明を除く計	24 (100.0)	82 (100.0)	144 (100.0)	91 (100.0)	
性別					
男	1 (4.2)	11 (13.3)	24 (16.6)	28 (31.1)	D>A,B,C
女	23 (95.8)	72 (86.7)	121 (83.4)	62 (68.9)	A,B,C>D
不明	0 -	0 -	0 -	1 -	
不明を除く計	24 (100.0)	83 (100.0)	145 (100.0)	90 (100.0)	

註:1)( )内は,不明を除く合計に対する割合。
　　2)比率の4群比較は5%有意な大小関係を示した。
資料:筆者ら調査による。

(4) 「なかよし」利用者の特徴

　地域住民の側からみると,「なかよし」を多く利用し,生活に役立てているのはどのような住民であろうか。これをみるために,最も利用する店舗と「なかよし」の利用頻度を組み合わせて,「なかよし」の利用状況を次の4タイプに分類した。すなわち,「「なかよし」を最も利用(A)」「他店舗を最も利用するが「なかよし」も週1回以上利用(B)」「他店舗を最も利用し,「なかよし」利用は不定期か時々(C)」「「なかよし」を利用しない(D)」である。こ

第Ⅴ章 食料品アクセス問題の解決に向けての関係者の意識

れらA〜Dごとの回答者の属性を整理し，比較したものが第Ⅴ-16表である^(註3)。これから，「なかよし」の利用度が高い人々の特徴は，徒歩で買い物をし，「なかよし」から徒歩で5分以内に住んでおり，75歳以上の後期高齢者であると言え，「なかよし」が近隣の高齢者の買い物の利便性の向上に大きな役割を果たしていることがわかる。ただし，「なかよし」を多く利用するのは女性であり，男性は利用しない人の方が多い。

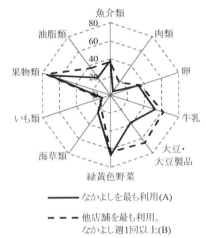

第Ⅴ-15図 「なかよし」利用者の摂取頻度
註：ほとんど毎日食べる人の割合である。
資料：筆者ら調査による。

　一方で，課題もある。「なかよし」の利用状況A〜Dごとの食品摂取の多様性得点の平均値をとると，Aが3.62，Bが4.18，Cが4.00，Dが3.66であり，他店舗を最も利用し，「なかよし」利用も週1回以上のBが最も高く，「なかよし」を最も利用するAが最も低かった^(註4)。そこで，「なかよし」を最も利用するAの住民と，他店舗を最も利用し，「なかよし」利用が週1回以上のBの住民とで，どのような品目の摂取頻度に差があるのかをみたものが第Ⅴ-15図である。まず，有意にAの住民の摂取頻度が低いのが大豆・大豆製品である。このほか，有意では無いが，Aの住民は肉類や油脂類の摂取頻度も低い可能性がある^(註5)。Bの住民は，買い物に品揃えのよい近隣スーパーを最も利用し，その上で「なかよし」を補完的に利用することにより，食品摂取の多様性を確保しているとみられる。「なかよし」としては，専ら「なかよし」を利用していいる住民のためには，より充実した品揃えが課題であろう。

第V-17表 「なかよし」についての今後の利用意向

(人, %)

	現在と変わらない		利用を増やしたい		
総数	248		84		
	(74.3)		(25.1)		
利用店舗					
なかよしを最も利用	22	(9.1)	2	(2.5)	+
他店舗を最も利用					
なかよし利用は週1回以上	62	(25.7)	20	(25.3)	
なかよし利用は不定期・時々	102	(42.3)	41	(51.9)	
なかよしを利用しない	55	(22.8)	16	(20.3)	
不明	7	−	5	−	
不明を除く計	241	(100.0)	79	(100.0)	
交通手段					
徒歩	36	(14.8)	7	(8.6)	
自転車	51	(21.0)	10	(12.3)	+
自動車・バイク	148	(60.9)	60	(74.1)	*
その他	8	(3.3)	4	(4.9)	
不明	5	−	3	−	
不明を除く計	243	(100.0)	81	(100.0)	
バランスの良い食事を摂ろうとしているかどうか					
そのつもりである	149	(60.1)	59	(71.1)	+
概ねそのつもりだ	85	(34.3)	21	(25.3)	
あまり気にしない	13	(5.2)	3	(3.6)	
気にしない	1	(0.4)	0	(0.0)	
不明	0	−	1	−	
不明を除く計	248	(100.0)	83	(100.0)	

註：1)（　）内は，不明を除く合計に対する割合。
　　2）このほか「利用を減らしたい」と回答した者は2名であった。
　　3）+：10％，*：5％
資料：筆者ら調査による。

(5) 「なかよし」利用意向の特徴

　今後の「なかよし」を考える上で重要な要素の一つが，周辺住民が今後どの程度「なかよし」を利用しようとしているかである。今後とも「なかよし」の活動を継続していくためにはそれを利用しようという住民の存在が不可欠である。筆者らの意識調査では，「なかよし」の今後の利用意向について，不明を除く334名のうち「現在と変わらない」248名（74.3％），「利用を増やしたい」84名（25.1％）が大勢を占め，「利用を減らしたい」は2名（0.6％）に過ぎなかった[註6]。したがって，基本は現状維持である

第Ⅴ章　食料品アクセス問題の解決に向けての関係者の意識

第Ⅴ－18表　講座への参加と買い物利用

(人, %)

	趣味講座への参加				健康講座への参加			
	なし		あり		なし		あり	
全体	178	(100.0)	73	(100.0)	224	(100.0)	27	(100.0)
野菜や食品を買う	151	(84.8)	54	(74.0) *	187	(83.5)	18	(66.7) *
そう菜を買う	89	(50.0)	45	(61.6)	116	(51.8)	18	(66.7)
食事と喫茶サロンを利用する	32	(18.0)	26	(35.6) **	45	(20.1)	13	(48.1) **

註：1)　*：5％，**：1％
　　2)　なかよしを利用している回答者についてのものである。
資料：筆者ら調査による。

が，4分の1の住民は増やそうと思っているといえる。

　それでは，どのような住民が「なかよし」の利用を増やそうと思っているのであろうか。第Ⅴ－17表は，今後の利用について「現在と変わらない」「利用を増やしたい」と回答した住民がそれぞれどういう特徴を持った住民かを示している。まず，利用店舗については，現在「なかよし」を最も利用している人は，基本的に現状維持であり，これ以上利用を増やしたいという人は少ない。次に交通手段については，利用を増やしたいと思っている人は，自動車・バイクを使って買い物に行っている人の割合が有意に高かった。このことは，利用店舗について，利用を増やしたいと思っている住民については「「なかよし」利用は不定期・時々」という人の割合が高かった（ただし有意ではない）ことと関連しているかもしれない。さらに，「なかよし」の利用を増やしたいという意向が強かったのは，今後バランスの良い食事を摂ろうとしている住民であった。なお，店舗までの時間，性別年齢については有意な差は無かった。

　以上のことから，今後「なかよし」の利用を増やしたいという意向を持っている住民の特徴は，買い物に自動車やバイクを使っていて現在は「なかよし」の利用頻度は高くないが，今後バランスの良い食事を摂ろうとしている住民ということになろう。

　「なかよし」の利用は，必ずしも食料品の買い物とは限らず，趣味講座や健康講座の利用もある。第Ⅴ－18表は，「なかよし」を利用している回答

者について，趣味講座や健康講座に参加している人とそうでない人で，「なかよし」での買い物利用に差があるかどうかをみたものである。これらの講座に参加している人の方が，野菜や食品を買っている人の割合は有意に低かったが，そう菜を買っている人の割合には有意差はなく，食事と喫茶サロンを利用している人の割合は高かった。講座に参加している人の食材購入の割合が低いのは，講座に参加するために食事の準備の時間を節約しているからかもしれない。いずれにせよ，趣味講座や健康講座への参加は，「なかよし」での買い物の機会を増やすため，このような講座の活動は，今後とも引き続き重要な位置づけとなろう。

　なお，調査への回答では，「なかよし」への希望として，少数ではあるが，「なかよし」がスタッフ同士の井戸端会議的な場所になっていて入りづらいという意見があった。知り合い同士が仲良くおしゃべりするということ自体は「なかよし」の性格からして否定すべきではないであろう。しかし，そのことが第三者に対する壁にならないように配慮することはできると思われる。

(6)　ボランティア希望者の特徴

　「なかよし」の運営は，それを利用する人とサービスを提供するボランティアの双方によって成り立っているので，今後とも利用希望者が維持されても，ボランティア希望者が少なくなれば成り立たない。「なかよし」のボランティアは91名，うち有償が64名で無償が27名である（平成24年度末）。有償活動の1人1日平均活動時間は5時間30分，無償活動は2時間である（平成24年度）。有償活動は，時給260円が支払われるとはいえ平均で1日1,400円くらいであるからほとんど無償のようなものである。このようなボランティア活動は，高齢者の生き甲斐や社会貢献したいという意思によって支えられている。まず，ボランティアのほとんどは60歳以上である。そして，藤澤（2012）による「なかよし」スタッフに対するアンケート調査によれば，活動への参加動機として60歳代以上の不明を

第Ⅴ章　食料品アクセス問題の解決に向けての関係者の意識

第Ⅴ－19表　ボランティアへの参加希望の状況

(人, %)

	すでに参加 (A)		参加したい (B)		関心はあるが,今は参加したいと思わない (C)		あまり関心がない (D)		B～D 3群間の比率比較
総数	35		23		175		98		
	(10.6)		(6.9)		(52.9)		(29.6)		
利用店舗									
なかよしを最も利用	6	(17.6)	2	(8.7)	7	(4.2)	2	(2.2)	
他店舗を最も利用									
なかよし利用は週1回以上	21	(61.8)	10	(43.5)	38	(22.8)	8	(8.7)	B>C>D
なかよし利用は不定期・時々	7	(20.6)	8	(34.8)	91	(54.5)	32	(34.8)	
なかよしを利用しない	0	(0.0)	3	(13.0)	31	(18.6)	50	(54.3)	
不明	1	－	0	－	8	－	6	－	
不明を除く計	34	(100.0)	23	(100.0)	167	(100.0)	92	(100.0)	
バランスの良い食事を摂っていると思う									
そう思う	18	(52.9)	4	(17.4)	53	(30.3)	39	(39.8)	
概ねそう思う	16	(47.1)	17	(73.9)	94	(53.7)	39	(39.8)	B>D
あまり思わない	0	(0.0)	2	(8.7)	26	(14.9)	19	(19.4)	
思わない	0	(0.0)	0	(0.0)	2	(1.1)	1	(1.0)	
不明	1	－	0	－	0	－	0	－	
不明を除く計	34	(100.0)	23	(100.0)	175	(100.0)	98	(100.0)	

註：1)　(　)内は，不明を除く合計に対する割合。
　　2)　比率の3群比較は5％有意な大小関係を示した。
資料：筆者ら調査による。

除く回答者39名のうち（回答者の約8割），「自分のできることで社会や地域貢献したかった」27名（69.2％），「何か生甲斐や生活の張りになる事をしたかった」15名（38.5％），「活動を通じて地域に仲間を作りたかった」9名（23.1％），「豊富な時間を有効に活用したかった」8名（20.5％）となっており（複数回答），引退後の豊富な時間を生き甲斐や地域貢献に有効に活用したいという気持ちがボランティアへの参加を促していると考えられる。

それでは，「なかよし」へのボランティア参加の希望状況はどうであろうか。筆者たちの調査結果をみてみよう。まず，現在すでにボランティアに参加している住民は回答者のうち35名（10.6％）であった。その特徴は，「なかよし」を最も利用している住民など「なかよし」の利用頻度が高い住民であった。現在参加していない住民の参加希望は，「参加したい（B）」

が23名（6.9％），「関心はあるが，今は参加したいと思わない（C）」が175名（52.9％），「あまり関心がない（D）」98名（29.6％）であり，関心のある住民が半数以上を占めた（第V-19表）。

そこで，どのような住民が参加したいと思っているのかをみるために，「すでに参加（A）」を除いたB～Dの3群間の比較を行った[註3]。その結果，店舗までの時間，交通手段，性別，年齢，世帯類型では有意な差はなかった。つまり，特定の年齢階層や性別で特に参加希望が強いとは言えない。ただし，「参加したい」と回答した人は，他店舗を最も利用する人で「なかよし」の利用が週1回以上の人の割合がCやDよりも有意に高かった。また，現在バランスの良い食事を摂っているかどうかについては，「概ねそう思う」と思っている割合が，「参加したい」人は「あまり関心がない」人に比べて有意に高かった。一方で，参加したいと思っている人は，バランスの良い食事を摂ろうとしている人が7割以上を占めており，現在，まあまあバランスの良い食事を摂っている人で，今後バランスの良い食事を摂ろうとしている人がボランティアとして参加したいと思っていると言えよう。

以上から，ボランティアへの参加希望が相対的に強いのは，「なかよし」以外の店舗を最も利用しながら「なかよし」の利用頻度が高い住民で，現在でもそれほど悪くない食生活をより改善しようという意欲を持っている人々である可能性が高い。

(7) まとめと含意

高齢化が進み，近隣の店舗が相次いで撤退した地方都市の古い団地で，住民たち自らの手で店舗を運営している「NPO法人くらし協同館なかよし」の事例を分析した。まず，「なかよし」がその地域に存在することによって，店舗までの道路距離が短縮され，近隣の高齢者の買い物の利便性の向上に大きな役割を果たしていることが確認される。また，近隣住民には，今後とも「なかよし」を利用しようという意向が強く，特に，今後

第Ⅴ章　食料品アクセス問題の解決に向けての関係者の意識

「なかよし」の利用を増やしたいと考えている住民も4分の1いた。これらの住民は，今は買い物に自動車やバイクを使っていて「なかよし」の利用頻度は高くないが，今後食生活を改善し，バランスの良い食事を摂ろうという意欲の強い住民である。これらの住民は，健康講座などに参加することによって，「なかよし」での買い物機会を増やすかもしれない。

「なかよし」の取組の最大の特徴は，ボランティア活動への高齢者自身の参加である。超高齢社会においては，高齢者もその能力に応じた社会参加の機会が与えられることが重要な課題になると考えられる。近隣住民のなかには，ボランティア活動に関心のある住民も多く，「なかよし」にボランティア参加したいという住民も少数ではあるが存在する。このことは今後の「なかよし」の運営にとって望ましい材料である。「なかよし」へのボランティア参加の意向が強い人は，現在「なかよし」を最も利用している訳ではないが，週1回以上は「なかよし」を利用している人であった。また，食生活の改善に意欲のある人である可能性が高い。

「なかよし」の利用意向においてもボランティアへの参加意向においても食生活の改善あるいは現在の食生活への認識が関係していることは，これまで「なかよし」が健康講座などで果たしてきた役割が大きく評価されているのかもしれない。このように，食料品の販売など，食料品アクセスの直接の改善方策だけでなく，こういった活動を含む広範な地域活動を行っていることも「なかよし」の特徴である。しかも，それが地域住民のイニシアチブによるものであることは特記されるべきであろう。

ただし，「なかよし」を最も利用している人の食品摂取の多様性得点は，他の店舗を最も利用している人に比べて高くはなく，品目によっては摂取頻度の低いものもみられた。このことから，「なかよし」においても品揃えの一層の改善などが今後の課題としてあげられよう。

(註1) 道路データは，歩道がある道路は歩道や横断歩道のラインデータを作成して，狭小な道路については中心線を採用した。
(註2) 平成22年国勢調査地域メッシュ統計の4次メッシュ総人口をもとに，住宅地

図から測定した床面積から，各住居の居住者数を推計した。そして，各住居から最近隣店舗までの道路距離を，「なかよし」が立地している場合と，立地していない場合の2つのパターンについて測定した。

(註3) 多重比較は Ryan (1960) の方法によった。

(註4) ただし，これらの相互間には有意差はなかったので，たまたまこのような結果になっている可能性がある。

(註5) しかし，Bの住民も食品摂取が理想的というわけではなく，両方の住民とも肉類，魚介類，油脂類，いも類，海草類の摂取頻度が低い。

(註6)「利用を増やしたい」には新たに利用する場合を含み，「利用を減らしたい」には利用をやめる場合を含む。

第VI章　問題解決に向けての視点

1. 分析結果の要約

　我が国の高齢化率（65歳以上人口割合）は，世界で最も高い水準となっており，この率は今後とも高まることが見通されている。一方，食料品店の数は減少を続けており，大規模小売店舗法が廃止された2000年以降，その減少の度合いは加速化している。

　このような，高齢化の進展と食料品店の減少という状況のなかで，食料品の買い物に不便や苦労のある高齢者等が顕在化しつつあり，今後，超高齢社会を進んでいく我が国でこの傾向が継続すれば，食料品の買い物に関する問題が一層大きな社会問題となる可能性がある。本書は，このような状況を食料品アクセス問題と呼び，その現状分析を通じて，将来の取り組みへの示唆を得ることを課題とした。

(1) 食料品アクセス問題の現状と将来

　この課題に接近するため，まずマクロ的視点からの現状分析を行った。この種の問題に関する分析はともすれば事例分析に偏りがちであるが，ここでの課題は，この問題の我が国における全体像を明らかにすることにある。この分析は3つの部分からなり，第1は，問題の需要面からの分析であり，高齢化の下で我が国の食料消費がどのような方向に向かうのかを明らかにすることである。第2は，問題の供給面からの分析であり，食料品店舗数の過去における変動要因の分析である。そして第3は，これら需要面，供給面の総合的な結果である住民の食料品店への近接性（アクセシビリティ）の現状分析と将来推計である。

1) 食料消費の展望

　食料消費は，これまで生鮮品消費から加工品消費へと変化してきているが，このような傾向は，高齢化が進展する中でも続くのであろうか。結論は2つに要約される。1つは，高齢世帯，単身世帯の消費割合が大きく増加するということであり，2035年には世帯主65歳以上の世帯の消費支出は41.4％に達する（2010年30.8％）とともに，単身世帯の消費支出は全体の28.7％に達する（2010年23.3％）と見込まれる。

　いま1つは，今後とも生鮮品から加工品へ，内食から中食へのシフトが進み，今後増加する高齢世帯においても食の外部化が一層進むという結果である。高齢世帯における2035年の調理食品への支出割合が，2人以上世帯で17.1％（2010年12.0％），単身世帯で21.8％（同11.9％）に達すると推計される。

2) 食料品店の動向

　一方，食料品の供給面では，野菜・果実小売業，鮮魚小売業および食肉小売業からなる生鮮品専門店数は減少を続けている。その要因を，近隣のみならず遠隔地にあるものも含めた大規模店の存在と関連づけると，中小都市や農村部では，近隣（距離が200〜300m以内）の生鮮品専門店間の競合に加え，商圏の広いGMS（総合スーパー）の存在が，遠隔地の生鮮品専門店の減少の要因となっていることが確認された。店舗から約500m〜5kmにGMSがある生鮮品専門店は，今後ともその集客力の影響を受けると考えられる。ただし，GMSの存在が生鮮品専門店の減少の最も大きな要因であったかどうかは明らかになってはいない。

　一方，政令指定都市のような大都市では，遠隔地のGMSの存在は，生鮮品専門店数の変化に影響を及ぼしていない。これは，生鮮品専門店周辺の市場が大きいことによると考えられる。大都市では，むしろ近隣の生鮮品専門店間の競合が，大きな減少要因として働いていることが確認された。

第Ⅵ章　問題解決に向けての視点

しかし，いずれの地域でも，生鮮品専門店から約500mまでの近距離にあるGMSの存在は，生鮮品専門店の減少要因とはなっていないという結果となった。GMS近くの生鮮品専門店は，その集客効果あるいは商店街形成の恩恵を受けている可能性がある。

3) 食料品店への近接性の現状

供給面，需要面の総合効果である食料品店への近接性に関する分析においては，以下の(2)を含むこれまでの研究成果をもとに，最も食料品の買い物に不便や苦労をしているとみられる住民として，①店舗までの直線距離が500m以上で，②自動車を持たない，③65歳以上という基準を設定し，これに該当する人々の人口と平均距離を都市的地域（DID）・農村地域（非DID）別に分析した。店舗としては，毎日の食生活に必要な生鮮食料品販売店舗と，今後の食の外部化の進展を考慮し，一定の充実した品揃えを前提とした食料品スーパー等へのアクセスの2通りを想定した。

この基準に該当する人口は，2010年に生鮮食料品販売店舗の場合では約380万人，食料品スーパー等の場合では約640万人と推計された。この人口は，生鮮食料品販売店舗の場合は農村地域の方が多かったものの，食料品スーパー等の場合は都市的地域の方が多かった。しかし，距離は農村地域の方が，生鮮食料品販売店舗の場合で都市的地域の2.7倍，食料品スーパー等の場合に至っては4.1倍遠く，農村地域では，特に一定の品揃えの店舗を利用しようとすれば都市的地域に比べ大きな不利を負っているといえる。

また，この人口の過去5年間の変化をみると，特に都市的地域での増加が大きかった。この変化の要因を店舗数変化による部分と人口動態による部分に分けてみると，人口動態による増加部分が大きかった。

4) 食料品店への近接性の将来

以上を踏まえて，今後の店舗数がこれまでの趨勢に沿って推移した場合，店舗まで500m以上で自動車を持たない65歳以上人口が2025年にど

のようになるかを推計した。この結果，生鮮食料品販売店舗の場合は2010年の約380万人から2025年には約600万人まで56.4％増加することが明らかとなった。この220万人の増加のうち170万人を都市的地域が占める。そして，都市的地域でのこの人口の増加要因のうち約半分が生鮮食料品販売店舗の減少，残りの半分が人口動態要因によるものと推計された。

一方，食料品スーパーへのアクセスの場合は，この人口は，2010年の約640万人から2025年には約810万人に26.4％増加すると推計された。この170万人の増加のうち，都市的地域での増加は120万人を占め，この場合も都市的地域での大きな増加が見込まれる。食料品スーパーの場合は，全体でわずかしか店舗数の減少とならないので，この変化の大部分は人口動態要因によるものと推計された。

以上より，これまでの趨勢で推移すれば，今後は，都市部で買い物に不便や苦労をきたす高齢者の大幅な増加が予想される。ただし，農村地域が店舗へのアクセスに大きな不利を抱えていることに変わりはない。

(2) 住民から見た食料品アクセス問題

以上のような全国的・マクロ的視点からの分析に続き，住民の視点からの分析を行った。ここでは，大都市郊外団地，地方都市中心市街地，農山村からそれぞれ1地域ずつ選定して実施した住民意識調査に基づき，地域間・年齢階層間比較を行いながら，地域住民の食料品の買い物における不便や苦労，そしてその変化要因を分析した。買い物における不便や苦労は消費者費用（買い物費用）が反映されたものといえ，ここでの分析は，換言すれば，消費者が負担する消費者費用の分析でもある。この分析は3つの部分からなり，第1は，食料品の買い物で不便や苦労を感じている住民の割合の地域間比較，第2は，その不便や苦労の要因分析，第3は，不便や苦労の過去からの変化についての分析である。なお，第2の分析では，付随して食料品の買い物で不便や苦労がない人についてその理由の分析も行った。

第VI章　問題解決に向けての視点

1) 買い物での不便や苦労の深刻度とその地域性

　調査において，食料品の買い物で不便や苦労があると回答した割合を65歳以上で比較すると，大都市郊外団地，地方都市中心市街地，農山村それぞれの例で46.7％，48.8％，52.3％であった。この割合を年齢階層別，世帯類型別にみると，地方都市中心市街地の例と農山村の例では「50歳未満」と「65歳以上」とには大きな差があったが，大都市近郊団地の例では差はなかった。大都市郊外団地の例では，高齢者だけでなく，子育て世代も食料品へのアクセスにおいて不便や苦労を多く抱えていることが示唆された。

2) 買い物での不便や苦労の要因とその地域性

　食料品の買い物における不便や苦労に，最も利用する店舗までの距離などの供給要因，自動車の利用，年齢，性別，家族構成，就業状況などの需要要因が及ぼす影響を分析すると，食料品の買い物における不便や苦労に最も大きな影響を及ぼしているのは，店舗までの距離と交通手段であることが確認される。距離については，徒歩の場合，道路距離で1km以上で不便や苦労に影響するとともに，高齢者にとって，距離は非高齢者よりも大きな障害になる。一方，交通手段は，自分自身で自動車を利用できる場合は不便や苦労が大きく軽減される。また，高齢者は非高齢者よりも買い物の不便や苦労が大きい。この結果は，近隣の店舗の相次ぐ閉店という供給要因の変化がもたらす店舗への距離の増加という空間条件の変化が，これに脆弱な自動車を持たない高齢者にとって，食料品の買い物における不便や苦労を一層増大させることを裏付けている。

　これらのことから，今後，食料品アクセス問題に取り組むに当たって，食料品の買い物で最も不便や苦労をしている住民として，道路距離1km以上，自動車無し，65歳以上という3つの条件をもとに，問題の起こりやすい地域や人口を推定することができる。

　しかし，地域ごとにみると以下のような様々な異なる状況にある。

まず，地方都市中心市街地では，徒歩での買い物が多い高齢者は，店舗への距離が1km以上の場合に不便や苦労に直面するが，自動車の利用が多い非高齢者は買い物の不便や苦労が大きく軽減されている。年齢が不便や苦労に大きな影響を与えており，供給要因，需要要因の両方が買い物の不便や苦労に影響を及ぼしている。

　次に，大都市郊外団地の場合，年齢については，子育て世代も買い物に苦労していることを反映して高齢者との差が認められない。このようにこの団地の特徴としては，非高齢者も買い物に不便や苦労をしていること，および特に非高齢者の場合，供給要因よりも多くの需要要因が買い物の不便や苦労に影響を及ぼしていることが挙げられる。

　最後に，農山村の場合，高齢者は店舗までの距離が1km以上で買い物の不便や苦労に影響する一方，非高齢者は10km以上の場合のみ不便や苦労への影響が認められた。しかし，自動車を利用しているからといって苦労が軽減されているわけではない。年齢については影響が認められず，非高齢者も高齢者と同様買い物に不便や苦労をしていることを示している。また，この町の高齢者にとっては，自立度を維持することによる軽減効果が他の地域よりも大きい。さらに，農家の場合は多くの食料を自給できることにより不便や苦労が軽減されていると考えられる。この町では，供給要因が買い物の不便や苦労に強い影響を及ぼすが，需要要因のなかには不便や苦労を軽減する要因となっているものもみられる。

3) 買い物で不便や苦労がない理由

　なお，食料品の買い物で不便や苦労がない住民について，その理由を分析すると，大都市郊外団地の高齢者の特徴として，通信販売や宅配，食事の配達サービスを利用していることがあげられる。地方都市中心市街地や農山村の高齢者の特徴として，買い物支援者の存在，移動販売の利用，商店が配達してくれることがあげられる。そして，大都市郊外団地や農山村の非高齢者の特徴として，通勤や通学の途中に買い物ができることがあげられる。

4) 買い物での不便や苦労の過去からの変化

食料品の買い物における不便や苦労の過去からの変化を回答者の主観的な評価でみると，5年前に比べ不便や苦労が多くなったと感じている住民は3地域とも特に高齢者に多い。不便や苦労が多くなったと答えた住民の条件を検討すると，距離がごく近距離でも不便や苦労が多くなっており，年齢も不便や苦労を高めた。逆に，自身による自動車利用と高齢者の自立度は不便や苦労を低めた。不便や苦労が多くなった理由を分析すると，店舗までの距離が近い大都市郊外の団地では体力の問題により，地方都市や店舗までの距離が遠い農山村では，店舗の閉鎖や公共交通の廃止などにより高齢者の負担が増えているとみられる。

(3) 食料品アクセス問題と高齢者の栄養・健康問題

超高齢社会における重要課題の一つは高齢者の健康問題である。ここでは，食料品アクセス問題が，食品摂取ひいては高齢者の健康に及ぼす影響を大都市郊外団地の例で明らかにした。まず第1は，食品摂取の現状をみる。第2は，一人で食べるかどうか，食料品のアクセスに制約があるかどうかが食品摂取に及ぼす影響をみる。第3は，食料品アクセス，外部化の進展，孤食傾向と食品摂取の関係を明らかにする。

1) 高齢者の健康と食品摂取の現状

高齢者の健康は，病気ではなく，地域社会で独力で生活できる能力である高次生活機能の自立度でみるのが適当であり，その維持には食品摂取の多様性（毎日多様な食品を摂取する）が影響していることが，老年医学研究の成果で明らかとなっている。

大都市郊外団地の例では，この食品摂取の多様性は女性より男性が低く，また，年齢が若くなるほど低くなる傾向にあった。もし，若い人の多様性が低いことがコーホートの要因によるものであるとすれば，今後これらの

人々が高齢者になったときの食品摂取の多様性は，現在の高齢者よりも低下することが懸念される。

2) 食品摂取をめぐる様々な要因

食品摂取は様々な要因によって影響を受けると考えられるが，それらの中には食事の仕方（一人で食べるか否か）と食事の志向性（バランスの良い食事を摂ることを心がけているか否か）がある。大都市郊外団地の高齢者の例では，バランス志向でない人は，女性も男性も植物性食品および動物性食品・油脂類の両方の摂取頻度が低くなり，また，一人で食事をする傾向にある人は，男性の場合は植物性食品および動物性食品の両方の摂取頻度が，女性の場合は植物性食品の摂取頻度が低くなる傾向にあった。

さらに，男女とも，植物性食品の摂取頻度が高いほど高次生活機能の自立度が高く，男性の場合は，動物性食品・油脂類の摂取頻度が高いほど将来低栄養に陥るリスクが低くなることが示された。

一方，食品摂取には，食料品へのアクセスの制約や，食事の準備状況（生鮮品を調理することが多いか，加工品を調理することが多いか，そう菜・弁当を購入することが多いか，外食することが多いか）も影響している。大都市郊外団地の高齢者の例では，食料品の買い物に不便や苦労がある人や加工品を調理することが多い人は食品摂取の多様性が低下していた。逆に，生鮮品を調理することが多い人は食品摂取の多様性が高かった。さらに，食料品へのアクセス条件と食事の準備状況の間にも関連があり，食料品の買い物に不便や苦労がある高齢者は加工品の調理やそう菜・弁当購入，外食の利用への依存が高かった。

3) 食品摂取と高齢者の健康をめぐる諸要因の相互関係

以上のような様々な要因の間の相互関係を大都市郊外団地の高齢者の例で検証すると，女性については，買い物における不便や苦労と孤食傾向（一人で食べる傾向）が食事の準備における外部化を進め，生鮮品調理から加工品調理やそう菜・弁当購入にシフトする傾向が見られた。そして，

食の外部化傾向が強い人は食品摂取の多様性が低く，食品摂取の多様性が低い人は高次生活機能の自立度も低く，高次生活機能の自立度が低い人は買い物の不便や苦労も大きいという関係がみられた。ここに，買い物の不便・苦労増→食の外部化進展→食品摂取の多様性低下→高次生活機能の自立度低下→買い物の不便・苦労増という悪循環のループが形成された。しかし，これは，食料品へのアクセス条件が改善されて買い物の不便・苦労が軽減されるならば，好循環のループとなる。

他方，男性については，孤食傾向が外部化指向を強める程度が高く，外部化指向は生鮮品調理や加工品調理ではなく，専らそう菜・弁当購入といった中食に向かう傾向が強かった。男性の場合は買い物の不便や苦労は，外部化指向を経由せず，直接食品摂取の多様性を低下させていた。

このように，今後，食料品へのアクセス条件の悪い高齢者が急増すると予想される都市部の例では，高齢者の健康に影響をもたらす食品摂取は，食料品へのアクセス条件や孤食傾向といった社会的要因の影響を受けていることが明らかとなった。この点からも，食料品へのアクセス改善や都市における地域コミュニティ対策などが重要となる。

(4) 解決策に関する関係者の意識

最後に，解決策の検討に不可欠なものとして，問題解決に向けての関係者の意識を分析した。まず第1は，問題の当事者である住民がどのような苦労をしてどのような改善策が重要と考えているかである。第2は，対策実施に重要な役割を果たすと考えられる市町村における対策の実施状況，市町村の条件に応じた問題発生理由および重視する対策である。そして，第3は，住民自身による問題解決に取り組んでいる事例について，その効果，取組の特徴，地域住民との関わりである。

1) 地域住民の意識

住民については，意識調査の結果を用いて，それぞれの地域および住民

のおかれた状況に応じた不便や苦労の内容，およびその解決のために重要と思う改善策に関する意識の分析を行った。住民が解決のために重要と思う改善策は，どの地域でも近隣での新規開店であったが，直面している不便や苦労の内容と関連づけると，①店舗まで遠く，自動車を運転しない農山村地域の高齢者は新規開店よりも公共交通機関の便の改善や移動販売を，②地方都市中心市街地の住民は新規開店を，③大都市郊外団地のような店舗が近く徒歩による買い物が中心の住民は，高齢者であるかどうかを問わず購入した商品の配達サービスの充実などの買い物支援サービスを重視しているということである。特に最後の点に関して，本書の例では，高齢者のみならず子育て世代の住民も荷物の運搬に苦労しており，購入した商品の配達サービスを重視していることが明らかになった。これらの住民が重視する改善策は，現在の不便や苦労への対処の延長線上にあるものでもある。

2) 地方自治体（市町村）の意識

　全国の市町村の約8割が食料品アクセス問題に対して対策が必要あるいはある程度必要としており，この問題が全国的に解決を要する重要な課題と認識されていることが示された。また，対策の実施状況についてみると，全体の8割弱の市町村が対策を実施あるいは検討しており，市町村における対策実施が進行している。しかし，食料品アクセス問題が地域問題の側面を持つことから，行政の各部署の連携が求められるのに対し，連携している市町村が少なく，対策推進上問題があることが確認された。

　一方，市町村を対象として行った意識調査結果を分析すると，市町村が重要と考える対策は，その市町村が認識している問題の発生要因と強く結びついている。店舗まで500m以上の人口割合が低い都市的な市町村の特徴としては，商店街の衰退が問題の要因として認識されており，中心市街地対策や商業対策が重要な対策として認識されている。一方，それ以外の市町村の特徴は，地元小売店の廃業，Aコープや公共交通機関のサービス縮小等が問題発生の要因となっており，共同店舗への支援，直売所の支

第VI章　問題解決に向けての視点

援，路線バス等の支援，移動販売車，外出支援が重要な対策として認識されている。

3）住民自身による取組事例

　高齢化が進み，近隣の店舗が相次いで撤退した地方都市の古い団地で，住民たち自らの手で店舗を運営している「NPO法人くらし協同館なかよし」の事例を分析した。まず，「なかよし」がその地域に存在することによって，店舗までの道路距離が短縮され，近隣の高齢者の買い物の利便性の向上に大きな役割を果たしていることが確認される。また，近隣住民には，今後とも「なかよし」を利用しようという意向が強く，「なかよし」の利用を増やしたいと考えている住民は，今後食生活を改善し，バランスの良い食事を摂ろうという意欲の強い住民である。これらの住民は，健康講座などに参加することによって，「なかよし」での買い物機会を増やすかもしれない。

　「なかよし」の取組の最大の特徴は，ボランティア活動への高齢者自身の参加である。超高齢社会においては，高齢者もその能力に応じた社会参加の機会が与えられることが重要な課題になると考えられる。近隣住民のなかには，ボランティア活動に関心のある住民も多く，「なかよし」にこれからボランティア参加したいという住民も少数ではあるが存在する。「なかよし」へのボランティア参加の意向が強い人は，現在週1回以上は「なかよし」を利用している人であった。また，食生活の改善に意欲のある人である可能性が高い。

　「なかよし」の利用意向においてもボランティアへの参加意向においても食生活の改善あるいは現在の食生活への認識が関係していることは，これまで「なかよし」が健康講座などで果たしてきた役割が大きく評価されている結果と考えられる。このように，食料品の販売など食料品アクセスの直接の改善方策だけでなく，広範な地域活動を行っていることも「なかよし」の特徴である。しかも，それが地域住民のイニシアチブによるボトムアップで行われている。

2. 問題解決に向けての取組への含意

以上の結果から得られる食料品アクセス問題の解決のための取組みへの含意は以下の通りである。

(1) 地域の条件に応じた対応の必要性

1) 店舗まで500m以上で自動車がない高齢者

地域において対応方向を検討する際には，まず，どのような住民，どのような地区を対象として取組を行うかを検討しなければならない。この場合，第1段階としては，最も不便や苦労をしている住民として，店舗まで道路距離で1km以上で自動車がない65歳以上の住民を想定できる。地図上で把握する場合は，他の研究事例も参考にすると，道路距離1kmの代わりに直線距離500mを用いて検討すればよい。しかし，地域の状況は多様であり，検討の際には，公共交通機関の利用可能性等の情報を付加するなど，地域の実情に合わせてより深い検討を行う必要がある。また，大都市郊外団地の例では，親と子だけの子育て世代の住民も食料品の買い物に不便や苦労をしており，地域によってはこのような高齢者以外の住民の苦労もすくい上げる必要がある。

2) 都市部・農村部別の対応方向

現在，食料品店へのアクセシビリティが悪いのは農村地域であるが，今後の都市部における高齢化の進展を反映して，今後都市部において食料品の買い物に不便や苦労を感じる高齢者が大幅に増加するとみられる。したがって，今後，都市・農村を問わず我が国の様々な地域で食料品アクセス問題への対応が必要になるとみられるが，その際，地域ごとにどのような対応が検討されるべきであろうか。

現状分析においては，都市と農村の比較や大都市郊外団地，地方都市中

第Ⅵ章 問題解決に向けての視点

第Ⅵ－1表 地域のおかれた条件と食料品アクセス改善に向けての取組方向

	都市部	農村部
現在の条件		
空間的条件（店舗までの距離）	・近い（徒歩または自動車での買い物）	・遠い（自動車での買い物が主）
経済的条件（事業の採算性）	・公共交通の採算可能性あり ・店舗の業態開発の可能性大	・公共交通の採算可能性小 ・店舗の業態限定的
社会的条件（地域コミュニティ）	・農村部に比べて地域コミュニティ相対的に弱い ・団地では特にコミュニティが弱い可能性	・地域コミュニティは都市部に比べて相対的に活発 ・人口減少が著しくコミュニティが成立しにくくなった集落あり
今後の重点		
移動販売，交通条件改善	・重要となる地区もあり	・都市部に比べて特に重要
新規開店等	・多様な業態による店舗展開	
購入した商品の配達等買い物支援サービス	・徒歩での買い物が主の地域で重要	
宅配，通信販売	・都市部・農村部を問わず今後一層重要になる可能性	
品揃えの充実	・都市部・農村部を問わず品揃えの充実した店舗へのアクセス改善が重要	
地域コミュニティの活性化	・地域コミュニティ作りやその活性化が重要	・人口減少が著しい集落では集落連携・統合による新たなコミュニティ作りが必要
地域コミュニティの活用	・地域コミュニティが活発な地区ではその活用が可能	・活発な地域コミュニティを活用した取組が重要

資料：筆者作成。

心市街地，農山村の間の比較など，地域間の比較に重点を置いた。その結果，解決すべき課題が地域間で異なり，また，それに応じて関係者が重視する対応も異なることが明らかとなった。しかし，住民の意識と市町村の意識には共通点がある。ともに店舗までの距離が比較的近い地方都市では新規開店，空き店舗対策が重要と考えられていること，そうでない地域では交通条件改善や移動販売店の充実が重要と考えられていることである。このような共通点がみられるのは，それぞれの地域がおかれた条件に共通の認識があるからだと考えられる。

(i) 地域のおかれた条件

大きく都市部と農村部に分けて，それぞれの地域の現在の条件とそれから導かれる今後の重点を整理したものが第Ⅵ－1表である。現状分析で事例とした大都市郊外団地と地方都市中心市街地は，ここでは都市部に含ま

れる。それぞれのおかれた条件をみると，店舗までの距離は，都市部は農村部に比べて近く，農村部は遠い。地方都市では自動車利用による買い物も多いが，大都市では徒歩による買い物が多い。農村部では自動車利用が支配的である。

　都市部で店舗までの距離が近いのは店舗が多いことによるものであり，人口が密集していて相対的に市場機会に恵まれているということの反映である。その意味で，市場機会（採算性）からみると，都市部では，公共交通の採算がとれる可能性がある一方，小売業者としても，小規模店舗など多様な業態開発の可能性があるということでもある。これに対し，農村部では公共交通の採算がとれる可能性は小さく，また，店舗の業態も限定的とならざるを得ない。

　一方，市場とは異なる社会的な切り口として地域コミュニティの活性度あるいは人と人のつながりの程度をみると，都市部に比べて農村部の地域コミュニティは活発である[注1]。しかし，農村部でも人口減少が著しい集落ではコミュニティが成立しにくくなっている場合があるほか，都市部でもA団地に比べて地方都市B市では相対的に活発であるなど，細かくみると状況は様々である。

(ii) 今後の取組の重点

　以上のような条件の違いをもとに，それぞれの地域における今後の重点を検討する。

　まず，距離の克服のための手段として，①住民が店舗に出向きやすくする，または②店舗が住民の近くに移動するという方法がある。前者は交通条件の改善であり，後者は移動販売の充実である。これらの手段は，店舗までの距離が遠い農村部の自動車利用ができない住民に対して特に重要な対策である。もっとも，都市部においても高齢化が進み近くの店舗が閉店した古くからの団地などでは重要な手段となり得る。

　一方，同様に距離克服の手段である店舗の新規開店は，農村部では自動車利用を前提とした大規模店以外では商業ベースでは難しい面があるが，

第Ⅵ章　問題解決に向けての視点

都市部では小規模店舗等多様な業態による店舗展開が可能であろう。

　また，徒歩での買い物が多い都市部では，購入した商品の運搬に苦労している高齢者や，地域によっては同様の苦労をしている子育て世代のような実態もあるため，小売業者等が商品の配達サービスなどの買い物支援に取り組むことも重要な手段である。

　さらに，都市部・農村部を通じて，宅配や通信販売の利用がある。これを今後重要な解決策であると考える住民は非高齢者に偏っており，高齢者には必ずしも多くない。しかし，店舗までの距離は遠くても，これらを利用することによって買い物の不便や苦労がない住民は実際に存在することから，問題解決の手段の一つとなり得る。特に，現在の非高齢者が高齢者になったときには，これらを引き続き利用する可能性が高い。

　最後に，これも都市部・農村部を通じて，品揃えの充実した店舗へのアクセスが重要である。今後は高齢世帯や高齢単身世帯でも生鮮品から調理食品に消費支出がシフトすると見通され，そのような状況下では，生鮮食料品専門店だけでは品揃えの点で高齢者の需要に対応できない可能性がある。このため一定の品揃えのある食料品スーパー等の役割は一層大きくなると考えられる。どうしても特に農村部では食料品スーパーまでの距離が遠くなるが，そのような不利を補うため，移動販売などの様々なサービスを組み合わせた業務展開が重要となろう[註2]。

3）　地域コミュニティの活性化と活用

　以上のような取組を行うに当たっては，地域コミュニティが果たす役割が重要である。

　意識調査の結果では，店舗までの距離が遠いが，不便や苦労がない理由として，店に連れて行ってくれたり，代わりに買い物をしてくれる買い物支援者がいるということであった。これらの支援者としては，B市やC町では同居している家族が多いと考えられる。しかし，このような家族に頼れない場合は，家族以外の気軽に頼める買い物支援者の存在が今後重要になる。そのためには，活発な地域コミュニティが形成されている必要が

あり，都市部など独居住民や2人世帯住民が多い地域では，まずは地域コミュニティ作りやその活性化から始める必要がある。

また，事業として成立しにくい場合におけるサービス確保のために地域コミュニティがこれを支えるということも必要になる（赤坂ほか2012，藤津2011）。この場合，農村部のように地域コミュニティが健在な地域ではこれを活用するような取組が重要になる。一方，大都市のように希薄になっている地域では，このためにもコミュニティ作りやそれを活性化させるような取組が重要になる。

ただし，都市部でもすでに地域コミュニティが活発な地区ではこれを活用することが可能である一方，農村部でも人口減少が著しく集落機能の維持が困難になっている地区では，集落連携や統合により新たなコミュニティ作りが必要となる場合もある。

このような地域コミュニティの支えがあれば，農村部において新規開店が不可能というわけではない。すでに，閉鎖されるAコープを引き継ぐ形で，住民たちが共同店を設けている事例がある（唐崎2012）。これらの場合は，商業ベースで開店しているという訳ではないので，第Ⅵ-1表では，「地域コミュニティの活用」によって開店しているものと整理されよう。また，採算のとりにくい農村部の公共交通を補完する形で住民たちがデマンドタクシーを運営している例があるが（岩間編2013：pp.104-106），これもこの表では「地域コミュニティの活用」の事例となる。

4) 総合的な生活利便性向上に向けての関係者の協力

以上は「食料品の買い物」での不便や苦労に焦点を当てたが，これは住民が抱えている問題の一部にすぎない。買い物で苦労しているのは食料品に限らない場合があるし，苦労しているのは買い物だけではない可能性が高い。非高齢者で買い物に苦労や不便がない理由として通勤や通学のついでに買い物ができるというのがあったが，高齢者の外出目的で多いといわれる通院と買い物の両方の苦労を同時に軽減できるならば効率的である。また，買い物や通院も含め，地域の総合的な生活利便性の向上を図ること

第Ⅵ章　問題解決に向けての視点

ができれば一層効果的である。このためには，市町村における関係部局の連携，流通関係者以外の地域の関係者との連携などが不可欠である。

　さらに，食料品アクセス問題を含め地域が抱えている問題は，中心市街地・商店街の衰退，都市の郊外化，地域公共交通の脆弱化，コミュニティの希薄化，高齢者の健康と栄養問題など多様な政策課題と関わっているため，住民に最も身近な地方自治体に加えて，国においても関係府省が連携して取り組む必要がある。

(2)　高齢者の健康と食料品アクセスの相互連関

　高齢者については，自立度が健康度の指標となる（WHO 1984）。今後の高齢化の進展のなかで，介護対策も重要であるが，より重要なことは，高齢者人口の8割以上を占める，健康でアクティブなシニアが，健康を維持しながらできるだけ長く介護に頼ることなく快適な生活を送れることである（高城2012）。

　食料品の買い物における不便や苦労の要因分析では，高次生活機能[註3]の自立度が高い高齢者ほど不便や苦労は軽減されていた。つまり，高齢者の高次生活機能の維持もまた，食料品アクセス問題の改善に貢献する。

　食料品アクセスの改善は，直接的には食料品の買い物における不便や苦労を軽減させるが，これが高齢者の食品摂取の多様性を高めるならば，高齢者の老化の遅延，高次生活機能の維持，自立度の維持に貢献する（熊谷ほか2003，熊谷2007b）。そして，高齢者については自立度が高いほど食料品の買い物における不便や苦労が低いため，さらに食品摂取の多様性を高める可能性があるといった好循環プロセスが生じうる（第Ⅵ-1図）[註4]。

　他方，食料品の買い物と食事の準備は，手段的自立，知的能動性，社会的役割といった高次生活機能の全体が必要な行為であり（熊谷2011：pp.98-99），買い物の不便や苦労の軽減により買い物しやすくなれば，多様な食品の摂取を経由しなくても直接高齢者の高次生活機能維持に貢献する。このため，「買い物の不便や苦労の軽減」と「高齢者の高次生活機能維

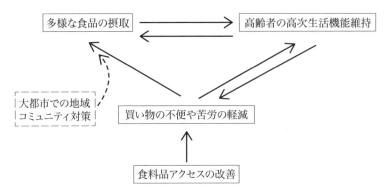

第Ⅵ-1図　食料品アクセスの改善の好循環プロセス
資料：筆者作成。

持」の間には双方向の関係があるといえる。

　また，高齢者の高次生活機能，特に知的能動性の発揮の機会が失われると食品摂取の多様性が失われると言われており（熊谷2011：同），「高齢者の高次生活機能維持」と「多様な食品の摂取」の間にも双方向の関係があるといえる。

　結局，買い物における不便や苦労の軽減と高齢者の食生活向上，健康の維持とは密接な関係にあり，この点からも食料品アクセスの改善は重要となる。

　しかしながら，大都市では，食料品アクセスの条件のよい地域でも食品摂取の多様性が低い事例が指摘されている。大都市での高齢者の食品摂取の問題は地域コミュニティと関連がある可能性があり，大都市においては，上述の好循環プロセス発揮のためには地域コミュニティに関する効果的な対策が必要となる（岩間編2013：第Ⅵ章）[註5]。

　このような食料品アクセス改善によって高齢者の老化を遅らせ，できるだけ長い期間自立を維持することができるならば，超高齢社会における健全な食マーケットの維持に寄与するであろう。

　一方，高齢者の健康と食料品アクセスの関係は，以上のような食料品の消費者としての高齢者における関係に限らない。本書では，食料品の買い

第Ⅵ章　問題解決に向けての視点

物における不便や苦労は，65歳以上と65歳未満で差があることから，食料品アクセス改善の取組対象として，第1段階で65歳を基準としてそれ以上の高齢者を対象とすることを提案したが，高次生活機能でみた高齢者の健康は，65歳以上で急に悪化するわけではなく，65～69歳に対して大きく悪化するのは80歳以上である（第Ⅲ章1．(3) 4)）。このことは，70歳代まで，控えめにみて前期高齢者といわれる74歳までは，社会においてその持てる能力を発揮できる可能性を示している。これからの超高齢社会における食料品アクセス問題への取組においては，高齢者を社会的弱者としてとらえるだけではなく，その大多数を占める健康なアクティブシニアが取組で活躍できる機会を設けることも重要な課題であると考えられる(註6)。

(註1) 本書における住民に対する意識調査の結果でも，住民の地域活動への参加状況は，A団地＜B市＜C町であった（第Ⅲ章2．(2)1)(ⅴ)）。
(註2) 鳥取県日野郡日野町の(有)安達商事は，固定店舗（食料品スーパー）による販売と地域を巡回する移動販売を組み合わせて事業を展開しており，固定店舗からの商品の補給により移動販売車の品揃えを確保している（農林水産政策研究所 2012a: p.122，岩間編 2013：pp.152-158）。
(註3) 高次生活機能については，第Ⅳ章1．を参照。
(註4) この関係は，第Ⅳ章3．でも確認された。
(註5) 第Ⅳ章の分析でも，食品摂取に及ぼす孤食傾向（一人で食べるか否か）の影響が認められた。
(註6) 第Ⅴ章3．で分析した「NPO法人くらし協同館なかよし」が高齢者ボランティアによる運営の例としてあげられる。

引用・参考文献

第Ⅰ章
[1] 赤坂嘉宣，加藤司（2012）「「買物弱者」対策と事業採算性」『経営研究』63（3），pp.19-37。
[2] 浅川達人（2013）「＜つながり＞の位相とフードデザート問題―東京都港区と鹿児島県南大隅町佐多地区を事例として―」『研究所年報』（明治学院大学社会学部付属研究所）(43)，pp.147-156。
[3] 阿部成治（2001）『大型店とドイツのまちづくり　中心市街地活性化と広域調整』学芸出版社，255pp.。
[4] 伊東理（2011）『イギリスの小売商業　政策・開発・都市　―地理学からのアプローチ』関西大学出版部，360pp.。
[5] 雨宮護，寺田徹，横張真（2012）「都市住民による農作物栽培活動の実施と食生活の質との関連：都市近郊のフードデザート問題解決への「農」からの貢献の可能性」『都市計画論文集』(47)，pp.229-234。
[6] 石原武政（2011）「小売業から見た買い物難民」『都市計画』60（6），pp.46-49。
[7] いよぎん地域経済研究センター（2011）「多様化する消費者ニーズをキャッチできるか？―生鮮食料品の購買行動の変化と買い物弱者への対応」『IRC調査月報』(272)，pp.10-17。
[8] 岩間信之・田中耕市・佐々木緑・駒木伸比古・齋藤幸生（2009）「地方都市在住高齢者の「食」を巡る生活環境の悪化とフードデザート問題―茨城県水戸市を事例として―」『人文地理』61（2），pp.29-46。
[9] 岩間信之（2010）「フードデザート問題とは何か？」『地理』55（8），pp.6-14。
[10] 岩間信之編著（2013）『改訂新版　フードデザート問題　無縁社会が生む「食の砂漠」』，農林統計協会，190pp.。
[11] 海老原航，秋川卓也（2012）「都市部における買い物弱者問題の実態と提案」『日本物流学会誌』(20)，pp.277-284。
[12] 唐崎卓也（2012）「むらづくり活動におけるコミュニケーションに関する研究」『農村工学研究所報告』(51)，pp.195-257。
[13] 木立真直（2011）「フードデザートとは何か―社会インフラとしての食の供給―」『生活協同組合研究』(431)，pp.5-12。
[14] 工藤憲一，木村淳，野崎洋之ほか（2011）「買い物弱者を応援するサービス事例から得られる継続可能な協働への示唆」『流通情報』43（4），pp.56-70。
[15] 経済産業省（2010）『地域生活インフラを支える流通のあり方研究会報告書』，http://www.meti.go.jp/report/downloadfiles/g100514a03j.pdf，2014年10月2日参照。
[16] 経済産業省（2011）『買い物弱者応援マニュアルver.2.0　買い物弱者を支えていくために～24の事例と7つの工夫～』，http://www.meti.go.jp/press/2011/05/20110530002/20110530002.html，2014年10月2日参照。
[17] 厚生労働省（2012）『平成23年国民健康・栄養調査結果の概要』，http://www.mhlw.go.jp/stf/houdou/2r9852000002q1st.html，2014年10月2日参照。

[18] 洪京和（2013）「地域における買い物弱者支援サービスの展開について」『物流問題研究』(59)，pp.60-71。
[19] 国立社会保障・人口問題研究所（2012）『日本の将来推計人口（平成24年1月推計）』
http://www.ipss.go.jp/syoushika/tohkei/newest04/gh2401.pdf，2014年10月2日参照。
[20] 駒木伸比古（2013）「豊橋市におけるフードデザートマップの作成とその評価―地域住民とのディスカッションを通じて―」『地域政策学ジャーナル』2(2)，pp.65-72。
[21] 佐々木保幸（2011）『現代フランスの小売商業政策と商業構造』同文館，181pp.。
[22] 山陰経済経営研究所（2012）「山陰地域の買い物弱者支援事業の現状と課題：移動販売，宅配サービスを中心に」『調査研究レポート』(6)，pp.95-121。
[23] 白戸洋（2011）「諏訪まるみつ閉店と買い物弱者問題」『信州自治研』(231)，pp.2-9。
[24] 杉田聡（2006）『モータリゼーションによる都市変貌がもたらした高齢者の生活実態についての研究』2003-5年度科学研究費補助金（基盤研究C2）研究成果報告書，248pp.。
[25] 杉田聡（2008）『買物難民　もうひとつの高齢者問題』大月書店，206pp.。
[26] 杉田聡（2013）『「買い物難民」をなくせ！消える商店街，孤立する高齢者』中央公論新社，265pp.。
[27] 鈴木安昭・田村正紀（1980）『商業論』有斐閣新書，248pp.。
[28] 総務省統計局（2011）「平成22年国勢調査人口等基本集計結果要約」
http://www.stat.go.jp/data/kokusei/2010/kihon1/pdf/youyaku.pdf，2014年10月2日参照。
[29] 崔唯爛・鈴木勉（2012）「高齢者に着目した食料品購買行動と利便性の意識に関する研究」『都市計画論文集』47(3)，pp.271-276。
[30] 高橋正郎（1989）「食品流通を巡る課題と論点」，日本大学農獣医学部食品経済学科編『現代の食品産業』農林統計協会，pp.193-214。
[31] 武田彬奈・小松泰信・横溝功（2012）「協同組合による中山間地域の買い物弱者支援の課題と展開」『農林業問題研究』48(1)，pp.145-150。
[32] 田村正紀『日本型流通システム』千倉書房，1986，455pp.。
[33] 鶴坂貴恵（2011）「流通政策の死角―都市部における買い物難民問題」『商学研究』58(4)，pp.111-127。
[34] 鳥越良光（2001）「中国・四国地方における小売業の現況と福祉商業への取り組み―買い物弱者に関する実態調査の分析」『岡山大社会総合研究所報』(22)，pp.119-142。
[35] 内藤英憲ほか編（1984）『中小小売業の今日的課題』中小企業リサーチセンター，274pp.。
[36] 長野経済研究所（2010）「社会全体で取り組む「買い物弱者」問題」『経済月報』(319)，pp.2-9。
[37] 楢原真二（2012）「超高齢コミュニティにおける買い物弱者の現状と問題点：北九州市門司区を中心にして」『北九州市立大学法政論集』40(1-3)，pp.23-66。
[38] 農林水産省（2010）『食料・農業・農村基本計画』

http://www.maff.go.jp/j/keikaku/k_aratana/index.html，2014年10月2日参照。
[39] 農林水産省（2012）『平成23年度食料・農業・農村白書』
http://www.maff.go.jp/j/wpaper/w_maff/h23/zenbun.html，2014年10月2日参照。
[40] 農林水産省食料産業局「食料品アクセス（買い物弱者等）問題ポータルサイト」
http://www.maff.go.jp/j/shokusan/eat/syoku_akusesu.html，2014年10月2日参照。
[41] 農林水産省食料産業局食品小売サービス課（2012）『食料品アクセス問題に関する全国市町村アンケート調査結果概要』
http://www.maff.go.jp/j/shokusan/eat/pdf/ankeito.pdf，2014年10月2日参照。
[42] 農林水産省食料産業局食品小売サービス課（2013）『食料品アクセス問題に関する全国市町村アンケート調査結果概要』
http://www.maff.go.jp/j/shokusan/eat/pdf/ankeito2.pdf，2014年10月2日参照。
[43] 農林水産省食料産業局食品小売サービス課（2014）『食料品アクセス問題に関する全国市町村アンケート調査結果』
http://www.maff.go.jp/j/shokusan/eat/pdf/ankeito_25.pdf，2014年10月2日参照。
[44] 農林水産政策研究所（2012a）『食料品アクセス問題の現状と対応方向―いわゆるフードデザート問題をめぐって―第1分冊研究報告』，268pp.。
http://www.maff.go.jp/primaff/koho/seika/project/saPurai1_1.html，2014年10月2日参照。
[45] 農林水産政策研究所（2012b）『食料品アクセスマップ』，2013年6月改訂，
http://cse.primaff.affrc.go.jp/katsuyat/，2014年10月2日参照。
[46] 原田英生（2008）『アメリカの大型店問題―小売業をめぐる公的制度と市場主義幻想』有斐閣，368pp.。
[47] パルシステム生協（2013）「主婦の買い物と買い物弱者に関する調査」『養鶏の友』(611)，pp.70-73。
[48] 藤澤研二（2012）「「コミュニティ力」の醸成による買い物弱者問題への対応：地域住民による自主店舗運営の事例調査」『江戸川大学紀要』(22)，pp.213-227。
[49] 藤津勝一（2011）「商店街活性化に求められるコミュニティ支援機能―地域ニーズへの対応で新たな展開を目指す商店街事例」『信金中金月報』10(8)，pp.25-47。
[50] 森傑（2010）「道内過疎地での住民生活と地域づくりの課題―コープさっぽろ・あかびら店の事業分析から「まちの整体」モデルへの展開」『生活協同組合研究』(416)，pp.35-43。
[51] 吉川薫（2012）「地域社会連携調査研究 小山地域における買い物弱者対策等に関する調査報告」『白鷗ビジネスレビュー』22(1)，pp.67-98。
[52] DEFRA(2010) *UK Food Security Assessment: Detailed Analysis, August 2009; Updated January 2010*,
http://archive.defra.gov.uk/foodfarm/food/pdf/food-assess100105.pdf，2014年10月2日参照。
[53] ERS/USDA(2009) *Access to Affordable and Nutritious Food: Measuring and Understanding Food Deserts and Their Consequences*,
http://www.ers.usda.gov/publications/ap-administrative-publication/ap-036.

aspx，2014年10月2日参照。
[54] Whitehead M. (1998) Food deserts: what's in a name?, *Health Education Journal* 57, pp.189-190.

第II章
[1] 岩間信之・田中耕市・佐々木緑・駒木伸比古・齋藤幸生（2009）「地方都市在住高齢者の「食」を巡る生活環境の悪化とフードデザート問題—茨城県水戸市を事例として—」『人文地理』61 (2)，pp.29-46。
[2] 岩間信之編著（2013）『改訂新版　フードデザート問題　無縁社会が生む「食の砂漠」』，農林統計協会，190pp.。
[3] 経済産業省（2010）『地域生活インフラを支える流通のあり方研究会報告書』http://www.meti.go.jp/report/downloadfiles/g100514a03j.pdf，2014年10月2日参照。
[4] 国立社会保障・人口問題研究所（2012）『日本の将来推計人口（平成24年1月推計）』http://www.ipss.go.jp/syoushika/tohkei/newest04/gh2401.pdf，2014年10月2日参照。
[5] 国立社会保障・人口問題研究所（2013a）『日本の世帯数の将来推計（全国推計）』（2013年1月推計），http://www.ipss.go.jp/pp-ajsetai/j/HPRJ2013/t-page.asp，2014年10月2日参照。
[6] 国立社会保障・人口問題研究所（2013b）『日本の地域別将来推計人口（平成25年3月推計）』，http://www.ipss.go.jp/pp-shicyoson/j/shicyoson13/t-page.asp，2014年10月2日参照。
[7] 杉田聡（2006）『モータリゼーションによる都市変貌がもたらした高齢者の生活実態についての研究』2003-5年度科学研究費補助金（基盤研究C2）研究成果報告書，248pp.。
[8] 田村正紀（1986）『日本型流通システム』千倉書房，455pp.。
[9] 田村正紀（1998）「日本型流通システムの動態」『経営学・会計学・商学研究年報』第44巻，神戸大学大学院経営学研究科，pp.31-61。
[10] 趙時英（2007）「小売店舗密度の規定要因に関する実証分析」『商学研究所報』39 (4)，専修大学商学研究所，pp.1-26。
[11] 内閣府（2009）『歩いて暮らせるまちづくりに関する世論調査（平成21年7月）』http://www8.cao.go.jp/survey/h21/h21-aruite/index.html，2014年10月2日参照。
[12] 成生達彦（1994）「何故日本には多数の小売店舗が存在するのか？—国際比較」『流通の経済理論』(財) 名古屋大学出版会，pp.232-244。
[13] 松浦寿幸・元橋一之（2006）『大規模小売店の参入・退出と中心市街地の再生』RIETI Discussion Paper Series 06-J-051，22pp.。
[14] 森宏編（2001）『食料消費のコウホート分析—年齢・世代・時代』専修大学出版局，376pp.。
[15] 薬師寺哲郎（2010）「少子・高齢化の進展と我が国の食料消費構造の展望」『農林水産政策研究』(18)，pp.1-40。

[16] 薬師寺哲郎・高橋克也（2013）「食料品アクセス問題における店舗への近接性―店舗までの距離の計測による都市と農村の比較―」『フードシステム研究』20（1），pp.14-25。
[17] Basker, E. (2005), "Job Creation or Destruction? Labor-Market Effects of Wal-Mart Expansion", *The Review of Economics and Statistics,* MIT Press, 87(1), pp.174-183.
[18] Flath, D. and Nariu, T. (1996), "Is Japan's Retail Sector Truly Distinctive?," *Journal of Comparative Economics,* 23(2), pp.181-191.
[19] Flath, D. (2003), "Regulation, Distribution Efficiency, and Retail Density" NBER Working Paper No. 9450, 28pp.
[20] Igami, M. (2011), "Does Big Drive Out Small? - Entry, Exit, and Differentiation in the Supermarket Industry" *Review of Industrial Organization,* 38(1), pp.1-21.
[21] Neumark, D. & Zhang, J. & Ciccarella, S. (2008), "The Effects of Wal-Mart on Local Labor Markets" *Journal of Urban Economics,* 63(2), pp.405-430.
[22] OECD (2013), *OECD-FAO Agricultural Outlook 2013-2022,* 322pp.
[23] Stewart, H. and Blisard, N. (2008), "Are Younger Cohorts Demanding Less Fresh Vegetables?", *Review of Agricultural Economics,* 30(1), pp.43-60.

第Ⅲ章
[1] 石原武政（2011）「小売業から見た買い物難民」『都市計画』60（6），pp.46-49。
[2] 岩間信之編著（2013）『改訂新版　フードデザート問題　無縁社会が生む「食の砂漠」』，農林統計協会，190pp.。
[3] 杉田聡（2006）『モータリゼーションによる都市変貌がもたらした高齢者の生活実態についての研究』2003-5年度科学研究費補助金（基盤研究C2）研究成果報告書，248pp.。
[4] 田村正紀（2001）『流通原理』千倉書房，326pp.。
[5] 三坂昇司（2011）「消費者の店舗選択行動における研究課題」『流通情報』43（4），pp.49-55。
[6] DEFRA(2010) *UK Food Security Assessment: Detailed Analysis, August 2009; Updated January 2010,*
http://archive.defra.gov.uk/foodfarm/food/pdf/food-assess100105.pdf，2014年10月2日参照。
[7] ERS/USDA(2009) *Access to Affordable and Nutritious Food: Measuring and Understanding Food Deserts and Their Consequences,*
http://www.ers.usda.gov/publications/ap-administrative-publication/ap-036.aspx，2014年10月2日参照。
[8] Ryan, TA（1960）" Significance tests for multiple comparison of proportions, variances, and other statistics," *Psychological Bulletin,* 57(4), pp.318-328.

第Ⅳ章
[1] 浅川達人（2013）「＜つながり＞の位相とフードデザート問題―東京都港区と鹿児島県南大隅町佐多地区を事例として―」『研究所年報』（明治学院大学社会学部付属研究所）（43），pp.147-156。
[2] 熊谷修（2007a）「自立高齢者の老化そのものに着目した栄養管理」『Geriatric

Medicine』45（3），pp.301-305。
[3] 熊谷修（2007b）「健康長寿のための方策―ライフスタイルの重要性― 1）食生活」『Geriatric Medicine』45（5），pp.539-544。
[4] 熊谷修（2012）「超高齢社会に求められる栄養イノベーション」『明日の食品産業』(427)，2012年6月，食品産業センター，pp.14-21。
[5] 熊谷修・柴田博・湯川晴美（2005）「地域在宅高齢者の身体栄養状態の低下に関連する要因」『栄養学雑誌』63（2），pp.83-88。
[6] 熊谷修・渡辺修一郎・柴田博ほか（2003）「地域在宅高齢者における食品摂取の多様性と高次生活機能低下の関連」『日本公衆衛生雑誌』50（12），pp.1117-1124。
[7] 古谷野亘・柴田博・中里克治ほか（1987）「地域老人における活動能力の測定―老研式活動能力指標の開発―」『日本公衆衛生雑誌』34（3），pp.109-114。
[8] 社会技術研究開発センター「No.14 現代の高齢者の活動能力を測定するための新しい指標を開発！」
http://www.ristex.jp/public/focus/focus_no14.html，2014年7月15日参照。
[9] 高城孝助（2012）「シニアマーケット開発とフードシステム」『フードシステム研究』19（2），pp.126-131。
[10] パルシステム生協（2013）「主婦の買い物と買い物弱者に関する調査」『養鶏の友』(611)，pp.70-73。
[11] WHO（1984）*The Uses of Epidemiology in the Study of the Elderly, Report fo a WHO scientific group on the epidemiology of aging,* WHO technial report series, 706, pp.1-84, http://whqlibdoc.who.int/trs/WHO_TRS_706.pdf，2014年10月2日参照。

第Ⅴ章
[1] 石田秀人（2008）『考える統計学』工学社，351pp.。
[2] 高橋克也・薬師寺哲郎（2013）「食料品アクセス問題の実態と市町村の対応―定量的接近と全国市町村意識調査による分析から―」『フードシステム研究』20（1），pp.26-39。
[3] 農林水産省食料産業局食品小売サービス課（2012）『食料品アクセス問題に関する全国市町村アンケート調査結果概要』
http://www.maff.go.jp/j/shokusan/eat/pdf/ankeito.pdf，2014年10月2日参照。
[4] 農林水産省食料産業局食品小売サービス課（2013）『食料品アクセス問題に関する全国市町村アンケート調査結果概要』
http://www.maff.go.jp/j/shokusan/eat/pdf/ankeito2.pdf，2014年10月2日参照。
[5] 農林水産省食料産業局食品小売サービス課（2014）『食料品アクセス問題に関する全国市町村アンケート調査結果』
http://www.maff.go.jp/j/shokusan/eat/pdf/ankeito_25.pdf，2014年10月2日参照。
[6] 農林水産政策研究所（2012a）『食料品アクセス問題の現状と対応方向―いわゆるフードデザート問題をめぐって―第1分冊研究報告』，268pp.。
http://www.maff.go.jp/primaff/koho/seika/project/saPurai1_1.html，2014年10月2日参照。
[7] 藤澤研二（2012）「「コミュニティ力」の醸成による買い物弱者問題への対応：地域住民による自主店舗運営の事例調査」『江戸川大学紀要』(22)，pp.213-227。

[8] ERS/USDA(2009) *Access to Affordable and Nutritious Food: Measuring and Understanding Food Deserts and Their Consequences,* http://www.ers.usda.gov/publications/ap-administrative-publication/ap-036.aspx，2014年10月2日参照。

[9] Ryan, TA (1960) "Significance tests for multiple comparison of proportions, variances, and other statistics," *Psychological Bulletin,* 57(4), pp.318-328.

第Ⅵ章

[1] 赤坂嘉宣，加藤司（2012）「「買物弱者」対策と事業採算性」『経営研究』63（3），pp19-37。

[2] 岩間信之編著（2013）『改訂新版　フードデザート問題　無縁社会が生む「食の砂漠」』，農林統計協会，190pp.。

[3] 唐崎卓也（2012）「むらづくり活動におけるコミュニケーションに関する研究」『農村工学研究所報告』(51)，pp195-257。

[4] 熊谷修・渡辺修一郎・柴田博ほか（2003）「地域在宅高齢者における食品摂取の多様性と高次生活機能低下の関連」『日本公衆衛生雑誌』50（12），pp.1117-1124。

[5] 熊谷修（2007b）「健康長寿のための方策—ライフスタイルの重要性—　1）　食生活」『Geriatric Medicine』45(5)，pp.539-544。

[6] 熊谷修（2011）『介護されたくないなら粗食はやめなさい』講談社α新書。

[7] 高城孝助（2012）「シニアマーケット開発とフードシステム」『フードシステム研究』19（2），pp.126-131。

[8] 農林水産政策研究所（2012a）『食料品アクセス問題の現状と対応方向—いわゆるフードデザート問題をめぐって—第1分冊研究報告』，268pp.。http://www.maff.go.jp/primaff/koho/seika/project/saPurai1_1.html，2014年10月2日参照。

[9] 藤津勝一（2011）「商店街活性化に求められるコミュニティ支援機能—地域ニーズへの対応で新たな展開を目指す商店街事例」『信金中金月報』10（8），pp.25-47。

[10] WHO（1984）*The Uses of Epidemiology in the Study of the Elderly, Report fo a WHO scientific group on the epidemiology of aging,* WHO technial report series, 706, pp.1-84, http://whqlibdoc.who.int/trs/WHO_TRS_706.pdf，2014年10月2日参照。

初出一覧

初出論文等は以下の通りである。ただし，新しいデータで再推計を行っている場合や，重複部分の整理や加筆を行っている場合がある。

第Ⅰ章　1．2．
　薬師寺哲郎・高橋克也・田中耕市（2013）「住民意識からみた食料品アクセス問題―食料品の買い物における不便や苦労の要因―」『農業経済研究』85（2），pp.45-60。　（一部）

第Ⅱ章　1．
　薬師寺哲郎（2010）「少子・高齢化の進展と我が国の食料消費構造の展望」『農林水産政策研究』（18）pp.1-40。
（本書の推計では，新しいデータに基づき，2035年までを展望している。）

第Ⅱ章　2．
　薬師寺哲郎（2013）「食料品小売店舗数の変動要因―GMSが生鮮品専門店数の変動に及ぼした影響―」『フードシステム研究』20（3），pp.315-320。

第Ⅱ章　3．
　薬師寺哲郎・高橋克也（2012）「生鮮食料品販売店舗への距離に応じた人口の推計―国勢調査と商業統計のメッシュ統計を利用して―」『GIS―理論と応用』20（1），pp. 31-37。
　薬師寺哲郎・高橋克也（2013）「食料品アクセス問題における店舗への近接性―店舗までの距離の計測による都市と農村の比較―」『フードシステム研究』20（1），pp.14-25。
（本書の推計では，人口に2010年国勢調査を用いているため，数値は

異なる。）

第Ⅲ章　1．2．
　薬師寺哲郎・高橋克也・田中耕市（2013）「住民意識からみた食料品アクセス問題―食料品の買い物における不便や苦労の要因―」『農業経済研究』85（2），pp.45-60。　（一部）

第Ⅳ章　1．3．
　薬師寺哲郎（2014）「超高齢社会におけるフードシステムの課題―高齢者の健康，食の外部化，食料品アクセス，食品摂取―」『フードシステム研究』21（2），pp.87-97。（一部）

第Ⅴ章　1．
　薬師寺哲郎・高橋克也（2013）「食料品の買い物における不便や苦労とその改善に向けての住民の意向―大都市郊外団地，地方都市，農山村における意識調査から―」『農村生活研究』56（2），pp.14-24。

第Ⅴ章　2．
　高橋克也・薬師寺哲郎（2013）「食料品アクセス問題の実態と市町村の対応―定量的接近と全国市町村意識調査による分析から―」『フードシステム研究』20（1），pp.26-39。
　（本書では，新しいデータを加えたほか，新たな分析手法によっている。）

　本書のうち，第Ⅰ章，第Ⅱ章1．～3．，第Ⅲ章，第Ⅴ章　1．および第Ⅵ章は，薬師寺による千葉大学審査学位論文（2014年1月提出）を母体としている。
　また，第Ⅱ章2．および3．，第Ⅲ章，第Ⅴ章1．および2．は，農林水産省農林水産政策研究所プロジェクト研究「消費者ニーズの変化に対応

した食品サプライチェーンの再編に関する研究」(平成22～24年度)の成果の一部である。

　さらに，第Ⅱ章4.，第Ⅳ章および第Ⅴ章3.は，科学研究費補助金(基盤研究（C））による研究課題「少子高齢化社会における食料品アクセス問題の動向とその解決方策に関する研究」(課題番号24580342)（平成24～26年度)の成果の一部である。

索引

アルファベット

D

DEFRA　7
DID　64, 76, 78, 79, 82, 85, 105, 107, 245

G

GIS　12, 118, 124, 127, 232
GMS　58, 66, 68, 244

O

OLS　63, 67

S

SEM　186

U

USDA　7, 212

W

Wal-Mart　61

かな

あ

空き店舗対策　223
アクセシビリティ　74, 233
アクセス条件　76, 77, 104
アメリカ農務省　7

い

イギリス　3, 7, 8
移動商店　207, 209
移動販売　144, 146, 198, 202, 225, 248, 252, 253, 256
因子負荷量　222

か

カーネル密度推定法　12
外食　172, 181, 183, 185, 186, 250
外部化指向　189
買物苦労　189
買い物支援　136, 257
買い物支援者　134, 144, 146, 159, 248
買い物弱者　2
買い物難民　2
買い物における不便や苦労　171, 187, 250
価格弾力性　45
確証的因子分析　175
加工品　35, 172, 181, 183, 185, 186, 250
加重最小二乗法　42
加齢効果　28, 42
環境・食料・農村省　7
完全集積　98
完全独立　98

き

基準地域メッシュ　63
供給要因　85, 105, 128, 138
業態　257
共同店　19
距離　75, 120, 132, 138, 153, 247, 256
距離別人口分布　79
近接性　74, 118, 245

く

空間条件　73, 247

け

経済産業省　13
限界効果　67, 128, 132, 153

こ

公共交通機関　158, 202, 225, 252
高次生活機能　125, 164, 187, 189, 249, 251, 259

厚生労働省　14
構造方程式モデリング　186
交通手段　120, 124
交通条件　256
高齢者割合の増加　31
高齢世帯　38
コーホート効果　28, 42
孤食傾向　186, 189, 250
子育て世代　123, 197, 200, 248

さ

最小二乗法　63, 67
三大都市圏　80, 107

し

GDP 成長率　47
自営業者　131
時間　124, 132
時代効果　28, 31, 42
市町村　107, 213, 215
自動車　74, 75, 78, 104, 109, 132, 136, 138, 152, 153, 158, 237, 247, 256
品揃え　39, 196, 235, 257
社会学　13
社会的役割　164
集客効果　70
主成分分析　222
手段的自立　164
需要要因　85, 105, 128, 138
順序ロジットモデル　63, 67
商業集積　97
消費支出　31, 47
消費支出弾力性　40, 45
消費者費用　5, 118, 124
食事の仕方　175, 250
食事の志向性　175, 250
食事の準備　181, 183, 250
食事の配達サービス　248
食事配達　203
食の外部化　35, 50, 180, 185, 244
食品摂取の多様性　165, 187, 189, 235, 249, 251, 259
食品摂取の多様性得点　165, 166, 170, 180
食料安全保障　7
食料・農業・農村基本計画　7
食料・農業・農村白書　1

食料品アクセス　180, 183
食料品アクセスマップ　14
食料品アクセス問題　4
食料品アクセス（買い物弱者等）問題ポータルサイト　14
食料品スーパー　59, 66, 68, 102
食料品スーパー等　77, 78, 83, 85, 105, 109, 245, 257
自立度　139, 163
新規開店　203, 252, 256
人口集中地区　76
人口動態要因　85, 107

す

スウェーデン　6
数量化III類　146, 150, 159, 201, 208

せ

生鮮食材　172
生鮮食品販売店舗　71, 76, 77, 83, 85, 104, 109, 245
生鮮品　36, 181, 183, 186, 250
生鮮品専門店　59, 66, 68, 102
潜在変数　174
全世帯　34, 56

そ

総合スーパー　58, 59, 102, 244
そう菜・弁当　172, 181, 183, 185, 186, 190, 250, 251

た

大規模小売店舗　58
大規模 DID　64, 68, 72
大都市郊外団地　119, 247
宅配　144, 146, 198, 203, 207, 209, 225, 248, 257
多重比較　123, 127, 158
単身世帯　33, 37, 44, 54

ち

地域コミュニティ　131, 191, 256, 257
地域づくり　223
地域メッシュ統計　62
知的能動性　164

索　引

地方都市　119, 195, 247
中心市街地対策　252
中心市街地の活性化　223
調理食品　35, 38
直売所　225, 252
地理情報システム　12, 118, 127, 232

て

低栄養リスク得点　166, 178
店舗数変化要因　85, 105
店舗密度　58, 59, 103

と

道路距離　124
都市的地域　76, 88, 107, 245
都市部　110, 254

な

中食　33, 34, 49

に

日米構造協議　58
2分の1地域メッシュ　63

の

農山村　119, 195, 247
農村地域　76, 78, 88, 245
農村部　110, 254
農林水産省　14, 215
農林水産政策研究所　14, 215

は

配食サービス　209, 225
配達サービス　198, 203
パス解析　174
バス便　198, 202, 209
バランスの良い食事　169, 175, 237, 240

ひ

非正規給与所得者　131
ひとりで食事　175
品目別摂取頻度　182

ふ

フードセキュリティ　7, 170
フードデザート　3, 8, 12
2人以上世帯　32, 37, 43, 52
不便や苦労の改善策　198
不便や苦労の内容　195
不便や苦労への対処　205

へ

平均距離　80, 82, 109
変数減少法　42

ほ

ボランティア　225, 230, 238, 253

ま

まとめ買い　206, 210

よ

要介護認定者　130, 134, 136, 138, 153

り

流通サービス　5

ろ

老研式活動能力指標　125, 134, 137, 153, 164, 175
ロジットモデル　128, 153
路線バス　225, 253

著者および執筆分担

【編著者】
薬師寺哲郎（やくしじ　てつろう）
　　農林水産省農林水産政策研究所食料・環境領域上席主任研究官

【著者】(50音順)
浅川達人（あさかわ　たつと）
　　明治学院大学社会学部教授

岩間信之（いわま　のぶゆき）
　　茨城キリスト教大学文学部准教授

高橋克也（たかはし　かつや）
　　農林水産省農林水産政策研究所食料・環境領域主任研究官

田中耕市（たなか　こういち）
　　茨城大学人文学部准教授

【執筆分担】
第Ⅰ章　…………薬師寺
第Ⅱ章　1．2．4．……薬師寺
　　　　3．………薬師寺・高橋
第Ⅲ章　1．2．……薬師寺・高橋・田中
　　　　3．………薬師寺
第Ⅳ章　1．………薬師寺
　　　　2．………浅川
　　　　3．………薬師寺
第Ⅴ章　1．………薬師寺・高橋
　　　　2．………高橋・薬師寺
　　　　3．………岩間・田中・薬師寺
第Ⅵ章　…………薬師寺

超高齢社会における食料品アクセス問題
―買い物難民，買い物弱者，フードデザート問題の解決に向けて―

発　行 ―― 2015年3月27日　第1刷発行
　　　　―― 定価はカバーに表示
編著者 ―― 薬師寺哲郎
発行者 ―― 小林達也
発行所 ―― ハーベスト社
　　　　〒188-0013　東京都西東京市向台町 2-11-5
　　　　電話　042-467-6441
　　　　振替　00170-6-68127
　　　　http://www.harvest-sha.co.jp
印刷・製本　（株）平河工業社
落丁・乱丁本はお取りかえいたします。
Printed in Japan
ISBN4-938551-062-1　C3033
© YAKUSHIJI Tetsuro, 2015

本書の内容を無断で複写・複製・転訳載することは、著作者および出版社の権利を侵害することがございます。その場合には、あらかじめ小社に許諾を求めてください。

視覚障害などで活字のまま本書を活用できない人のために、非営利の場合にのみ「録音図書」「点字図書」「拡大複写」などの製作を認めます。その場合には、小社までご連絡ください。

消費社会の変容と健康志向　脱物質主義と曖昧さ耐性
藤岡真之　著　A5判●本体5400円

「進学」の比較社会学
三つのタイ農村における「地域文化」との係わりで
尾中文哉　著　A5判●本体3500円

路の上の仲間たち　野宿者支援・運動の社会誌
山北輝裕　著　A5判●本体2300円　　　質的社会研究シリーズ7

若者はなぜヤクザになったのか　暴力団加入要因の研究
廣末登　著　A5判●本体2800円

環境政策と環境運動の社会学
自然保護問題における解決過程および政策課題設定メカニズムの中範囲理論
茅野恒秀　著　A5判●本体3500円

移民、宗教、故国　近現代ハワイにおける日系宗教の経験
高橋典史　著　A5判●本体3800円

ヘッドハンターズ　フォモゥサ首狩り民のはざまにて
J.B.M.マクガバン著　中村勝訳　A5判●本体3200円

アカデミック・ハラスメントの社会学
学生の問題経験と「領域交差」の実践
湯川やよい　著　A5判●本体4900円

2014年度社会学史学会奨励賞受賞作品
社会的世界の時間構成
社会学的現象学としての社会システム理論
多田光宏　著　A5判●本体4800円

学生文化・生徒文化の社会学
武内清　著　A5判●本体2400円

「知のアート」シリーズ好評発売中
ソーシャル・メディアでつながる大学教育
ネットワーク時代の授業支援
橋爪大三郎・籠谷和弘・小林盾・秋吉美都・金井雅之・七條達弘・
友知政樹・藤山英樹　著　A5判●本体1000円

フィールドワークと映像実践　研究のためのビデオ撮影入門
南出和余・秋谷直矩著　A5判●本体1000円

ハーベスト社